共生视角下企业创新网络

对技术创新绩效的影响及治理研究

陈佳莹　林少疆 / 著

西南财经大学出版社

图书在版编目(CIP)数据

共生视角下企业创新网络对技术创新绩效的影响及治理研究/陈佳莹,林少疆著. —成都:西南财经大学出版社,2017.6
ISBN 978－7－5504－3036－5

Ⅰ.①共… Ⅱ.①陈…②林… Ⅲ.①企业管理—技术革新—研究
Ⅳ.①F273.1

中国版本图书馆 CIP 数据核字(2017)第 129643 号

共生视角下企业创新网络对技术创新绩效的影响及治理研究
陈佳莹　林少疆　著

责任编辑:高小田
责任校对:王青杰
封面设计:墨创文化
责任印制:封俊川

出版发行	西南财经大学出版社(四川省成都市光华村街55号)
网　　址	http://www.bookcj.com
电子邮件	bookcj@foxmail.com
邮政编码	610074
电　　话	028－87353785　87352368
照　　排	四川胜翔数码印务设计有限公司
印　　刷	郫县犀浦印刷厂
成品尺寸	170mm×240mm
印　　张	14
字　　数	250 千字
版　　次	2017 年 6 月第 1 版
印　　次	2017 年 6 月第 1 次印刷
书　　号	ISBN 978－7－5504－3036－5
定　　价	88.00 元

1. 版权所有,翻印必究。
2. 如有印刷、装订等差错,可向本社营销部调换。

摘 要

当今时代，消费需求千变万化，产业技术更新换代的步伐也越来越快。目前，企业单单依靠自然资源的垄断或者自主研发模式已不能应付瞬息万变的市场环境，企业所面临的外部竞争环境已发生了转变。随着企业外部环境的变化，企业技术创新管理观念也相应地发生了改变，具体表现为从技术活动的单一阶段转向全过程，从单项活动转向多项活动的集成，从静态线性模式转向动态网络化。在这种情况下，产学研合作、技术联盟、委托分包和虚拟组织等各种网络化组织形式陆续涌现出来，有助于企业与各种利益相关者结成关系网，有效地整合创新资源。这说明企业技术创新活动逐渐呈现出新趋势：网络化。随着企业经营者对技术创新活动提出网络化管理的需求，理论界展开了对企业创新网络的研究。企业创新网络是指在技术创新活动中，企业与合作伙伴相互联结而形成的各种关系的总和。继 Freeman、Granovetter、Håkansson、Burt 等学者以后，国内外诸多学者越来越关注企业创新网络，并对其形成、联结机制、演化与治理，以及企业创新网络结构特征和关系特征对技术创新绩效的影响作用进行了探讨。近年来，企业创新网络越来越受到国内许多学者的重视。他们认为企业很少单独进行创新，而更趋向于与用户、供应商、大学和研究机构甚至竞争对手进行合作与交流，获取新产品构思或产品技术。相关研究表明，网络概念正在经济、管理、社会学科领域得到广泛应用。使用这一概念便于跨学科对话，并且企业创新网络可以促进企业间沟通，培养信任感，在合作关系中能够迅速对接，完成市场交易过程，节省企业处理冲突和搜索互补资源的成本，对于企业技术创新具有重要的现实意义。

根据现有文献来看，从企业创新网络的角度来分析技术创新活动，虽能较好地剖析技术创新过程中企业与合作伙伴之间的交流频度、关系持久性、信任、满意、承诺等问题，但却很难判断企业与合作伙伴之间潜在的合作方式、共享创新资源种类和数量、创新资源的传递效率等究竟对技术创新绩效产生正向还是负向影响。这是因为现有文献一般将企业创新网络作为一个"黑箱"来处理，没有全面系统地阐述创新网络是如何通过内在结构特征影响网络主体的创新行为与绩效。而现实情况是"企业的创新活动跨越了单个组织的边界，更多地依赖于企业间的协作与交互行为"。通过文献梳理和实地调研，本书发现，由于资源禀赋和能力的不同，企业会构建不同的创新网络，根据创新网络的不同，企业将会采取不同的行为及管理策略，而这些行为和策略将直接导致企业技术创新绩效的不同。企业创新网络特征与技术创新绩效之间存在的"黑箱"指引我们进一步探索。本书基于共生理论、企业创新网络理论和技术创新管理理论等，构建了"企业创新网络—共生行为—技术创新绩效"的理论研究模型，并采用 SPSS 统计分析与 Amos 结构方程建模，分析了企业创新网络、共生行为对技术创新绩效的影响机理，揭示了共生行为在企业创新网络与技术创新绩效之间的中介作用。并且，本书针对高新技术企业、农业科技企业和农业资源型企业等不同行业中的企业，进行调研和分析，提出相应的技术创新管理对策，希冀能够对各个行业技术创新管理实践具有一定的指导意义。

本书内容主要分为以下几个部分：第一，探析企业创新网络、企业共生行为的内涵与特征，以企业创新网络理论为指导，从主体适应性、共同演化性和系统根植性分析企业创新网络的特征，发现企业创新网络具有生态化特征，在此基础上以共生原理为指导，将企业创新网络中的共生行为划分为共生能量分配和共生界面扩展两个属性进行阐述；第二，构建企业创新网络结构的测量指标体系，基于格兰诺维特（Granovetter，1996）"结构—关系嵌入性理论"，采用"规模""开放度""异质性"来测量企业创新网络的结构特征，选取"关系强度""关系久度"和"关系质量"来测量企业创新网络的关系特征；第三，设计企业共生行为的测量指标体系，基于袁纯清的共生理论，设计并检验了共生行为的测量指标体系，发现共生行为可由共生界面扩展、创新资源丰度和共生能量分配三个维度来组成；第四，提出"企业创新网络—共生行为—技术创新绩效"理论研究模型，揭示企业创新网络如何影响技术创新绩效，并揭示企业创新网络怎样通过共生行为，最终影响技术创新绩效的影响机理；第五，从共生视角研究高新技术企业技术创新管理模式，针对"依托型""共栖型""渔利型"及"协同型"四种类型的企业技术创新管理模式提出相应的管理策略和提升路径；第六，从技术创新能力的结构性成长特征入手，分析其对农业科技企业发展的影响，进一步剖析了两种类型农业科技企业的优劣势，指出我国农业科技企业应注重技术创新能力的结构性均衡发展，从而保证企业核心竞争能力和企业规模的持续性成长；第七，基于技术创新能力的结构性成长特征，从自主创新能力、外源技术协同能力和成果转化能力三个能力维度构建技术创新能力评价体系，从实地调研中提取评价要素，并利用AHP法计算得出西部农业资源型企业技术创新能力水平，为西部农业资源型企业创新管理活动提供参考。

  本书的主要创新点是：第一，基于共生理论，界定了共生行为内涵与外延，开发了共生行为量表。本书依据共生理论和技术创新理论，并结合实地调研拓展了共生行为的操作性定义，为共生行为的量化研究奠定基础。虽然共生行为是一个早就熟悉的概念，其概念被多次借鉴来分析经济管理领域的问题，但尚未出现可借鉴的测量手段。本研究主要依据文献资料、案例访谈与关键词整理的方式，首先探讨出共生行为应具备两个维度，即共生界面扩展和共生能量分配，并从这两个维度出发设计了具有普适性、科学性和可操作性的共生行为测量指标。正式问卷形成后，采用EFA、CFA、竞争性模型比较发现共生行为由三个因子——共生界面扩展、创新资源丰度和能量分配效率组成。竞争性测量模型分析结果表明三因子模型比单因子模型和两因子模型具有更好的拟合效果，故本书选择了三个维度作为共生行为的测量指标体系，抛弃了之前"共生行为由两个维度构成"的假想。第二，构建了"企业创新网络—企业共生行为—企业创新绩效"（NCP）理论研究模型，并实证检验。本书依据理论研究模型提出研究假设，运用SPSS统计分析和结构方程建模实证检验了共生行为在企业创新网络与技术创新绩效之间的中介作用。第三，本研究依据实证研究和案例梳理的结果，提出了"依托型""共栖型""渔利型"及"协同型"四种类型的企业技术创新管理模式，并提出技术创新能力的结构性成长特征，以及技术创新能力评价指标体系，这有利于帮助企业提炼出技术创新管理的关键要素，发掘自身的优势，为高新技术企业、农业科技企业和农业资源型企业的技术创新管理提供理论基础和实践指导。

  关键词：共生；企业创新网络；技术创新绩效；影响；治理

目　录

1 绪论 / 1
 1.1 研究背景 / 1
  1.1.1 企业创新网络的研究成为热点 / 1
  1.1.2 技术创新管理模式正处于转型期 / 2
  1.1.3 共生行为是技术创新管理的内部黑箱 / 3
 1.2 研究意义 / 5
  1.2.1 理论意义 / 5
  1.2.2 实践意义 / 6
 1.3 研究目的、方法和技术路线 / 6
  1.3.1 研究目的 / 6
  1.3.2 研究方法 / 7
  1.3.3 技术路线 / 8
 1.4 内容结构 / 10
 1.5 创新之处 / 14

2 文献综述 / 16
 2.1 共生相关研究综述 / 16
  2.1.1 共生的概念与本质 / 16
  2.1.2 共生理论的概念及基本原理 / 17
  2.1.3 共生模式 / 20
  2.1.4 共生理论在技术创新研究领域的应用 / 22
  2.1.5 研究述评 / 23

2.2 企业创新网络相关研究综述 / 24
  2.2.1 企业创新网络的界定与分类 / 24
  2.2.2 企业创新网络的治理 / 27
  2.2.3 企业创新网络特征对创新绩效的影响 / 29
  2.2.4 研究述评 / 33

2.3 技术创新相关研究综述 / 34
  2.3.1 技术创新的界定 / 34
  2.3.2 技术创新能力评价研究 / 36
  2.3.3 技术创新管理理论 / 37
  2.3.4 研究述评 / 39

2.4 本章小结 / 39

3 企业创新网络特征分析 / 41

3.1 企业创新网络中的创新伙伴及其作用 / 41
  3.1.1 政府机构的作用 / 42
  3.1.2 供应商（产品制造商）的作用 / 42
  3.1.3 研究和培训机构的作用 / 42
  3.1.4 合作供应商的作用 / 42
  3.1.5 竞争对手的作用 / 43
  3.1.6 外部顾问的作用 / 43
  3.1.7 客户的作用 / 43
  3.1.8 分销商的作用 / 44

3.2 企业创新网络的结构特征 / 44
  3.2.1 网络规模 / 44
  3.2.2 网络异质性 / 45
  3.2.3 网络开放度 / 45

3.3 企业创新网络的关系特征 / 46
  3.3.1 关系强度 / 46
  3.3.2 关系久度 / 47
  3.3.3 关系质量 / 47

3.4 本章小结 / 48

4 企业创新网络与技术创新绩效的关系 / 49

4.1 结构特征与技术创新绩效间的关系分析 / 49

4.1.1 网络规模与技术创新绩效 / 49
4.1.2 网络异质性与技术创新绩效 / 49
4.1.3 网络开放度与技术创新绩效 / 50

4.2 关系特征与技术创新绩效间的关系分析 / 50

4.2.1 关系强度与技术创新绩效 / 50
4.2.2 关系久度与技术创新绩效 / 51
4.2.3 关系质量与技术创新绩效 / 52

4.3 本章小结 / 52

5 共生行为的界定 / 54

5.1 共生行为的内涵与特征 / 54

5.1.1 竞争与合作特性 / 54
5.1.2 融合性 / 55
5.1.3 稳定性 / 56
5.1.4 增殖性 / 56
5.1.5 效率性 / 57

5.2 共生行为的分类 / 57

5.2.1 共生行为扩展 / 58
5.2.2 共生能量分配 / 60

5.3 本章小结 / 61

6 "NCP"理论研究模型 / 62

6.1 构建研究模型 / 62

6.2 提出研究假设 / 66

6.2.1 结构特征与技术创新绩效 / 66
6.2.2 关系特征与技术创新绩效 / 67
6.2.3 共生行为与技术创新绩效 / 68
6.2.4 企业创新网络特征与共生行为 / 69
6.2.5 共生行为在结构特征与技术创新绩效间的中介作用 / 70

- **6.2.6** 共生行为在关系特征与技术创新绩效间的中介作用 / 72
- **6.3** 技术创新绩效的测量 / 72
- **6.4** 结构特征的测量 / 74
  - 6.4.1 网络规模 / 74
  - 6.4.2 网络异质性 / 75
  - 6.4.3 网络开放度 / 76
- **6.5** 关系特征的测量 / 77
  - 6.5.1 关系强度 / 78
  - 6.5.2 关系久度 / 79
  - 6.5.3 关系质量 / 81
- **6.6** 共生行为的测量 / 83
  - 6.6.1 共生界面扩展 / 83
  - 6.6.2 共生能量分配 / 84
- **6.7** 预调研 / 86
  - 6.7.1 预试问卷设计与发放 / 86
  - 6.7.2 预调研题项精炼 / 89
  - 6.7.3 正式问卷形成 / 101
- **6.8** 本章小结 / 101

7 数据分析与结果讨论 / 103

- **7.1** 正式问卷发放与描述性分析 / 103
  - 7.1.1 正式问卷的发放与回收 / 103
  - 7.1.2 大样本描述性统计分析 / 104
  - 7.1.3 数据正态分布检验 / 106
- **7.2** 大样本信度与效度分析 / 108
  - 7.2.1 大样本探索性因子分析 / 108
  - 7.2.2 大样本信度分析 / 115
  - 7.2.3 大样本效度分析 / 116
  - 7.2.4 变量间 Pearson 相关系数 / 120
  - 7.2.5 独立样本 T 检验与方差分析 / 120

7.3 结构方程建模方法 / 123
 7.3.1 SEM 方法 / 123
 7.3.2 拟合指数准则 / 123
7.4 模型拟合与假设检验 / 125
 7.4.1 结构特征与技术创新绩效间的关系分析 / 125
 7.4.2 结构特征与共生行为间的关系探析 / 128
 7.4.3 共生行为对技术创新绩效的影响分析 / 130
 7.4.4 关系特征与技术创新绩效间的作用分析 / 132
 7.4.5 关系特征与共生行为间的作用探析 / 135
 7.4.6 共生行为在结构特征与技术创新绩效间的中介作用 / 137
 7.4.7 共生行为在关系特征与技术创新绩效间的中介作用 / 142
7.5 实证结果与讨论 / 146
 7.5.1 理论模型修正 / 146
 7.5.2 研究假设验证结果汇总 / 147
 7.5.3 结构特征与技术创新绩效间关系的研究结论 / 148
 7.5.4 关系特征与技术创新绩效间关系的研究结论 / 149
 7.5.5 共生行为与技术创新绩效间关系的研究结论 / 150
 7.5.6 结构特征与共生行为间关系的研究结论 / 151
 7.5.7 关系特征与共生行为间关系的研究结论 / 152
 7.5.8 共生行为中介作用检验的研究结论 / 153
7.6 本章小结 / 154

8 技术创新管理模式研究——以高新技术企业为例 / 155

8.1 共生行为与技术创新管理 / 155
8.2 传统技术创新管理模式的不足 / 156
8.3 基于共生行为的技术创新管理模式构建 / 157
 8.3.1 依托型技术创新管理模式 / 158
 8.3.2 共栖型技术创新管理模式 / 159
 8.3.3 渔利型技术创新管理模式 / 161
 8.3.4 协同型技术创新管理模式 / 164
8.4 本章小结 / 167

9 技术创新能力的成长特征研究——以农业科技企业为例 / 168

9.1 技术创新能力的结构性成长特征 / 169
9.1.1 产生背景 / 170
9.1.2 内涵与实质 / 170

9.2 结构性成长特征造成的影响 / 171

9.3 不同类型农业科技企业的可持续发展路径 / 172
9.3.1 自主创新型可持续发展路径 / 173
9.3.2 外源协同型可持续发展路径 / 174

9.4 本章小结 / 174

10 技术创新能力的评价研究——以西部农业资源型企业为例 / 176

10.1 技术创新能力评价模型构建 / 176

10.2 技术创新能力评价的实证分析 / 178
10.2.1 计算指标权重 / 178
10.2.2 计算得分及排名 / 180
10.2.3 结果分析 / 182

10.3 本章小结 / 183

11 结束语 / 184

11.1 研究结论 / 184
11.1.1 企业创新网络的重要特性——共生 / 184
11.1.2 企业创新网络对创新绩效的影响机理 / 185
11.1.3 企业创新网络的治理——管理模式、成长特征及能力评价 / 185

11.2 研究展望 / 186
11.2.1 理论体系的完善 / 187
11.2.2 研究方法的创新 / 187
11.2.3 研究视角的切换 / 187
11.2.4 应用空间的拓展 / 188

参考文献 / 189

后记 / 210

1　绪论

企业技术创新一直以来都备受理论界和实践者们的关注，本书从共生视角出发，基于企业创新网络理论、共生理论和技术创新管理理论，剖析了企业创新网络对创新绩效的影响机理，以及技术创新活动的管理策略。本章将对本书的研究背景与研究意义、研究目的、研究方法与技术路线、论文结构及主要创新点进行介绍。

1.1　研究背景

1.1.1　企业创新网络的研究成为热点

自 20 世纪末期以来，企业创新网络逐渐成为理论界和实践者的研究热点，国内外学者对此的研究主要集中在创新网络的形成、结构、联结机制、演化与治理等方面。Doz（2000）等通过研究发现，企业创新网络的形成往往存在两种路径，即自生和构建的过程。Imai 和 Baba（1991）认为网络架构的主要连接机制是企业间的创新合作关系。Kogut（2000）认为创新网络是一种关于企业之间如何共同完成创新活动的制度安排，企业和组织是网络的节点，而一系列契约描述了具体的连接方式。关士续（2002）、张维迎（2005）等阐述了创新网络在高新技术产业发展中的重要作用。当今技术创新最突出的特点可能是只有很少数的公司和其他组织能够单独进行创新，尤其在技术比较复杂的领域，如生物工程、信息技术、微电子等产业更是如此（Rycroft，2003）。周青、曾德明和秦吉波（2006）认为企业创新网络作为一种新型的组织形态，在不断成长与发展，其高绩效离不开有效的管理与控制方法。吴贵生（2006）提出企业创新网络是在技术创新活动中的企业或个人之间的联系而形成的一种关系网络。他认为，在外界环境变得日益复杂的情况下，企业已不能单独完成创新项目,而需要与外部组织发生联系以便获取各种创新资源。这些外部组织主要包括科研机构、政府部门、客户、供应商、竞争者。潘衷志(2008)指出,产业集群中,技术创新活动是相互影响的,企业往往通过网络化、业务模块化等组织形式来实现知识、技术等创新资源的有效传递和整合,这种跨越单个组织边界的、企业间协同的技术创新活动是帮助企业取得竞争优势的关键,但是企业间的协调成本也在不断提高。吴传荣等(2010)分析高技术企业创新网络构成要素、特征,梳理了各个要素之间的影响关系,采用了系统动力学模型来预测该创新网络系统未来发展趋势,提出相关策略建议,论证了创新网络的关键影响因素及对企业发展的重要意义。

近年来,国内外诸多学者从共生视角对企业技术创新活动及管理开展了大量的研究,并取得了丰硕的理论成果。徐彬(2010)运用共生理论探析了中小型科技企业的共生单元、共生环境、共生界面,并构建了以技术资源要素的移动和重新配置为主要内容而进行的技术创新管理的共生机制及基本模式。于惊涛等(2008)通过对东北地区装备制造企业的实证研究发现,外包服务商的服务能力、本地中介机构能力、本地技术支持能力和信息共享能力是影响制造企业的技术外包共生关系强度的重要因素。张红、李长洲等(2011)运用案例研究法,探寻供应链联盟互惠共生界面选择机制的影响因素,结果发现加盟企业与盟主企业合作愿景的兼容性、联盟成员间知识的互动和整合方式会对联盟互惠共生界面选择机制产生影响。张志明、曹钰(2009)认为共生理论适用于分析企业技术创新,比如企业之间的合作可以看作是一个共生体,既有合作又有分工,而企业之间的资源转移可以看作是共生能量的交换与分配过程,这种资源流动是以共生界面为载体来实现的。

由此可见,随着企业技术创新管理呈现出网络化和生态化的特征,国内外学者从企业创新网络和共生行为的角度来探讨企业技术创新管理问题具有一定的适用性。本研究结合了两者的视角,试图进一步分析企业技术创新活动的关键影响因素及影响机制。

1.1.2 技术创新管理模式正处于转型期

根据 Rothwell 的五代创新理论,企业的创新模式将从第一、二代的简单线性模式、第三代的耦合模式、第四代的并行模式向第五代系统的一体化与广泛的网络化模式逐步发展。传统的线性管理模式局限于企业的技术拉动或市场需求拉动模式,即企业仅仅重视市场需要的和具备实现这种需要的技术手段,但目前技术创新面临诸多复杂性,往往需要跨学科、跨地区的合作才能够实现,甚至那些大型企业也无法单独行事。与传统的线性管理模式不同的是，创新网络管理模式则侧重于企业与其外部组织之间的资源交换与共享，异质资源的互补与共享，避免了资源的重复开发，比如，科研机构常常为企业输出技术知识、前沿信息、研发骨干和设备，而企业则专攻产品设计、工艺流程和市场推广。这种协作过程有助于焦点企业从合作伙伴获取和共享有价值的资源，提高合作运行效率，促使越来越多的企业打破了线性创新管理模式，转向创新网络模式。

这种转型始于 20 世纪 80 年代，特别是委托分包、供应链管理、虚拟组织、产业集群等网络化组织形式的出现，各种网络化组织形式深入发展，企业赖以生存的经济社会环境发生极大变化，呈现出了多元化、网络化的发展趋势。近年来，中国也出现了很多高新技术园区，多是由政府带动或龙头企业拉动，为高新技术企业构建企业创新网络提供了有利的外部条件。并且，搭建企业创新网络也是技术创新管理的内在需求。这说明在我国外部环境和内在需求形成的条件下，企业技术创新管理模式已发生相应的转变。在此局势下，高新技术企业要抓住赢得竞争优势的机遇，单单依靠自然资源的垄断或者从政府那里获取有限的资源，已不能更好地支撑其发展。为有效整合创新资源，企业与各种经济、社会机构等利益相关者结成必要的网络，即竞争者、高等院校、政府、顾客等。在企业搭建的创新网络中，企业从创新伙伴那里吸收到互补资源，从而转化为自身所用，促进企业技术创新水平的提高。

在技术创新的外部推手——企业创新网络的影响下，企业之间竞争的压力加剧了，但企业可利用的共生空间扩大了，企业获得了知识互动的平台。企业技术创新活动出现了类似于生物种群的新特征，如行为共生化、过程网络化和主体多元化的特征。由此，企业迫切需要找到一个新框架来解释和探寻技术创新活动的新特征和新问题。

1.1.3 共生行为是技术创新管理的内部黑箱

继社会网络理论在技术创新领域得到应用以后，企业创新网络结构和关系特征分析已得到诸多学者的论证，并逐渐成为经典的分析框架，但是现有实证研究的局限在于较多关注结构和关系特征对技术创新的影响，或企业创新网络结构和关系特征的影响因素方面。例如，Uzzi（1997）指出企业与合作伙伴间缺乏紧密的联结，会导致信息传递不完整或在传递过程中损失，不利于组织间的有效沟通和处理冲突事件；反之，关系的紧密性会提高沟通效率，增进彼此信任，最终实现技术创新的成功。Schilling 和 Phelps（2007）在探究合作创新网络对企业创新的研究中,通过实证研究得出:高聚集度和高联结强度的创新网络比不具有这些网络特征的创新网络更具有创新产出能力。国内学者池仁勇(2005)、韵江(2012)等也验证了创新网络结构、关系对技术创新绩效的影响。根据前人成果,可得到的主流观点是:结构特征、关系特征与创新绩效之间存在显著正向关系,但现有文献大多数侧重于将企业创新网络作为解释变量,将技术创新绩效作为被解释变量,对其影响机理讨论较少。目前,部分学者已认识到研究的不足,并引入"网络能力""获取网络资源""知识共享""知识转移"等作为中介变量到企业创新网络关系特征与技术创新绩效之间,分析其内在作用机理,试图打开这个黑箱。如,Ritter等(1999,2002,2003)提出网络能力由任务执行和资格条件两个维度构成。朱秀梅和费宇鹏(2010)利用初创企业的调研数据,实证检验了网络特征对知识资源获取、运营资源获取以及企业绩效提高的作用。窦红宾和王正斌(2012)运用回归模型实证研究了显性知识资源获取和隐性知识资源获取在中心度和联结强度对成长绩效影响中扮演完全中介的作用。

然而,以上研究仍旧是凤毛麟角,本研究试图从共生视角来探析其中是否存在中介效应。据观察,从企业创新网络的传统角度来分析企业技术创新管理,虽能较好地剖析技术创新过程中企业与合作伙伴之间的交流频度、关系持久性、信任、满意、承诺等问题,但却很难判断企业与合作伙伴之间潜在的合作方式、共享资源种类和数量、共享资源传递效率等究竟如何产生正向或负向影响。例如,企业与合作伙伴之间合作方式单一或多样,共享资源单一或多样,资源分配机制等会导致创新绩效的提高还是降低。本书基于以上没有解决的问题,试图从共生行为的视角进行研究。

企业创新网络为企业搭建了一个知识互动、信息共享的平台,但企业如何利用这个平台也是一个重要影响因素。企业创新网络是一个复杂的系统,网络中各要素之间存在非线性的相互作用,在其作用过程中伴随着隐性知识和显性知识的传递、扩散和融合,企业利用共生行为可有效获取和整合创新网络的资源。企业共生行为促进了知识扩散和知识创造,从而使得处于创新网络中的企业较其他企业具有更强的技术创新优势。企业共生行为可发挥以下几个方面的作用:首先,能够快速感应,即具有环境变化的敏感性和主动性,以有效适应企业所处的外部环境,凭借充分的互动得以提前采取应对措施;其次,能够有效协调创新网络中各个主体、客体和环境之间的关系,维持物质流、信息流和能量流的传递,并与企业战略目标相匹配;再次,快速有效地调动创新网络中的技术、市场等资源,并与企业内部资源产生互动,以尽可能小的交易成本和尽可能高的资源整合效率来实现组织目标。

已有研究证明，创新网络已成为创新管理领域的焦点话题，是学者们未来研究的方向之一。在创新活动中，企业通过协作研发、技术标准合作等组成复杂网络系统，它包含着知识、信息的众多交互作用，具有非线性、协同性和共进化性等特征。而共生理论是一种具有系统性的模拟生态行为的理论和方法。它能够从系统整体出发，在系统内部寻找相关影响因素。用共生理论来研究高新技术企业创新网络应当具有很好的适用性及发展趋势预测性。

1.2 研究意义

1.2.1 理论意义

从理论意义上来看，本研究主要包括以下三个方面：

一是共生行为的维度探讨与量表开发，为共生行为的量化研究奠定基础。文献梳理发现，共生行为的探讨主要集中在理论研究层面，而实证研究屈指可数，且尚未提出相关测量量表。我国袁纯清学者的研究成果以及国内外学者的相关实证研究成果为本研究展开共生行为的量化研究奠定了基础。本研究根据共生理论的共生界面选择原理和共生能量生成原理，提出了共生行为的两个维度，即共生界面扩展和共生能量分配，并界定了共生行为的内涵与特征，共生行为两个维度的操作性定义。在此基础上设计了测量题项，运用李克特5点量表进行测量。通过预调研和正式调查后发现，共生行为由三个维度所组成，即共生界面扩展、创新资源丰度和能量分配效率，为进一步量化研究奠定了基础。

二是构建"NCP"分析框架，探讨了企业创新网络与创新绩效间的作用机理。随着企业技术创新活动越来越具有网络化和生态化特征，并基于企业创新网络理论、共生理论和技术创新管理理论等，本书引入了"共生行为"作为中介变量，构建了"NCP"分析框架，即"企业创新网络—共生行为—技术创新绩效"的理论研究模型，进一步拓展了"结构—行为—绩效"分析工具，为挖掘企业技术创新的外部推手，打开企业技术创新的内部黑箱，提供了一套分析工具，为技术创新管理研究提供新的思路。

根据文献资料与实地调研发现，企业创新网络主要可由六大因素组成：网络规模、网络异质性、网络开放度、关系强度、关系久度和关系质量。本书选择了这六大因素中具有代表性的成熟测量量表进行测量。同时结合共生行为的测量指标体系和技术创新绩效的成熟测量量表，在此基础上汇成了调研问卷。利用搜集到的414份有效问卷进行了实证分析，并论证了企业创新网络对创新绩效影响机理以及共生行为的中介效应，为企业挖掘出技术创新管理的关键要素。

三是提出技术创新管理策略，为技术创新管理研究提供新思路。在网络化组织大量涌现的时代，企业与外部组织建立的合作关系越来越广泛，这种日益扩大和加深的关系网络不仅仅影响到企业组织方式，也影响到其竞争优势，因此企业不得不重视其网络和共生行为。为此，本书从共生视角出发，试图构建高新技术企业技术创新管理模式，意在从一个崭新的视野来审视高新技术企业创新网络对创新绩效的影响机理，基于共生行为提出了四种管理模式，为企业"蓝海"战略提供指导。并且，本研究从共生视角剖析了技术创新能力的结构性成长特征，并基于该特征构建了技术创新能力评价指标体系，分别针对农业科技企业和农业资源型企业提出了相应的可持续成长路径，为我国企业技术创新战略制定提供借鉴。

1.2.2 实践意义

本研究站在共生的视角，剖析企业创新网络对技术创新绩效的影响机理，验证了共生行为在企业创新网络结构和关系特征与技术创新绩效之间的中介作用，为我国企业经营管理者提供视角更为高远的战略分析框架和决策参考。并且，本研究开发了共生行为的测量体系，有利于企业经营管理者评价和管理共生行为。同时，基于共生行为分析了技术创新的结构性成长特征，并在此基础上，提出了技术创新能力评价体系，采用高新技术企业、农业科技企业、农业资源型企业为案例，分析了每种管理模式的不足之处并提出改进建议，为企业提供了一套切实可行的管理策略和提升路径，有利于企业针对自身情况来提升技术创新管理水平。

1.3 研究目的、方法和技术路线

1.3.1 研究目的

在企业创新网络构建过程中，企业将面临一些值得研究的重要问题：企业创新网络怎样影响技术创新绩效？企业创新网络会不会通过共生行为影响技术创新绩效？在创新网络中，企业可能会出现哪些技术创新管理模式以及企业创新网络对技术创新绩效的影响机理是怎样的？共生行为是否在它们之间起到中介作用？根据共生行为的不同，企业又具有哪些技术创新管理模式？它们具有什么优劣势？……这一系列问题都现实地摆在企业经营者面前。结合相关研究成果和调查研究，本书实证检验了共生行为在企业创新网络与创新绩效之间的中介效应。

因而，运用企业创新网络、共生理论和技术创新管理理论，研究企业创新网络、共生行为与技术创新绩效之间的影响机理，对于如何有效提高企业创新资源整合能力，为企业管理者提供切实有效的管理建议显得尤为重要；另外，这对企业管理适于网络化外部环境，顺利开展技术创新活动，实现创新成功也具有较为重要的意义。针对这一具体问题，本书运用共生理论研究企业在企业创新网络中的共生行为内涵、特征及其模式，构建了"网络—行为—绩效"（NCP）分析框架，实证检验了企业创新网络对创新绩效的影响机理，论证了共生行为在企业创新网络与创新绩效间的中介作用，为企业揭开影响创新绩效的外部推手和内部黑箱。企业可以根据此量表来判定自身所处的位置，进行技术创新管理模式选择，并根据相关成长路径制定适合的对策，为企业揭开影响其技术创新绩效的外部推手和内部黑箱。

1.3.2 研究方法

基于前人的研究，本书主要运用文献研究法、问卷调查法、多元统计分析、结构方程建模方法等进行了研究。

文献研究法。本研究有关企业创新网络、共生行为的界定，高新技术企业创新网络、共生行为和技术创新绩效的测量，以及研究问题和具体假设的提出，都是建立在对国内外企业创新网络理论、共生理论和技术创新管理理论等相关文献的整理和分析的基础之上。其中，英文文献的收集主要通过数据库查询的方法，查阅了 EBSCO、JSTOR、ABI/INFORM、OCLC 等重要英文期刊数据库中的英文文献资料，中文文献的收集主要是利用四川大学图书馆查阅了中国知网数据库中和本研究有关的学术期刊、博士论文、会议出版物、人大报刊复印资料、中文著作等中文文献资料，此外，还从政府相关部门网站和沪深股市软件上查阅了科技类板块上市公司的相关资料，从而完成了对企业创新网络、共生行为和技术创新管理相关研究的梳理，为理论模型和研究假设的提出奠定了基础。

问卷调查法。结合国内外相关研究进展和案例访谈结果，本研究主要采用了问卷调查法来搜集所需数据，主要包括高新技术企业创新网络的结构和关系特征的测量,共生行为的测量,技术创新绩效的测量等,所有测量题项采用的是李克特5级测量指标进行测度。在完成问卷发放与回收工作后对问卷进行了编码和处理。并且,问卷题项的设计主要根据国内外相关成熟量表,而共生行为量表是出于本研究需要自己开发的。

多元统计分析。本研究通过规范的问卷调查程序,运用统计分析软件对调查所获取的数据进行定量分析,主要是利用 SPSS17.0 统计分析软件对数据进行项目鉴别力分析、探索性因子分析、单因素方差分析、独立样本 T 检验、相关分析和信度分析等,以验证所提出的概念模型与假设是否成立。高新技术企业创新网络和企业共生行为测量指标及企业创新网络、共生行为与企业创新绩效三者关系是本研究的主要内容。首先,本书对问卷测量题项进行探索性因子分析法(Exploratory Factor Analysis,EFA),在具体实施的过程中,采用主成分分析法(Principal Component Analysis,PCA)进行方差最大旋转法(Varimax),在满足统计信度和效度的前提下,最终提取了9个因子,其中企业创新网络有6个,包括网络规模、网络异质性、网络开放度、关系强度、关系久度、关系质量,而共生行为有3个,包括共生界面扩展、创新资源丰度和能量分配效率。其次,通过对测试项目的遴选、删除以及合并,经过以上比较严格的数理统计过程,本书进一步明确了企业创新网络和企业共生行为的内涵和外延,并为下一步分析它们之间的影响路径提供了依据。

结构方程建模方法。本研究运用 Amos17.0 软件进行结构方程建模、验证性因子分析、路径分析等,以验证所提出的概念模型与假设是否成立。本书构建了各个研究变量的测量模型,用于考察潜在变量与观察变量之间的关系强度,也就是潜在变量对观察变量的解释力度。并且,本研究围绕企业创新网络、共生行为与技术创新绩效三者关系建立了多个结构方程模型,用于考察研究假设中各个潜在变量之间的关系。总之,运用结构方程作为本研究的分析方法主要是基于以下几点考虑:①本研究的概念较为抽象,并且不止一个被解释变量;②解释变量和被解释变量包含对测量误差的衡量,而传统的统计工具却假定不存在测量误差,这使得运用结构方程对变量之间数量关系的探讨更为精确;③可以同时对包含测量模型的潜在变量即潜在变量之间的数量关系进行估计;④可以通过一系列模型的适配拟合指数,实现对理论模型的整体检验,验证理论假设关系模型是否在经验研究中被接受。

1.3.3 技术路线

本研究拟采用的技术路线如图 1-1 所示。

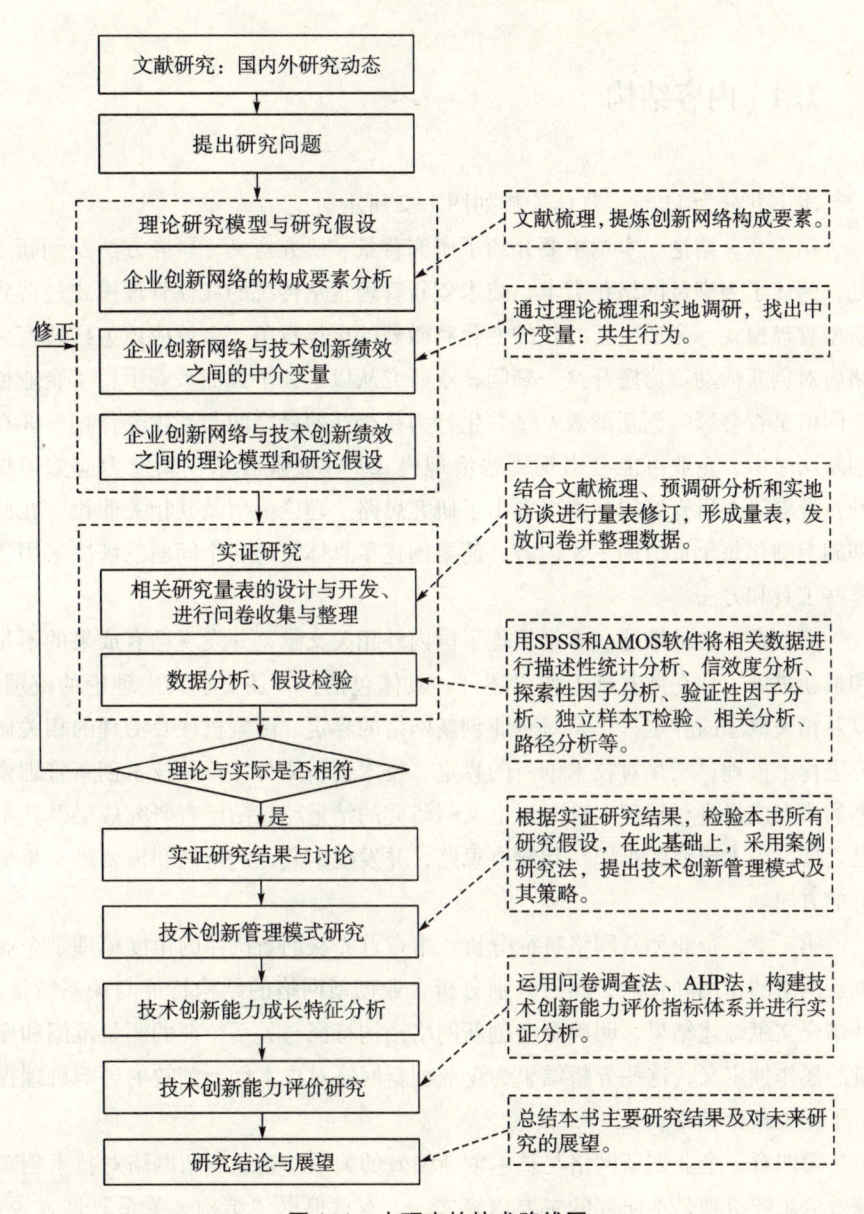

```
┌─────────────────────────┐
│ 文献研究：国内外研究动态 │
└───────────┬─────────────┘
            ↓
┌─────────────────────────┐
│      提出研究问题        │
└───────────┬─────────────┘
            ↓
╔═══════════════════════════╗      ┌──────────────────────────┐
║  理论研究模型与研究假设    ║      │ 文献梳理，提炼创新网络构 │
║ ┌───────────────────────┐ ║─────→│ 成要素。                 │
║ │ 企业创新网络的构成要素│ ║      └──────────────────────────┘
║ │ 分析                  │ ║
║ └───────────────────────┘ ║      ┌──────────────────────────┐
║ ┌───────────────────────┐ ║      │ 通过理论梳理和实地调研， │
║ │ 企业创新网络与技术创新│ ║─────→│ 找出中介变量：共生行为。 │
║ │ 绩效之间的中介变量    │ ║      └──────────────────────────┘
║ └───────────────────────┘ ║
║ ┌───────────────────────┐ ║
║ │ 企业创新网络与技术创新│ ║
║ │ 绩效之间的理论模型和  │ ║
║ │ 研究假设              │ ║
║ └───────────────────────┘ ║
╚═══════════╦═══════════════╝
    ↑       ↓
   修正  ╔═══════════════════╗    ┌──────────────────────────┐
    │    ║     实证研究       ║    │ 结合文献梳理、预调研分析 │
    │    ║ ┌───────────────┐ ║    │ 和实地访谈进行量表修订， │
    │    ║ │相关研究量表的 │ ║───→│ 形成量表，发放问卷并整理 │
    │    ║ │设计与开发、进 │ ║    │ 数据。                   │
    │    ║ │行问卷收集与整 │ ║    └──────────────────────────┘
    │    ║ │理             │ ║
    │    ║ └───────────────┘ ║    ┌──────────────────────────┐
    │    ║ ┌───────────────┐ ║    │ 用SPSS和AMOS软件将相关数 │
    │    ║ │               │ ║    │ 据进行描述性统计分析、信 │
    │    ║ │数据分析、假设 │ ║───→│ 效度分析、探索性因子分析 │
    │    ║ │检验           │ ║    │ 、验证性因子分析、独立样 │
    │    ║ │               │ ║    │ 本T检验、相关分析、路径  │
    │    ║ └───────────────┘ ║    │ 分析等。                 │
    │    ╚═══════╦═══════════╝    └──────────────────────────┘
    │            ↓
    │    ◇ 理论与实际是否相符 ◇
    └──否─┤              │
          是↓
┌─────────────────────────┐        ┌──────────────────────────┐
│    实证研究结果与讨论    │        │ 根据实证研究结果，检验本 │
└───────────┬─────────────┘        │ 书所有研究假设，在此基础 │
            ↓                       │ 上，采用案例研究法，提出 │
┌─────────────────────────┐───────→│ 技术创新管理模式及其策略。│
│    技术创新管理模式研究  │        └──────────────────────────┘
└───────────┬─────────────┘
            ↓
┌─────────────────────────┐
│  技术创新能力成长特征分析│
└───────────┬─────────────┘        ┌──────────────────────────┐
            ↓                       │ 运用问卷调查法、AHP法，  │
┌─────────────────────────┐───────→│ 构建技术创新能力评价指标 │
│   技术创新能力评价研究   │        │ 体系并进行实证分析。     │
└───────────┬─────────────┘        └──────────────────────────┘
            ↓
┌─────────────────────────┐        ┌──────────────────────────┐
│      研究结论与展望      │───────→│ 总结本书主要研究结果及对 │
└─────────────────────────┘        │ 未来研究的展望。         │
                                    └──────────────────────────┘
```

图 1-1　本研究的技术路线图

1　绪论

1.4 内容结构

本书共分为 11 章,具体安排如图 1-2 所示。

第一章,绪论。本章主要介绍了研究背景、研究意义、研究方法及创新之处,阐述了为满足网络化需求,技术创新管理正从传统的线性管理模式过渡到新型管理模式,为适应新时代的变化和激烈的市场竞争,企业应该怎样转变思路应对创新活动。为解开这一疑问,本研究从以下几个方面来着手:①企业创新网络是否会影响创新绩效?②共生行为是否在两者之间起到中介作用?③在创新网络中,企业可能会出现哪些治理模式?④企业技术创新能力应如何提升?带着以上研究疑问,本书提出了研究思路、理论模型及其相关假设,在此基础上细化每个章节的主要内容,简要阐述了具体对每一个问题的解决采用了哪些工具和方法。

第二章,文献综述。本章梳理了国内外相关文献,并发现已有成果的不足和最新进展,并在此基础上作出述评,具体包括:一是关于共生理论的梳理,以及相关概念的界定;二是对企业创新网络的界定、影响机理及治理的相关研究进行了梳理;三是对技术创新的界定、技术创新能力评价及技术创新管理模型的研究成果进行梳理。针对以上文献研究的结果,总结已有研究成果及其不足之处,为本研究的难题找到解决思路,并发现本研究的价值和需要进一步努力的方向。

第三章,企业创新网络特征分析。本章首先从创新伙伴的角度梳理了企业创新网络的作用和特点,然后分别分析企业创新网络的结构特征与关系特征,并结合文献综述结果,明确企业创新网络结构特征与关系特征的测量范围和变量的操作性定义,这些分析结果为企业创新网络对技术创新绩效的影响机理提供了相关理论基础。

第四章,企业创新网络与技术创新绩效的关系。企业创新网络对技术创新绩效的影响机理是本研究的主要内容之一,本章根据"结构—关系"嵌入说,提炼出测度企业创新网络结构特征的三个构成维度:网络规模、网络异质性和网络开放度,以及企业创新网络关系特征的三个维度:关系强度、关系久度和关系质量,并分别从结构特征和关系特征的角度,分析了网络规模、网络异质性、网络开放度、关系强度、关系久度、关系质量对技术创新绩效是否存在影响及产生影响的原因,为实证结果分析奠定了相关的理论解释基础。

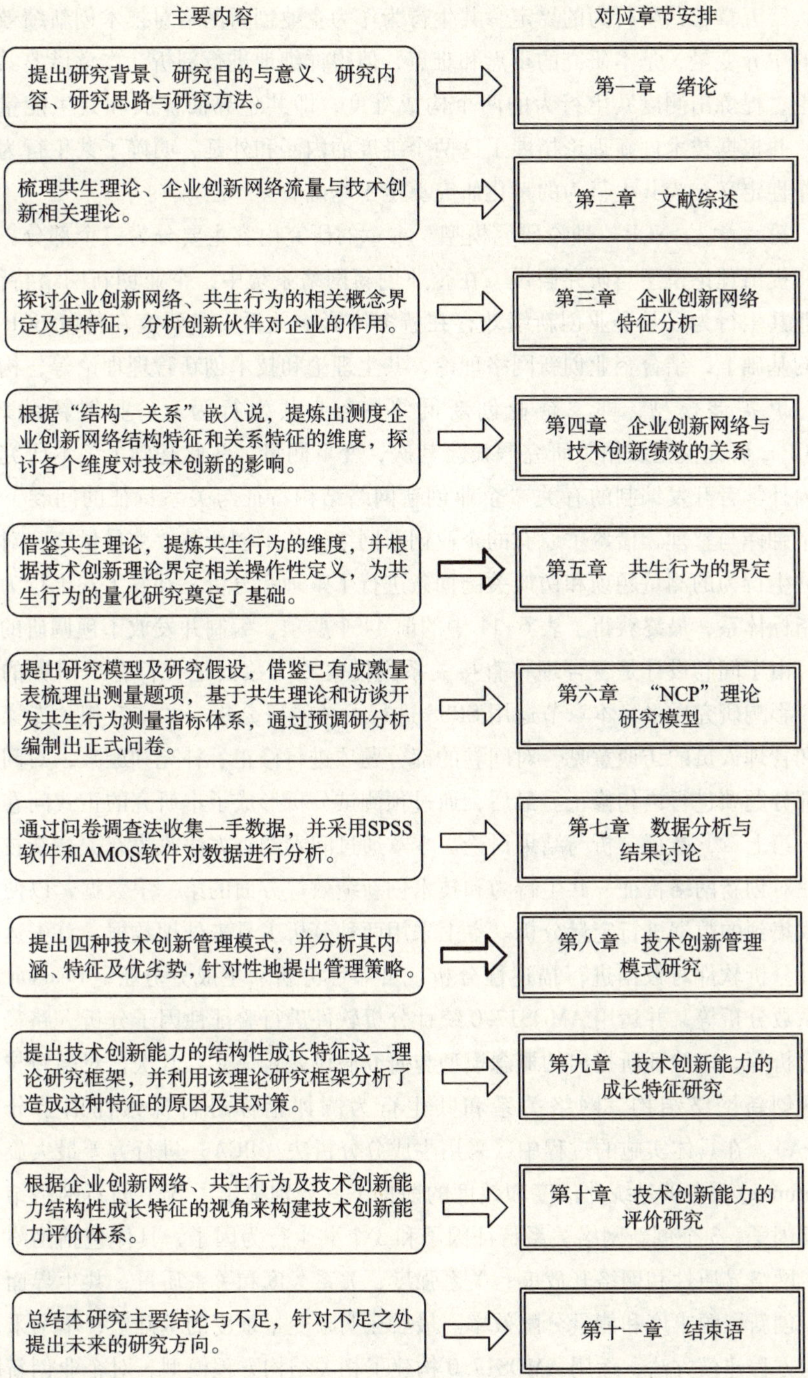

主要内容	对应章节安排
提出研究背景、研究目的与意义、研究内容、研究思路与研究方法。	第一章 绪论
梳理共生理论、企业创新网络流量与技术创新相关理论。	第二章 文献综述
探讨企业创新网络、共生行为的相关概念界定及其特征,分析创新伙伴对企业的作用。	第三章 企业创新网络特征分析
根据"结构—关系"嵌入说,提炼出测度企业创新网络结构特征和关系特征的维度,探讨各个维度对技术创新的影响。	第四章 企业创新网络与技术创新绩效的关系
借鉴共生理论,提炼共生行为的维度,并根据技术创新理论界定相关操作性定义,为共生行为的量化研究奠定了基础。	第五章 共生行为的界定
提出研究模型及研究假设,借鉴已有成熟量表梳理出测量题项,基于共生理论和访谈开发共生行为测量指标体系,通过预调研分析编制出正式问卷。	第六章 "NCP"理论研究模型
通过问卷调查法收集一手数据,并采用SPSS软件和AMOS软件对数据进行分析。	第七章 数据分析与结果讨论
提出四种技术创新管理模式,并分析其内涵、特征及优劣势,针对性地提出管理策略。	第八章 技术创新管理模式研究
提出技术创新能力的结构性成长特征这一理论研究框架,并利用该理论研究框架分析了造成这种特征的原因及其对策。	第九章 技术创新能力的成长特征研究
根据企业创新网络、共生行为及技术创新能力结构性成长特征的视角来构建技术创新能力评价体系。	第十章 技术创新能力的评价研究
总结本研究主要结论与不足,针对不足之处提出未来的研究方向。	第十一章 结束语

图1-2 论文的结构安排

第五章，共生行为的界定。共生行为作为企业创新网络对技术创新绩效影响的中介变量，是本研究的重点和难点，值得详细地进行剖析。本章借鉴共生理论，提炼出测度共生行为的两个构成维度，即共生界面扩展和共生能量分配，并根据技术创新理论拓展了这两个维度的内涵和外延，明确了共生行为的操作性定义，为共生行为的量化研究奠定了基础。

第六章，"NCP"理论研究模型。本章的研究内容主要分为三个部分：首先，提出理论模型与研究假设。在企业创新网络系统中，企业创新网络特征、企业共生行为以及企业创新绩效存在着多维影响关系。本研究在传统SCP模型的基础上，结合企业创新网络理论、共生理论和技术创新管理理论等，构建了SCP扩展模型，即"企业创新网络—企业共生行为—企业创新绩效"（NCP）研究模型及相关研究假设。其次，变量测量。在此基础上，本研究对国内外学者开发编制的有关"企业创新网络结构特征与关系特征的问卷"进行了翻译与整理，借鉴了原有的企业创新网络、技术创新绩效测量量表，对有关共生行为的测量题项和访谈关键词条进行了整理和分析，开发了共生行为测量指标体系，最终获得了表6-11中的前44个题项，编制并发放了预调研的问卷。由于问卷设计是否合理将直接关系到搜集到的数据是否符合本研究的需要，影响研究质量，本章节运用SPSS进行了预调研分析，并结合相关专家学者和管理人员的访谈意见，对问卷的部分题项进行修正、补充和删减，对问卷的部分题项进行语句修正。最后，通过预测试分析形成了本研究的正式问卷。

第七章，数据分析与结果讨论。本章通过问卷调查方法收集有关高新技术企业对创新网络特征、共生行为和技术创新绩效等方面的第一手数据，以便对所收集到的数据进行定量分析。本书采用两种分析工具来处理数据，首先运用统计分析软件对数据进行描述性分析、可靠性分析、主成分分析、Pearson相关系数分析等，并运用AMOS17.0统计分析软件进行验证性因子分析、路径系数分析等，以验证所提出的概念模型与研究假设是否成立。其次，对高新技术企业创新网络结构、网络关系和共生行为测评指标进行探索性因子分析（EFA），在具体实施的过程中，采用主成分分析法（PCA）进行方差最大旋转（Varimax），在满足统计信度和效度的前提下，分别提出了3个创新网络结构特征因子、3个创新网络关系特征因子和3个共生行为因子，具体包括网络规模、网络异质性和网络开放度；关系强度、关系久度和关系质量；共生界面扩展、创新资源丰度和能量分配效率。最后在明晰变量维度的基础上，本书采用结构方程建模方法，运用AMOS17.0构建了相关结构方程模型，对企业创新网络特征和创新绩效的影响路径进行实证分析，明晰了影响因素间的关系及影响程度，探明共生行为在企业创新网络结构特征、企业创新网络关系特征对技术创新绩效间的中介作用，为后续章节设计企业技术创新管理模式提供了科学的理论依据和实证基础。

第八章，技术创新管理模式研究。本章分析了传统线性技术创新管理模式所存在的缺陷与不足。从传统的技术创新管理模式分析角度，能够观察到企业拥有的创新伙伴数量、创新伙伴多样性、与创新伙伴联系紧密程度等事实，但是却很难判断企业与创新伙伴之间潜在的合作方式、合作机制等问题。例如，该企业与合作伙伴之间合作方式单一或多样，交流阻力大或小，共享资源单一或多样，资源分配机制等。通过以上分析可以发现共生行为可以用来解释企业面临的这些问题，并可以弥补传统技术创新管理模式的不足。为此，本章以高新技术企业为研究对象，运用共生理论为指导，从共生角度重新审视技术创新管理模式的内涵与特征，并提出了四种技术创新管理模式："依托型""共栖型""渔利型"及"协同型"。本章详细剖析了四种技术创新管理模式的内涵与优劣势，有利于帮助企业提炼出技术创新管理的关键要素，发掘自身的优劣势。并且，本研究根据各种模式的优劣势提出了相关管理策略，以期帮助高新技术企业提升技术创新管理水平。

第九章，技术创新能力的成长特征研究。本章以农业科技型企业为研究对象，根据共生行为具备共生界面扩展和共生能量分配特性的研究结论，提出技术创新能力的结构性成长特征这一理论研究框架，并利用该理论研究框架分析了造成这种特征的原因及其对策。在此基础上，以技术创新能力的结构性成长特征为视角，展开理论分析，并得出结论：农业科技型企业为提高持续创新能力，应该走的路径有两种，一是先天具备科研实力的企业，侧重发展共生界面扩展行为，实现"借船出海"，如科研转制高新技术企业；二是先天具备市场转化的企业，应侧重发展共生能量分配行为，实现自主研发能力的提高，如多元投资主体的高新技术企业。本章结论将有益于农业科技型企业充分考虑其成长背景，并选择适宜的技术创新能力可持续成长路径。

第十章，技术创新能力的评价研究。当企业技术创新活动不再单单局限于企业内部，而是需要与外部组织发生联系，跨越单个组织边界进行创新资源的有效传递和整合时，获取技术创新绩效的关键因素不再取决于某一个方面，而是多个因素的综合表现。因此，本章以西部农业资源型企业为研究对象，根据企业创新网络、共生行为及技术创新能力结构性成长特征的视角来构建技术创新能力评价体系，利用 AHP 法将自主研发能力、外源技术协同能力和成果转化能力单独、综合地进行计算和分析，避免片面、孤立地研究企业技术创新能力。研究结果表明，农业资源型企业的技术创新能力具有差异性，据此现实中存在三种类型农业资源型企业，即竞争优势型、单腿走路型和竞争劣势型，为西部农业资源型企业创新管理活动提供参考。

第十一章，结束语。本章总结了研究的结论，指出了研究的局限性，并对未来的研究进行了展望。

1.5 创新之处

第一，基于共生理论，界定了共生行为内涵与外延，开发了共生行为测量指标。首先，本研究逻辑的难点是首先要界定共生行为的操作性定义问题。本书依据共生理论，通过探索性因子与验证性因子分析发现企业共生行为可分为三个维度，即共生界面扩展、创新资源丰度和能量分配效率，并从技术创新角度拓展了企业共生行为三个维度的操作性定义，为共生行为的量化研究奠定基础。其次，在探讨各变量之间的影响路径之前，要先解决研究工具问题。虽然共生行为是一个早就熟悉的概念，其概念被多次借鉴来分析经济管理领域的问题，但尚未出现可借鉴的测量手段。这使得本研究不得不开发共生行为的量表。本研究主要采用文献研究、案例整理与专家讨论的方式，基于共生原理提出了共生行为的两个维度，即共生界面扩展和共生能量分配，并从这两个维度出发设计了具有普适性、科学性和可操作性的共生行为测量指标。正式问卷形成后，采用探索性因子和验证性因子分析发现共生行为是由三个维度（而非两个维度）所组成，即共生界面扩展、创新资源丰度和能量分配效率。为了避免有效数据的损失，保证各个维度对共生行为的解释力，并且竞争性测量模型分析结果表明三因子模型比单因子模型和两因子模型具有更好的拟合效果，故本书选择了三个维度作为共生行为的测量指标体系，抛弃了之前"共生行为由两个维度构成"的假想。在问卷开发过程中，严格遵守问卷开发程序，并反复询问专家意见和被调查者建议，问卷回收后采用了统计分析方法来删减变量，最后的结果表明：开发的共生行为量表具有较为理想的信效度，在信度方面，题项的内在一致性具有相当高的程度；在效度方面，具有较为理想的结构效度，同时通过专家讨论和被调查者提意见来保证了量表的内容效度。

第二，构建了"企业创新网络—企业共生行为—企业创新绩效"（NCP）理论研究模型，并实证检验。本书将共生行为引入为中介变量，分析了企业创新网络对创新绩效的影响机理，是一个新的研究方向，本书提出 NCP 研究模型，试图超越传统技术创新管理工具，并成为企业步入网络经济环境中的有效管理工具，从操作层面为企业提供"分析—制定—实施"的指导。本书依据理论研究模型提出研究假设，运用结构方程实证检验了共生行为在企业创新网络与创新绩效之间的中介作用，为高新技术企业提供相应的管理对策和建议。

本研究依据企业创新网络理论，将企业创新网络特征分为两大部分，即企业创新网络结构特征与企业创新网络关系特征，其中网络规模、网络异质性和网络开放度隶属于企业创新网络结构特征，而关系强度、关系久度和关系质量隶属于企业创新网络关系特征。在上述分析基础上，本书提出相关研究假设，建立研究模型，具体展开了如下分析：

（1）分析企业创新网络特征对技术创新绩效的影响；
（2）分析企业创新网络特征对共生行为的影响；
（3）分析共生行为对技术创新绩效的影响；
（4）分析共生行为在企业创新网络特征与技术创新绩效之间的中介作用。

第三，探析了"依托型""共栖型""渔利型"及"协同型"四种类型的企业技术创新管理模式及其管理策略。本研究依据实证研究和案例梳理的结果，归纳出了高新技术企业的四种技术创新管理模式，即"依托型""共栖型""渔利型"及"协同型"，每种模式具备各自的特点，以便帮助企业提炼出管理的关键要素和发挥出自身的优势，弥补自身的不足之处，并且，本研究根据各种模式的优劣势提出了相关管理策略，以期帮助企业提升技术创新管理水平。

2 文献综述

2.1 共生相关研究综述

企业创新网络是在技术创新活动中的企业或个人之间所联系而形成的一种关系网络。在外界环境变得日益复杂的情况下,技术创新活动是相互影响的,企业已不能单独完成创新项目,而需要与外部组织发生联系以便获取各种创新资源。在企业为自身所编织的创新网络中,企业往往通过网络化、业务模块化等组织形式来实现知识、技术等创新资源的有效传递和整合,这种跨越单个组织边界的、企业间协同的技术创新活动是帮助企业取得竞争优势的关键。唯有如此,企业才能吸引更多的网络外部成员加入,创造更大的企业价值,促进创新网络的演化,提高企业创新绩效。这种企业间协同行为可以被理解为是共生行为,因为它不仅具有合作特性,还具有生态特性,如蝴蝶效应或叠加效应等,借助这一概念来讨论企业创新活动中的行为更便于跨学科的对话。因此,为厘清这些因素间的逻辑联系,本书从企业创新网络理论、共生理论、技术创新管理理论进行梳理和综述,以此进一步明确本书逻辑起点和研究思路。

共生理论是从生态学发展而来的,从提出之后便受到学者们的高度关注和推广,近年来被用于解释社会及企业经营管理中的各种现象。

2.1.1 共生的概念与本质

共生(symbiosis)的概念由德国生物学家德贝里(Anton Debarry,1879)提出,在布克纳(Prototaxis,1886—1969)和范明特(Famintsim,1835—1918)等人的深入研究中得到进一步丰富。他们认为共生就是不同生物体之间发生相互依存,相互演化的关系。100多年以来,学者们对自然生态系统中的共生行为研究已经形成较为成熟的体系,该研究被理论界和实践者用于组织生态学、创新管理等领域中指导我们发现问题和解决问题。在自然生态系统中，种群之间存在着竞争、捕食、共生和寄生的关系，这种共生关系也同样存在于商业生态系统中，与系统共同演化和发展。

实际上，"共生"概念的起源可以追溯到德贝里在1879年的定义，他认为在自然生态系统中存在不同生物，这些生物之间不仅仅存在竞争与捕食的关系，也存在着相互联结，甚至会联结成为一个共生体，一起生存和发展。在他后续研究中分析了共生与竞争、捕食等生态行为的区别。

柯勒瑞（Ceaullery，1952）和刘威斯（Leweils，1973）在德贝里的研究基础上，深入分析了共生的形成和作用机理，提出了互惠共生等多种共生关系，界定其内涵与外延，有助于完善共生理论的研究。他们进一步指出共生现象不仅仅存在于自然生态系统，也存在于人际交往之间或商业合作关系中。自此人们逐渐深化了共生的相关概念，并扩展了其在各个领域的应用范围。共生研究的深化为人们认识生物进化提供了新的观点，开辟了新的认识通道。

1994年德国的保罗·布克纳（Prototaxis）对同物种之间共生的内在联系进行了深入研究，界定了"内共生"的概念，并认为"动物和植物微生物（细菌）间的内共生代表了一种曾是补充性的但广泛的机制，它能以多种方式提高宿主动物的存活可能性"。内共生的提出是共生研究在生物进化理论上迈出的又一重要步伐。

生物学家斯科特（Scott）在1998年重新界定了共生的概念，他认为共生是指自然生态系统中的生物间为了适应生存环境变化而形成共同体，最终表现为一种稳定的关系。他致力于研究共生双方的物质联系，并认为共生关系是生物体生命周期的永恒特征。

在生态学领域的研究成果中出现两种观点的分化，第一种观点是认为共生、捕食、竞争和寄生是完全不同的概念，用于解释两种以上生物间不同的依存关系，第二种观点是认为寄生是属于共生关系的一种，应该归于共生学的研究领域之中，此后学者们也逐渐接受了这种观点。而Stephen等（2003）通过研究自然生态系统，划分了生物间共生的类型，比如共栖、寄生等，便于日后对不同类型的共生模式进行更加深入的研究。

2.1.2 共生理论的概念及基本原理

我国学者袁纯清在1998年提出了共生理论，并对其概念、原理以及如何应用于小型经济进行了深入探讨，为社会商业活动中共生行为、共生关系的研究奠定了理论基础。他认为共生关系不仅仅是存在于自然生态系统中的，也存在于商业活动之中,并且可以借鉴跨学科相结合的办法来进行研究。他运用共生理论研究小型经济,在界定共生内涵与外延的基础上,提出了共生的三大要素,包括共生单元、共生模式和共生环境,并且指出在任何一个共生关系中都可以采用共生能量分配、共生界面选择等原理进行分析。共生单元是一组共生关系中用于交换能量和传递资源的基本主体,没有共生单元就谈不上共生关系。共生单元是构成企业共生关系的基本要素,对共生单元的外延可从两个方面来描述:一是共生单元的内部特征,二是共生单元的外部特征。因此,从内部与外部角度来看,共生单元所表现出来的特性也是不同的,其中内部表现的是一种本质的、核心的特性,决定了事物发展的方向,称之为质参量;而外部表现的是一种数量和形态的变化,被称作象参量。例如,企业创新网络可以看作是由焦点企业、供应商、客户、科研机构、政府部门等共生单元所组成的一个共生体,他们的专业技术能力和相关成果可以看作是其质参量(袁纯清,1998)。核心技术的不同会导致企业竞争优势不同,直接影响企业绩效,核心技术的改变将导致企业内在性质和发展方面发生转变,而象参量改变仅仅是企业外在形态不同和数量积累的增减,并不会引起根本性的转变。在由生产工人、技术人员、营销人员和管理人员组成的共生体系中,他们的出生年月、胖瘦高低、相貌气质等可以被看作是各自的象参量。质参量的变化一般决定或引起象参量的变化,所以企业的生存与发展真正受到其核心技术或者核心能力的影响,较少受到产品包装、员工数量等外部特征的影响,但值得注意的是当外部特征积累到一定程度的时候就会引起内在属性的改变,从而关系到企业的生存和发展问题。具体到每一个共生体中,共生单元的性质和特征是不同的,所以需要注意的问题也会不一样。

为了进一步分析共生单元之间的物质传递、能量转移和信息交换行为,袁纯清在界定了共生三大要素的基础上提出了共生原理,用于解释共生行为的本质属性,不同的行为就会导致不同的共生关系,最终促进了个体的相互依存和共同演化。本书主要阐述与本研究相关的共生能量生成原理和共生界面选择原理。

(1) 共生能量生成原理

两种生物间发生联结后就会传递、产生能量,这是共生行为的内在需求。共生能量(E_δ)为共生单元提供了价值增殖,是影响共生系统发展和演化的重要因素,它在共生界面上不断流动、增加和损失,如果增加的能量大于损失的能量就会促进整个共生关系向持续良好的阶段发展。

设共生系统 S 存在质参量 Z_s,且有 m ($m \geq 2$) 个共生单元,同时存在 $Z_s =$

$f(Z_1, Z_2, \cdots, Z_i, \cdots, Z_m)$,则系统全要素共生度 δ_s 为:

$$\delta_s = \frac{1}{\lambda} \sum_i^m \delta_{si}$$

共生能量(E_s)的增加和损失主要是由共生度 δ_s 所决定的,因为共生能量的产生必须具备的条件是 $\delta_s > 0$,即 $E_s = f(\delta_s, \rho_s, \eta_s)$ 或 $\delta_s^m = \sum_{i=1}^m \delta_{si}$。$\eta_s$ 为系统共生维度,δ_{si} 为单要素共生度。这说明共生度越大,共生密度越高,企业彼此间所获得的共生能量增殖就越多,所以企业应当注重维持良好的关系质量,保持紧密的关系联结,以便促进共生能量生成,实现更大范围内的价值共享与创造,达到多种要素的不同组合模式,为满足市场需求提供更多的选择机会。

共生能量生成原理为我们解释了共生关系持续发展的基本动力和前提条件,告诉我们:要使共生系统获得更快的增殖和发展,需要保证共生单元之间进行充分丰富的能量传递,利用资源交换来共享、创造新能量或价值,从而实现自身和系统的增殖、发展。

(2) 共生界面选择原理

在共生关系中,虽然共生能量增殖可以为企业提供持续发展的动力,是共生关系稳定的前提,但是共生界面却是共生能量生成和增殖的保障。共生界面越通畅,共生能量传递中的损耗越小,增殖空间就越大。各种相互作用最终都要通过共生界面上的能量流动才能表现出来。以此为保障,企业间的合作交流会更加高效,能够促进知识和信息的有效流动,这也会影响合作关系的稳定性和融合性。共生界面是共生单元之间相互作用的物质或精神的媒介,也就是个体之间进行资源交流的渠道和载体,直接关系到共生关系的稳定和资源流动的效率。它是由不同共生介质构成的,各种共生介质所扮演的角色和发挥的作用都是不一样的,特别是某些介质之间会产生排斥,但某些介质之间又是相互弥补、相互促进的。共生界面主要有三个参数,即共生界面特征参数 λ,$\lambda \in [0, +\infty]$;共生界面能量使用选择系数 β,$\beta \in [0, +\infty]$;共生界面非对称分配因子 α,$\alpha \in [0, 1]$。λ 表示共生界面上的资源在单位时间内的流动速度,β 表示共生界面的扩展属性,而 α 表示的是共生界面的分配属性。结合以上特点来看,共生界面分析的目的在于利用各个参数来测量合作关系情况,比较各种情况的差异,并明确影响企业间合作关系的效率、发展和分配等关键要素,掌握共生关系的发展方向,为企业处理合作关系网络具有重要指导意义。

共生界面选择原理告诉我们:可被视为共生单元的企业,在企业创新网络化背景下,要处理好与创新伙伴之间的关系,不得不关注关系的稳定性、融合性、效率性等问题,而这些在一定程度上取决于共生行为,即共生界面扩展和共生能量分配。如果要改进共生界面,核心在于减少界面阻力,提高界面作用的效率。如果要提高能力分配效率最主要在于建立合理分配机制,利用多种共生介质等方式。

2.1.3 共生模式

1998年,国内学者袁纯清运用共生理论(Intergrowth Theory)研究小型经济,首次将共生理论向经济学领域扩展,创建了一些新的概念工具方法,并形成一套较为成熟的共生理论。其中,共生能量生成原理、共生界面选择原理等构成了共生理论分析的逻辑起点,并成为企业共生行为模式和共生组织模式的判别依据,利用这些原理也可以分析商业经济活动。他认为,共生理论分析的基本逻辑是从共生单元来判别共生能量分配和质参量互补,从而建立彼此间的共生关系。所以共生行为模式就是根据共生能量分配来进行判断(袁纯清,1998)。按照不同的能量分配,共生行为模式可被划分成四种不同形式,每种形式具有其各自的特点,但是相互间又有联系(见表2-1)。此后,国内学者注重于将共生理论向经济管理学领域扩展。据国内外现有文献来看,有关共生行为模式的探讨主要涉及两个方面,即产业共生行为模式与企业共生行为模式。本书主要梳理企业共生行为模式的相关文献,暂不讨论产业共生行为模式。

表2-1 不同共生模式的特征

	寄生	偏利共生	非对称互惠共生	对称互惠共生
共生单元特征	1. 共生单元在形态上存在明显差别 2. 同类单元接近度较高 3. 异类单元存在双向关联	1. 共生单元形态方差较大 2. 同类单元亲近度较高 3. 异类单元存在双向关联	1. 共生单元形态方差较小 2. 同类共生单元亲近度存在明显差异 3. 异类单元之间存在双向关联	1. 共生单元形态方差接近于零 2. 同类共生单元亲近度接近或相同 3. 异类单元之间存在双向关联
共生能量特征	1. 不产生新能量 2. 存在寄主向寄生者能量的转移	1. 产生新能量 2. 一方全部获取新能量,不存在新能量的广谱分配	1. 产生新能量 2. 存在新能量的广谱分配 3. 广谱分配按非对称机制进行	1. 产生新能量 2. 存在新能量的广谱分配 3. 广谱分配按对称机制进行

表2-1（续）

	寄生	偏利共生	非对称互惠共生	对称互惠共生
共生作用特征	1. 寄生关系不一定对寄主有害 2. 存在寄主与寄生者的双向单边交流机制 3. 有利于寄生者的进化，不利于寄主的进化	1. 对一方有利而对另一方无利 2. 存在双边交流 3. 有利于获利方进行创新，对非获利方进化无补偿机制时不利	1. 存在广谱的进化作用 2. 不仅存在双向双边交流，而且存在多边交流 3. 由于分析机制的不对称，导致进化的非同步性	1. 存在广谱的进化作用 2. 既存在双边交流机制，又存在多边交流机制 3. 共进化单元具有同步性
互动关系特征	主动—被动	随动—被动	主动—随动	主动—主动

继袁纯清以后，诸多学者对共生理论进行了丰富，并借鉴共生理论分析企业经济运行的问题。吴飞驰（2002）率先采用共生理论来界定企业性质，扩展了共生理论的应用范围，为管理者提供了一个新的企业共生管理思路。类似地，赵红等（2004）以生态智慧型企业共生体为研究对象，阐述了生态智慧型企业共生体的四种行为方式及其相互关系。杨毅（2003）阐述了共生性企业集群的内涵，并在此基础上进行分类，以便分别探讨每种类型的特点和运作机理。李焕荣（2007）讨论了共生理论的适用性并将其导入战略网络演化过程之中，认为个体之间的共生度也是决定系统演化的动力。程大涛（2003）将生态学的观点运用于企业集群中，认为这是一种共生系统，具有相互依存、共同演化的特性。蒋军锋（2010）利用共生理论解释了创新网络的扩张和核心企业发展壮大的原因，揭示了共生关系在不同阶段中的转变以及应该采取的措施。生延超（2008）针对技术联盟中企业间共生关系，分析了这些关系的形成过程，并提出保持联盟稳定性的对策和建议。徐彬（2010）剖析了科技型企业技术创新成果转化的问题，并利用共生理论和案例研究提出了相关管理策略。陶永宏（2005）运用共生理论分析了中国长三角船舶产业集群的结构、行为模式及其演化机理。陈凤先和夏训峰（2007）指出共生理论适用于分析产业集群，并界定了产业共生的概念，分析其形成原因及其分类。程跃等（2009）认为企业自身能力在日益复杂外部环境变动下，会受到新兴技术的影响而发生改变，这两者是相互依存、共同进化的共生关系，企业需要提高自身能力以适应和管理新兴技术。黄芳倩和莫山农（2012）认为面临"蓝海战略"盛行的时代，有实力的企业会考虑通过建立技术联盟来获取竞争优势，为此关键合作伙伴的选择成为联盟发展的重要问题。作者利用共生理论分析了怎样选

择合适的伙伴。胡浩（2011）认为，创新极之间的共生模式是指创新极相互作用的方式或合作形式，既反映了创新极之间的能量、知识、资源的交换行为，也代表着一种共同演化的过程，从不同角度来看，创新极的共生模式具有多种分法。比如，从内涵的角度来看，创新极共生模式可被划分为"协同共生""竞争共生"和"独立共存"三种模式。从共生能量与利益关系的角度来看，可被划分为"寄生""互利共生"和"偏利共生"三种模式。互利共生关系产生的新能量会向个体流动和分配，这种分配是多边而非单边的，是又有溢出又有吸收而非单方面的溢出或吸收，所以在共生单元之间的分配均匀与否，可以区分共生行为模式的不同。

2.1.4 共生理论在技术创新研究领域的应用

共生理论源于生物学概念。20世纪中叶以后，共生理论分析方法开始得到国内外学者的广泛推崇，并在企业管理实践中盛行。其概念、原理及方法论已经应用于生态平衡、农业生产、工业应用，甚至技术创新管理等研究领域，并取得丰富研究成果，为技术创新研究提供了一种新视角、新理论和新方法。国内外学者已将共生理论应用于技术创新领域，并取得一定成果，主要涉及技术创新管理、技术扩散、区域创新系统构建，等等。本书主要梳理共生理论应用于技术创新管理领域的相关文献，而应用于技术扩散和区域创新系统等领域的文献暂不探讨。

Ehrenfeld（2004）认为共生体现在企业经济活动中的方方面面，既表现在市场上的契约交易行为，又出现在创新活动、信息交换和资源互补等行为上。Murat Mirata 和 Tareq Emtairah（2005）认为工业共生网络（简称IS）对促进地方或区域的产业集群创新具有潜在贡献，并基于有关创新研究和创新空间接近的现有研究成果，提炼出了创新活动过程和IS网络影响的三个因素。生延超（2008）针对技术联盟中企业间的共生关系，分析了这些关系的形成过程，认为在激烈的市场竞争中，企业不仅仅应该关注自身能力的提高，还应该通过建立技术联盟来获取竞争优势和新兴技术，因此提出了保持联盟稳定性的对策和建议。黄芳倩和莫山农（2012）认为面临"蓝海战略"盛行的时代，有实力的企业会考虑通过建立技术联盟来获取竞争优势，为此关键合作伙伴的选择成为联盟发展的重要问题。作者利用共生理论分析了怎样选择合适的伙伴。张志明、曹钰（2009）运用共生理论分析集群企业共生创新的路径：以企业共生体的深入分工积累创新知识源；以多重共生介质实现共生企业间充分的物质、信息和能量的交流合作；以支配共生介质使企业共生创新走上快速创新轨道。

薛伟贤和张娟（2010）以高新技术企业为研究对象，认为技术联盟有利于企业间知识与信息的交换，企业在选择合作伙伴时应该注意资源互补性和伙伴多样化等问题，并与企业发展战略相一致，才能促进技术联盟的稳定持续发展。徐彬（2010）运用共生理论探析了中小型科技企业的共生单元、共生环境、共生界面，并构建了以技术资源要素的移动和重新配置为主要内容而进行的技术创新管理的共生机制及基本模式。

2.1.5 研究述评

近几十年来，共生理论已拓展到社会与经济学领域，最早在经济学领域的应用是工业共生理论的提出，即不同产业之间通过物质、能源和知识交换、传递形成了长期而稳定的合作关系，实现了经济效益和环境效益。随后，共生理论的应用扩展到企业集群、金融领域等微观企业主体上。比如，何自力和徐学军（2006）基于共生理论，构思了银企共生界面的参数与分析框架。杨毅和赵红（2003）将"共生"的观点导入企业集群，提出共生性企业集群概念及其组织结构设计。经过诸多学者的论证表明，共生理论及其基本原理对企业经济活动的分析具有适用性，特别是企业社会网络化活动的增强，促使企业之间的竞争与合作关系更加复杂，难以运用以往的理论加以解释，运用共生理论来解释企业在网络化活动中发生的关系行为，具有一定的解释力。

但是从现有文献来看，目前共生理论尚未完善，其应用于经济管理领域的方法论还有待提高，学者们对于共生理论相关概念、原理和方法仍旧存在许多争论的地方，常常是从不同的学科角度上加以解释和运用。这对于共生理论的拓展和丰富具有深远意义，但也说明了共生理论尚存在很多值得发展的空间。比如，现有研究多数是定性研究，而定量研究屈指可数。并且，现有研究多针对共生、共生理论的界定以及共生模式的分类，较少研究共生行为的测量指标。通过文献梳理表明，对共生行为的量化研究将是共生理论未来研究的一个趋势，未来研究首要侧重于运用数量化的指标来判别共生关系；其次，需要深入到企业间物质、能量和信息传输的过程之中来探讨共生行为模式和共生组织模式；最后，运用共生理论分析企业技术创新管理模式及其成长路径的研究尚有待完善。

2.2 企业创新网络相关研究综述

20世纪90年代以来,由于网络化进程加快,各种技术呈现出日新月异的改变,企业不得不紧跟上新兴技术的步伐。这单单依靠自身实力是无法完成的,必须依靠外部资源整合,加强与外部组织的联系,因此,企业创新网络的提出和迅速推广应运而生。关于企业创新网络的概念、联结机制、治理与演化等问题,以及结构嵌入性理论和关系嵌入性理论的研究,也成为热点。本节主要梳理和综述了与本研究内容相关的观点和结论,包括企业创新网络的界定、分类、结构嵌入性理论和关系嵌入性理论及其影响后果的研究。

2.2.1 企业创新网络的界定与分类

2.2.1.1 企业创新网络的界定

早在1991年弗里曼(Freeman)发表了一篇关于"创新者网络"(networks of innovators)的文章,引起了学术界的轰动,他在文章中指出创新网络是指为了适应新时代下的创新组织形式,以实现技术创新成果或提高技术创新水平为目的,企业间发生的所有合作交流关系的总和。根据此定义,弗里曼将企业创新网络进行了划分,主要分为契约型网络、共建实体或虚拟组织等几种类型的网络组织形式。从他的研究成果表明了企业自身是位于创新网络的中心,称为焦点企业,与其他网络成员之间由于知识、价值联结而形成一张无形的关系网,其中既有利益诉求也有利益冲突。可见,企业搭建创新网络的目的在于提高技术创新绩效,如果处理好与各种利益相关者之间的关系,网络成员间会产生信任感,有利于知识、信息等创新资源在网络内的流动,也就会促进创新网络的良性发展;反之,如果企业仅仅关注搭建创新网络而不维护,网络成员间的合作关系逐渐恶化为不信任、不满意的关系,就会产生知识滞留、知识泄露等问题,必定导致创新网络的崩溃。

Bresson和Amesse(1991)认为,企业创新网络是一种新型的组织形式,由于社会分工和信息技术的出现,行为主体之间的相互依赖和联系越来越显得重要和便于实现,这些联结交织在一起形成了一张无形的网络,就是企业创新网络。不同的节点由不同的网络成员所占据,而企业则位于网络的中心。企业要注意搜集网络中流动的信息、知识和其他资源等,并加以有效整合,在整个过程中会促成价值的共享与创造。可见,参与到网络中的主体应具有不同的资源、能力，这是网络形成的前提条件。

Estades 和 Ramani（1998）通过实证调研的结果表明，企业创新网络具有灵活、柔性的属性，对外界环境变化具有比企业组织更强的适应能力和竞争能力。其包括几种不同类型的网络，如政府网络、产学研网络、专业网络等。这些网络对企业技术创新活动起到了不同程度的作用，比如产学研网络由企业、科研机构和高等院校所组成，有利于企业利用外源技术来共同开发新产品、共享技术创新成果、提高技术创新水平；而专业网络主要是由同行竞争者所构成，目的在于获取行业新信息和新技术，分摊开发费用，共同推动行业技术发展，制定行业技术标准等。

盖文启、王缉慈（1999）从区域创新的角度，界定了企业创新网络的内涵，他们认为，与企业发生合作关系，产生信息、知识交流的外部组织使企业创新网络成员之间逐渐形成了相互依赖的关系，而且它们往往采用实体联结、虚拟组织和契约联结等组织形式。

王大洲（2001，2005，2006）发表了几篇关于企业创新网络的重要文献，在其中一篇文献综述中指出，企业创新网络是企业创新伙伴自发的一种制度安排，是为响应组织对技术创新的需求而发生的关系联结。参与创新网络的行为主体通过交互作用促进了新产品的开发与推广，它与"合作创新"的不同之处是，企业创新网络是一种制度安排，是一个开放而不断演化的互动体系；而合作创新是一种合作行为，并没有演化阶段，两者的观察视角不同，采用的分析方法也不同。企业创新网络是企业所有创新合作关系的综合，合作关系是网络的构成要素，而非网络本身；网络概念正在经济、管理、社会学科得到广泛运用，使用这一概念便于跨学科对话；商业经济正表现出网络特性，使用网络概念来研究企业技术创新具有实践意义。

霍云福（2002）认为，企业创新网络是参与创新的行为者之间通过交互作用而形成的一系列关系组合。它可以用来解释企业技术创新活动中与利益相关者之间的合作关系，信息和知识等创新资源的共享和创造过程，并有利于分析企业与网络成员间共同发展和演化过程。由于网络成员资源和能力的交叠，成员之间通过优势互补，共担创新风险和费用，快速地向市场推出技术创新成果，会使网络创新能力往往大于个体创新能力之和，是解决激烈市场竞争中有关技术创新问题的一个重要组织形式。

张伟峰、杨选留（2003）认为创新网络是一种适应知识经济社会和技术创新的新型创新模式。它作为相关企业知识交互作用的创新平台，为企业应对复杂的技术创新提供了条件。他们探讨了创新网络的交互作用特性，为我国创新网络的构建提供了建议。

张伟峰、万威武（2004）把创新网络的概念界定为所有创新活动中与其他组织联结成的关系总和，包括正式与非正式的关系。这种虚拟的知识共享与交流平台，主要作用在于提高现有产品性能，开发和设计新产品或新服务，具有共同进化、扁平性和异质性等特点。

彭光顺（2010）指出，所谓的企业创新网络是应付系统性创新的一种基本制度安排，所有与技术创新活动密切相关的外部组织都是企业创新网络的成员，他们与企业建立着直接或间接以及正式或非正式的互利互惠关系。

陈新跃等（2002）对企业创新网络的概念进行了界定，分析了合作伙伴选择中存在的问题，并提出了对策建议。

表2-2　　　　　　　　　关于创新网络内涵的汇总表

学者	观点
Freeman（1991）	创新网络是为了适应新时代下的创新组织形式，以实现技术创新成果或提高技术创新水平为目的，企业间发生的所有合作交流关系的总和。
De Bresson, Amesse（1991）	创新网络就是组织间网络，但一般地，人们把网络描述为结点的连接，不同创新主体占据结点而且相互之间形成一定的联系。
盖文启、王缉慈（1999）	合作伙伴与企业一起开发新技术，完成创新成果转化过程，实现技术成果的产业化生产，在协同作用下达到了技术与市场的对接，放大了技术资源使用和整合能力。从区域创新的角度，界定了企业创新网络的内涵，他们认为与企业发生合作关系，产生信息、知识交流的外部组织使企业创新网络成员之间逐渐形成了相互依赖的关系，而且它们往往采用实体联结、虚拟组织和契约联结等组织形式。
王大洲（2001）霍云福（2002）	企业创新网络是企业创新伙伴自发的一种制度安排，是为响应组织对技术创新的需求而发生的关系联结。参与创新网络的行为主体通过交互作用促进了新产品的开发与推广，它与"合作创新"的不同之处是，企业创新网络是一种制度安排，是一个开放而不断演化的互动体系，而合作创新是一种合作行为，并没有演化阶段，两者的观察视角不同，采用的分析方法也不同。
程铭、李纪珍、吴贵生（2001）	创新网络是一种非正式的组织形式，是一种协同群体。
张伟峰、万威武（2004）	把创新网络的概念界定为所有创新活动中与其他组织联结成的关系总和，包括正式与非正式的关系。
彭光顺（2010）	所谓的企业创新网络是应付系统性创新的一种基本制度安排，所有与技术创新活动密切相关的外部组织都是企业创新网络的成员，他们与企业建立着直接或间接以及正式或非正式的互利互惠关系。

资料来源：据本研究整理。

根据上述国内外学者的界定，本书认为高新技术企业创新网络是指企业技术创新活动所赖以发生的网络，包括参与创新的各种行为主体（大学、科研院所、政府机构以及创新导向服务供应者等），围绕不同创新目标而建立的直接或间接以及正式或非正式的制度安排或关系总和，呈现出合作平等性、关系长久性、利益互补性、共同演化性、动态开放性等多元特征。

2.2.1.2　企业创新网络的分类

Freeman（1991）对企业创新网络的划分是合资企业和研究公司，合作R&D协议，分包、生产分工和供应商网络，政府资助的各种研究项目。Estates和Ramani（1998）根据焦点企业所联结的对象属性，把企业创新网络划分为政府网络、专业网络、科学网络等几种类型。各种网络内成员之间通过协作与交互行为，共享知识和信息等创新资源，解决潜在冲突，实现资源互补，共同提高技术创新能力，开发新产品和新技术。Gemünden、Ritter和Heydebreck（1996）提出了七种技术创新网络配置模式，孤岛型、蛛网型，等等。Cravens等（1996）把企业创新网络分为了空心网络、柔性网络、增值网络和虚拟网络四类，并且他认为不同种类的网络应该采取不同的治理方式。

国内学者对此也有较多的研究。霍云福和陈新跃（2002）基于网络成员合作视角，将企业创新网络划分为垂直型、水平型和混合型三种。垂直型网络主要是与企业发生纵向联系的外部组织，包括供应商和客户等。水平型网络主要是与企业发生横向联系的外部组织，包括科研院校、政府机构和同行企业等。混合型网络主要是以上两种网络类型的综合。而水平型网络中，企业最能够获取到异质性资源，来自各个领域的合作伙伴为企业带来了专有知识和新思想，帮助企业得到不同创新要素的多种组合形式。而垂直型网络更有利于企业分担创新风险和费用，为企业带来更多的互补资源，有助于改进现有产品功能和快速实现技术创新成功。吴永忠（2005）认为，企业技术创新活动的重点是不断演化和发展的，因此以企业为中心的创新网络也会相应地发生转变，具有不同的形态，主要有研发系统网络、生产系统网络和营销系统网络。欧志明等（2002）为了使企业创新网络得到有效管理，将其划分为领导型和平行型两种。前者就是某个行业中的核心企业或寡头企业，能够引领整个系统的生存和发展，掌握着最先进和最核心的网络资源。

2.2.2　企业创新网络的治理

将社会网络分析法引入企业创新网络分析，为企业创新网络的刻画提供了一套科学有效的工具，推进了有关技术创新管理理论和实践领域的发展。同时，随着 Granovetter（1985）提出关系嵌入性理论的重要性之后，多数学者接受并验证了 Granovetter 的观点，开始从关系嵌入性视角来探讨其治理与影响机理问题。经过诸多学者的探讨，企业创新网络的治理研究已逐渐形成了三种研究路径：一是从网络整体结构出发进行研究，侧重于网络参与主体或结点之间所构成的网络体系状况，比如网络集中度、网络规模、网络异质度和网络开放度等；二是从关系视角出发进行研究，聚焦于网络参与主体或结点之间的联结程度，比如关系强度、关系稳定性和关系质量等；三是，从位置视角进行研究，主要是区分各个结点之间的相对位置，用以分析结点在整个网络中所处的位置（王大洲，2001）。

Powell 等（1996）剖析出生物技术产业的学习网络，指出了对网络集中度、网络组合和成长率产生影响的关键因素。Gemünden、Ritter 和 Heydebreck（1996）认为关系强度和网络结构是企业创新网络中最重要的维度，并在此基础上提出了七种技术创新网络配置模式，孤岛型、蛛网型，等等，表明技术创新网络配置与创新成功具有密切关系，不同类型的网络配置模式应该采取不同的治理方式。Lorenzoni 等（1999）通过实地调研发现，精心设计和搭建的企业创新网络，定期对网络进行维护，加强与网络成员间的关系，更有利于企业与外部组织的协同配合，适应外部环境转变，开发出满足消费者需求的产品，提高了企业竞争优势。Rowley 等（2000）认为不管是弱联系还是强联系都有着重要作用，它们对于企业技术创新活动所发挥的功能是不同的。由于企业发展战略、产业环境和外部资源的不同，创新网络的构成也会不同。以制造业为例来讲，强联系更有利于加强外部资源的协作，最大限度地整合新知识和新技术，而在软件行业中，强联系往往会导致知识泄露的风险，不利于保护企业自主知识产权，所以弱联系更适用于软件行业。Dyer 和 Nobeoka（2000）通过案例分析发现，企业创新网络管理存在许多问题，并认为丰田公司设计了有效的网络治理机制，并解决了三个问题：一是在水平和垂直的创新网络中都组成雇员流动，培养学习型组织，鼓励知识和信息的自由流动，帮助企业内部和企业与外部组织之间形成较为统一的归属感。二是弱化资源专属性的思想，培养资源共享的意识，规定网络成员的知识是属于整个网络的，而非某个成员，有利于知识传递与吸收。三是构建了多层次的知识共享网络及其子网络，促使企业充分共享网络资源。丰田公司通过种种管理举措解决了企业创新网络中的一些难题，是值得我们学习的。但是，丰田公司的网络治理机制也有不足之处，即制定统一的归属感也可能产生知识同质化，缺乏不同资源种类的互补，无法适应新兴技术所带来的突变式技术创新，反而导致技术创新能力下降。

上述研究表明，管理者可从结构维度、关系维度和位置维度来优化网络的配置、实现网络的治理、促成企业与创新伙伴的共同进化。

2.2.3 企业创新网络特征对创新绩效的影响

根据国内外现有文献，本研究主要从结构和关系两个方面来阐述这两者之间的影响作用。

2.2.3.1 企业创新网络结构特征对创新绩效的影响

企业创新网络结构及其影响后果的研究始于社会学的研究视角，企业创新网络结构特征分析应该考虑网络结构、互动关系及其过程。Granovetter（1973）将"嵌入性"概念引入企业创新网络研究之中，并将"嵌入性"划分为"结构嵌入"和"关系嵌入"。结构维度聚焦于网络整体结构的要素，研究企业在网络中的集中度、规模、异质性和开放度等因素，而关系维度则主要分析了关系的强度、久度和质量等。此后，创新能力和绩效的差异，而网络嵌入性的不同会带来技术创新绩效的差异，即网络规模、关系强度及企业在网络中的位置等都会影响技术创新绩效（Granovetter，1985；Uzzi，1997）。于是，"结构嵌入说"得到国内外学者的广泛采用，网络结构分析法着眼于整体属性，主要分析网络规模、网络中心性、网络开放度和网络异质性等结构特征，便于经营管理者进行治理和预测。这种分析方法已经在诸多产业中得到了运用并取得了一定的成果，包括生物制药、软件业、电子与通讯业等。

Granovetter（1973）提出参与到同一创新网络中的行为主体并不会产生相同的绩效，这是由于各自的先天资源禀赋和透过网络得到的资源是不同的。Kraatz（1998）认为，在企业创新网络下，管理者试图获取大量的异质性或互补性资源，以适应复杂多变的外部环境。所以必须维持大且异质性高的网络关系以便提供源源不断且多样化的信息。Uzzi（1997）研究了结构性嵌入与技术创新绩效之间的关系，通过对美国一些产业区研究发现，不仅网络规模增大能够扩大信息获取的存量，而且网络中成员的多样性更有助于产业区企业对异质性信息的获取，因此网络结构会影响技术创新绩效。Gulati 和 Dyer（Gulati，2000；Dyer & Nobeoka，2000）把网络带来的能够使企业获得竞争优势的异质性资源定义为"网络资源"，并认为不同的嵌入性网络关系会影响企业触及与控制的网络资源的数量与质量，从而造成企业绩效的不同。McEvliy 和 Marcus（2005）认为嵌入性通过影响企业竞争行为间接影响企业竞争优势。Cowan（2004）通过仿真手段模拟了创新网络结构与知识扩散的关联过程，发现扩散模型下知识水平的变动与创新网络的结构密切相关，当网络呈现小世界性时，网络行为者知识水平达到最优。Brigitte Gay 和 Bernard Dousset（2005）研究证实生物产业网络的无标度性、小世界性，通过证实生物网络以优先接近核心技术企业模式成长、演化，得出网络动态演化与合作结构对企业获取产业主导地位的重要意义。Schilling 和 Phelps（2007）研究了 11 个战略产业联盟合作网络结构与创新绩效的关系，证实拥有较高网络聚类系数与较短网络平均路径的企业拥有更好的创新产出（知识溢出）。将"网络资源"界定为参与企业创新网络中的各个行为主体间彼此传递的互补性资源，这种资源状况会随着网络结构和网络关系的转变而发生变化，最终影响到技术创新绩效的差异。网络资源嵌入于网络结构之中，不是孤立存在的，需要关注组织间资源交换的双边关系。Cowan（2004）利用仿真方法，模拟了企业创新网络结构与知识扩散间的影响作用。结果表明知识水平的高低将会导致网络结构发生变化，当该网络具备小世界特征时，成员间的知识水平最高。类似地，Brigitte Gay 和 Bernard Dousset（2005）以生物产业为例，分析了生物网络结构特征，认为整个网络的演化过程和结构对核心企业成长具有显著影响作用。企业应当抓住网络演化的机遇，做出适当的选择，完成顺利的转型，提高竞争优势地位。另外，还有学者研究了竞争行为在网络嵌入性与竞争优势之间的中介效应，得出联盟合作网络结构对创新绩效存在正向显著影响的结论。

国内学者池仁勇（2005）对浙江省中小企业创新网络进行实证研究，分析了该网络结构属性、基本形式及其形成机理等，并剖析了浙江省轻纺产业的网络中心度、网络密度、网络切点与块、结点中心度、网络派系、网络核心-边缘结构。研究结果发现：①浙江轻纺中小企业创新网络具有某些重要节点，是这个网络的中心，如政府组建的科技园、大型企业集团等，说明该网络是以各类专业市场为中心，企业围绕专业市场开展创新活动；②该网络具有三个主要节点，它们发挥了桥梁作用，连接了市场、竞争者和研发组织；③该网络具有较为完善的连接，各个节点间得到了充分连接，信息得到了全面共享，说明网络的有效性和完整性较高，能够发挥出网络竞争优势。何亚琼（2005）设计了企业创新网络成熟度评价指标体系，指出应该从网络连接规模、网络结点的密度、网络开放程度、网络连接的紧密性、网络连接的稳定性、网络结点的自我淘汰能力、网络本地化程度等指标进行评价，并指出这些指标影响企业技术创新绩效水平。李志刚（2007）等对合肥高新区进行调查研究。结果表明：企业所嵌入网络的密度、网络资源丰度、关系强度等是促进创新绩效的关键要素；经营管理者通过加强成员间的沟通，充分获取和整合资源，有利于创新成功。在此基础上，学者们进一步探究了两者间的中介或调节变量，比如吸收能力、网络能力及创新能力（张煊等，2013）。

2.2.3.2 企业创新网络关系特征对创新绩效的影响

对于网络关系特征及其影响效果的研究始于 Granovetter（1973）在《美国社会学期刊》上发表的经典文章《弱关系的力量》。随后，Håkansson（1987）将网络分析模型拓展到企业组织，国内外学者更加关注关系嵌入性理论在企业网络领域中的研究。此后，网络关系特征受到学者们的广泛关注，网络关系特征逐渐成为社会科学、经济管理研究领域中的一个焦点概念。在社会学研究领域中，学者们聚焦于运用网络关系特征来分析个人和社会的各种问题，而在管理学研究领域中，国内外学者们则更关注关系特征的影响后果，特别是对创新绩效和成长绩效的相关实证论证。随着相关研究的不断深入，关系嵌入性理论被应用到个人、团队和企业等多个层面，特别是在组织间合作、组织创新、资源交换和工作绩效等层面（潘松挺，蔡宁，2010）。于是，"关系嵌入性理论"逐渐受到国内外学者的广泛关注，关系维度主要是分析参与创新的行为主体间关系的"强度""久度""质量"等。目前，关于网络关系特征的研究正处于发展阶段，学者们运用关系嵌入性理论在社会学和经济管理研究领域取得了丰硕成果，特别是对企业创新网络的探讨，网络关系被认为是企业与其他网络成员之间建立协作或交流的重要特征变量，与网络成员获得网络资源种类与质量具有很强的关联性。但学者们对于"关系嵌入性"所产生的影响作用持有不同的观点。

通过查阅相关文献发现，关系强度是衡量企业创新网络对技术创新绩效影响的一个最受关注的特征变量。但目前学术界对关系强度（强联结和弱联结）与技术创新绩效之间的相关性仍处于争论之中。部分学者支持 Granovetter（1985）"弱联系的力量"观点，该观点认为弱联系通常导致一种松散型的网络，往往构建较大规模的网络，获取较为广泛的网络资源，这种弱联系的作用在于新信息、技术和知识等资源的传递与共享，可减少网络资源的冗余和降低网络资源滞留。同样，Kraatz（1998）也指出企业间的弱联系不仅可以提高互动内容的广度，也能够保持网络演进的灵活性，提高企业运作弹性；而强联系能够提高互动内容的深度，促使企业提升运作效率，但却可能造成网络束缚与网络惰性，最终形成网络锁定。Uzzi 和 Lancaster（2003）也认同弱联结更有利于企业间知识转移的观点。国内学者钱锡红、徐万里、杨永福（2010）以 IC 产业为例，论证了弱联系与技术创新绩效存在显著正相关关系。杨锐、黄国安（2005）采用社会网络分析法实证研究了杭州现代通信产业园区。结果表明：与"强关系理论"的假定相反，企业间的弱关系有利于网络多样性，提高企业技术创新能力，并且该园区中的弱关系占据网络整体的63.76%，这表明该园区网络主要是由弱关系和非冗余关系所构成，所以企业间显性和隐性知识的传递主要依靠的是弱联系而非强联结。除此之外，部分学者讨论了强关系对技术创新绩效的作用分析，支持"强联系的力量"观点。Uzzi（1997）认为在紧密的网络关系中，组织间会产生市场需求、边际利润和经营策略等信息的频繁传递，对经营管理策略与技术创新能力都产生影响。Larson（1992）通过实证研究表明，强联结为企业成长带来好处，因为它能够使得成员间充分沟通，建立信任感与默契，促进了资源的高效流动和吸收。Ahuja（2000）、Stuart（1998）都发现，技术创新合作网络中伙伴间紧密的联系会加强技术交换，提高技术合作绩效。Rowley（2000）认为，强关系能够通过不同的途径来提高创新绩效，一是有效的沟通保证了获取更广泛的资源，更有利于吸收和整理有价值的资源；二是，减少对彼此的监督成本，在沟通过程中的冲突与误解能够及时处理，降低了沟通成本和潜在风险。Ritter等（2003）通过对德国的调研样本进行分析，以技术交融（technological interweavement）来测度成员之间的合作关系强度，研究结果表明越强的关系联结将会导致越高的创新绩效。因此，创新网络成员间应当保持定期的沟通，建立较为畅通的对话机制，这会对技术创新绩效产生重要的促进作用。类似地，Schilling和Phelps（2007）通过实证研究探究了合作创新网络与企业创新之间的关系，发现高聚集度和高联结强度的创新网络更具有创新产出能力。Fritsch和Kauffeld-Monz（2010）通过调查德国16个区域创新网络中的300个企业，探析了企业网络结构对知识传播的影响作用。结果表明：强联结比弱联结更有助于企业获取和传递知识、信息。国内学者任胜钢等（2011）认为，关系强度是指焦点企业与其他网络成员联系频率的高低程度以及企业之间对关系的承诺度水平，这对技术创新绩效具有正向影响。陈学光（2007）认为，关系强度（intensity）或关系频率（frequency）是体现企业创新网络特征的重要变量，与技术创新绩效呈正相关关系。王燕妮等（2012）运用案例分析探析了汽车企业的创新网络运作机理，认为企业间关系强度会正向或负向影响技术创新绩效，但正负影响是运动变化的。

除此之外，关系久度和关系质量也是衡量企业创新网络关系特征的重要变量。Uzzi（1997）认为稳定而持久的合作关系将会促进彼此间的认同感和信任感，付出更多的投资，能够有效地处理各种冲突与矛盾，减少监督成本。同样地，Nooteboom（2000）通过对比美国和德国的企业发现，隐藏于团体或组织间的显性或隐性的互补知识，只有通过培养彼此间信任和长久的关系才能有效地进行整合。如果说彼此间已经建立起长久的合作网络，关系的持续时间越长，彼此之间的相互了解程度越高，在处理界面管理问题的过程中越能够较快地相互理解，提高工作效率，获取对自身有价值的资源。Kogut 和 Walker（2001）通过分析德国企业间的网络关系特征，指出如果企业间保持着越稳定和持久的联结，越能够促进成员之间的沟通与协作，提高资源在网络中的共享程度，实现创新资源利用效率最大化。并且，持久和稳定的关系促使企业间培养信任感，这有利于企业与合作伙伴的关系更加牢固和透明，有效地促进网络资源传递与共享，企业遇到问题时往往寻求合作伙伴一起共同解决，从而提高企业技术创新能力。陈学光（2007）认为，在持久而稳定的关系之中，企业之间更有利于形成相互的信任感与认同感，降低对彼此的监督成本，提高行动的一致性，能够传递更加隐蔽的信息和知识，对企业绩效有促进作用。Hagedoom 等（1994）对高技术产业进行案例研究，分析了企业间建立合作关系的动力在于获取合作者的市场渠道，以及与有市场吸引力的客户企业建立承诺、信任和忠诚的稳定关系对实现企业可持续创新有着重要意义。张首魁、党兴华（2009）在分析关系结构、关系质量与合作创新企业间知识转移的影响路径中得出，若是企业选取一定的关系结构与关系质量水平时，弱关系强度和良好的关系质量组合更有利于合作创新企业间的知识转移。马刚（2005）基于产业集群的基本内涵梳理了产业集群演进机制和竞争优势，认为企业间的关系质量决定了创新能力的大小，是技术创新活动中值得关注的关键因素。但少数学者指出强关系往往排斥了外来的进入者，缺少获得多样的、异质的、简单的知识源，缺乏新观念、新视角的引入，导致"知识黏滞"，从而降低技术创新绩效。

可以说，结构嵌入性和关系嵌入性理论及其影响后果是众说纷纭，不同的学者从不同角度进行了有益的探索。尤其是，企业间关系强度对创新绩效的影响作用仍旧处于争论之中。通过对国内外学者相关实证研究及结论进行一番梳理，本书发现从关于关系强度与技术创新绩效的实证研究来看，主流的结论是关系强度对技术创新绩效有正向影响，于是本研究假设也采用这一主流的观点。

2.2.4 研究述评

目前企业创新网络的概念被大量使用和推广于各个产业领域，已经成为学术界和企业界关注的焦点话题，其研究热点集中于企业创新网络的内涵与外延、类型划分、治理与演化、联结机理、结构与关系特征等。从国内外的研究现状来看，大多数学者已对企业创新网络进行了有益的探讨，但仍存在以下几点不足之处：①对于企业创新网络的研究，目前尚没有公认的数据采集和量化标准，所以企业创新网络的量化标准仍值得进一步探索；②现有研究多是针对企业创新网络的界定、联结机制、生成与演化、结构与治理等方面，从整体角度解释了企业获取创新资源的"质"和"量"的问题，而对企业在不同企业创新网络环境中怎样整合创新资源的行为却鲜有研究；③现有研究较多探讨不同企业创新网络结构特征、关系特征和位置特征对企业创新绩效、组织学习、知识转移等的作用路径，较少探讨不同企业创新网络对企业行为的作用路径；④现有研究侧重于企业与合作伙伴之间的交互过程、知识转移、网络能力、资源获取与创新绩效间的关系，尚未研究"企业创新网络、企业共生行为与创新绩效"之间的关系。

基于上述分析，本书将借鉴国内外的成熟测量指标，从结构和关系嵌入性视角对企业创新网络进行测量，为实证检验企业创新网络对共生行为和技术创新绩效的影响路径奠定基础。

2.3 技术创新相关研究综述

自从美籍奥地利学者约瑟夫·阿罗斯·熊彼特（Joseph A. Schumpeter）于20世纪初期提出"创新动力论"以来，技术创新理论得到了不断丰富和拓展，已形成了四个典型的理论学派，新古典学派、新熊彼特学派、制度创新学派和国家创新系统学派。这四个学派的各个学者从不同角度阐释了技术创新的概念、特性、影响因素、管理模式，以及对经济发展的促进作用，等等。

2.3.1 技术创新的界定

熊彼特认为创新是建立一种新的生产函数，是对生产要素和条件的"新组合"，通过把新产品、新工艺、新方法、新制度引入生产系统来获取超额利润。虽然熊彼特提出的创新包含技术创新，并列举了一些具体表现形式，但更多的是考察其对经济增长的影响效果，而没有对技术创新的内在属性及其运作机理进行剖析。于是，学者们就此问题展开了对技术创新概念界定的讨论，并提出了各种理解，如表2-3所示。

表 2-3　　　　国内外部分学者及研究机构对技术创新的理解

学者或机构	观 点
Utterback(1979)	与发明或技术样品相区别,是技术的实际首次应用。
Mansfield(1982)	从经济学意义理解,只有首次被引进商业活动的新产品、新工艺、新设计及新制度才称得上技术创新。
Mueser R.(1985)	有意义的连续性事件,它以其构思的新颖性、非连续性和活动最终成功实现为特征。
Freeman(1997)	经济学意义上是指包括新产品、新设备、新过程及新系统等形式的技术首次实现商业转化。并指出,技术创新成功的标志主要有两个:一是在商业上实现盈利;二是在市场份额上实现扩张。
OECD(1992)	包括产品创新和工艺创新,以及在产品和工艺方面显著的技术变化。
斯通曼(P. Stoneman,1989)	是首次将科学发明导入生产系统并通过企业的研发体系,实现技术创新成果商业化的整个过程。
德鲁克(P. F. Drucker,1989)	凡是能改变已有资源的财富创造潜力的行为都是创新,并非仅在技术方面,还包括管理、市场和组织方面。
柳卸林等(1993)	是在产品设计、试制、生产、营销和市场化过程中对知识的创造、转换和应用的过程,也就是新技术的产生和应用。
傅家骥(1998)	是指企业家以获取商业利益为目标,通过对生产条件和要素的重新组织,建立起高效的生产经营系统和组织管理系统,以获取新的原材料或半成品供应,并利用新的生产工艺向新的市场提供新产品的综合过程。
范柏乃(2004)	以市场为导向,从新产品、新服务的产生,经过技术的获取、工程化、商业化生产到市场应用过程的一系列活动总和。
赵玉林(2006)	是企业家抓住新的技术潜在盈利机会,重新组织生产条件和要素并首次引入生产体系,从而推出新产品、新工艺、开辟新市场、获取新原料来源而引发的金融、组织和制度变革。

资料来源:据本研究整理。

以上的研究从不同角度、不同侧面对技术创新的特点和涵义进行了阐释,综合上述研究成果,可认为技术创新主要包含以下几方面内容:①技术创新是一个紧密联系和相互作用的知识创造过程,它以满足市场需求为目标,以产品或服务为载体,是对技术要素的获取(研发和引进)、重新配置、商业化及市场应用的综合体现;②技术创新的核心是将技术能力与市场需求相结合,它的实现要满足两个条件,即确认某种市场需要和具备实现这种需求的技术;③具备高效的生产经营和组织管理体系和模式,建立技术创新成果转化的重要途径，才能有效地实施技术创新；同时，由于影响技术创新的要素存在多样性，既来自企业内部，也来自企业之外，应随时关注外部环境的变化发展，具体包括企业之间的互动、企业与创新环境间的互动，通过内外部资源的有效整合，企业更能够制定合理的发展战略和管理对策。本书所研究的企业创新绩效仅仅指的是企业技术创新绩效，所以本章节仅对技术创新及其理论进行了梳理和述评，且大多数学者的研究涉及的都是高新技术企业技术创新绩效，并不涉及管理创新、文化创新等其他创新内容。

2.3.2 技术创新能力评价研究

从已有文献来看，企业技术创新能力评价既涉及评价理论，又涉及评价方法。国外学者致力于科学评价企业技术创新能力的研究，归纳系统的技术创新能力评价理论，而国内研究者侧重于从微观操作层面设计指标体系，构建技术创新能力评价模型，并采用各种工具和方法来求解。

国外学者对技术创新评价的研究最早可追溯到20世纪50年代，Solow（1957）构建技术外生模型来评价技术创新活动对经济增长的贡献。此后，在Arrow（1962）的技术内生化经济增长理论及学习理论、Romer（1986）的思想驱动内生增长模型、Chiesa（1996）的七大过程等理论的推动下，西方技术创新评价理论日臻完善。国内学者主要从组织行为学、资源要素、技术活动投入或产出、企业内部的工艺流程环节的协调一致和过程论等角度，对企业的技术创新能力进行了评价。在这些评价理论指导下，技术创新能力评价方法逐渐形成，即层次分析法（AHP）、数据包络分析（DEA）、BP神经网络、模糊综合评价、密切值法、多层次灰色评价等。其中，每种方法都有其各自的优缺点，应根据指标体系、权系数要求和问题本身进行选用。国内学者针对企业技术创新能力评价的具体问题，对这些方法进行改进和联合使用。

由于分析问题的视角不同，对技术创新能力的解构不同，对技术创新能力的测度也存在差异。多数国内外学者从技术创新的过程、资源要素、内部工艺流程协调、组织行为学等角度将技术创新能力看作是一个由若干要素构成的能力系统，是多种技术创新行为内在条件的综合。Barney（1991）指出，技术创新能力是在资源基础之上构成的一种"经验基础"。魏江、许庆瑞（1996）从技术创新过程的角度将技术创新能力分为创新决策能力、R&D能力、生产能力、市场营销能力、资金能力和组织能力六个方面。闫笑非、杜秀芳（2010）将技术创新能力分为四个方面，即技术创新投入、技术创新产出、研究与开发的条件、创新资金支持。宗蕴璋、方文辉（2007）根据知识运动和学习的过程，提出技术创新能力分为制造能力、模仿能力和自主能力。卢方元、焦科研（2008）从技术创新投入、研究开发、制造能力、技术创新产出和创新环境支持5个方面设立了评价指标。

综上所述，首先，对企业技术创新能力评价指标体系进行论述的文献较多，多数学者从技术创新的过程、资源要素、内部工艺流程协调、组织行为学等角度出发，但基于能力维度的技术创新评价指标体系甚少；其次，不同的学者从不同的角度构建企业技术创新能力评价模型，但不能比较企业自主研发能力、外源技术协同能力和成果转化能力三者之间的差异；最后，上述各种技术创新能力测度方法都具有合理性，但是对农业资源型企业缺乏针对性。本书从农业资源型企业的技术创新实践出发，着眼于自主研发能力、外源技术协同能力和科研成果转化能力三个维度，更贴近于企业的现实。

2.3.3　技术创新管理理论

在信息技术和知识经济时代背景下，企业单单依靠提高生产效率、降低生产成本、控制产品质量或是产品差异化都无法满足日益变化的市场需求，只有技术创新才能为顾客提供满意的产品或服务，才能保持企业竞争优势。因此，技术创新管理对于企业生存与发展具有重要意义。随着理论界和实践界对此领域的研究与日俱增，出现了关于创新管理特征、管理模式等方面的重点讨论。从现有研究成果来看，其研究历程大概可划分为从线性—组合—系统—网络化管理阶段，目前正在迈向网络化创新管理阶段，学者们将会越来越注重社会网络理论在该领域的应用。

（1）1940—1980年，自熊彼特提出创新动力论后，国内外学者对技术创新活动的关注转向了具体的创新过程、成功因素和动力机制，试图探析技术创新活动中的各个关键要素，因此该阶段的显著特征是单一、线性、内源式技术创新管理的研究，主要关注技术创新活动中的技术要素方面，比如创新过程中的不同构成要素、影响因素，该阶段的主要局限性在于仅仅停留在线性的、内部的技术创新管理研究上，特别是构成要素及其特征（Rosenberg，1976）。虽然还有许多问题没有得以明晰，但初步形成了理论体系。随着创新动力论提出，技术创新活动的研究也得到越来越多学者的关注，他们从不同的角度对此进行了继承和拓展。直到20世纪六七十年代，学者们开始触及技术创新活动的内外推动力问题。Hippel（1993）突破了技术创新内源动力的说法，指出用户在技术创新中具有重要推动作用，即用户创新思想。之后，理论界将视角转向技术创新的动力机制，并逐渐分为内外源动力两个方面进行讨论。这种研究思路主要是借鉴了物理学和力学的分析方法和工具，是一种牛顿经典的机械哲学观。该阶段所产生的研究成果主要不足在于，片面强调技术创新过程本身，过于关注单个企业技术创新过程中的某种动力要素，多数强调技术拉动力或市场推动力对创新绩效的影响，缺乏对技术创新活动中各种要素之间的互动关系的研究。

（2）1980—1990年，企业外部环境日益复杂多变，要求技术创新活动改变原有的单一模式。部分学者从系统角度出发，开始关注创新活动中的各个构成要素之间的作用机理。例如，Rosenberg（1996）等的研究突破了以往研究的线性和静态，探索了技术创新过程的系统化、动态化特征。Rosenberg提出了创新链环模式，表明技术创新活动并非仅仅依靠企业独自完成的，而是需要与其他组织进行合作，共同完成新产品开发、生产和营销过程。其他一些研究成果表明，在新产品开发过程中强调各种创新要素间的组合，不同的创新要素组合将会产生不同的创新思路。例如，文字创造与软件设计的结合将会开发出一套新的显示界面。可见，组合创新研究阶段侧重于产品创新与工艺创新的交互作用，技术创新与文化创新的结合，R&D与外源技术协同的相互影响，突变式创新与渐进式创新的关系等问题。

（3）1990—2000年，在组合创新理论的推动下，技术创新管理理论又向前迈进一步，基于集成创新和系统创新观的创新理论应运而生。Iansiti（1997）提出了技术集成的概念。Tang（1998），江辉和陈劲（2000）等认为由于"整体功能之和大于个体功能的简单加总"的特征，创新活动中的构成部分不能分散来看，需要采用全面和系统的视角，关注构成部分之间的互动关系和影响作用。某些学者从企业和区域的角度，论证了创新系统的构成、相互影响作用、运作机理等。这些研究成果具有重要的理论意义，甚至部分研究成果是利用跨学科知识或借鉴其他学科的工具进行研究，在一定程度上丰富了技术创新管理理论，为日后从崭新的视角打破传统研究体系奠定了基础。

（4）2000年至今，在信息时代背景下，技术创新活动呈现出网络化特性，需要利用跨学科知识，例如从社会网络的视角对此进行探索。面对日新月异的市场需求和复杂多变的竞争状况，创新管理模式也相应地发生了改变，具体表现为从技术活动的单一阶段转向全过程，从单项活动转向多项活动的集成，从静态线性模式转向动态网络化。到20世纪末期，企业陆续涌现出各种网络化组织形式，如产学研合作、技术联盟、委托分包和虚拟组织等，这表明企业技术创新呈现出新趋势——网络化。伴随着技术创新活动的网络化趋势，企业创新网络逐渐形成。例如，Freeman（1991）提出企业创新网络的准确性定义及其分类。李玉琼和朱秀英（2007）通过对丰田汽车生态系统的有关结点企业的创新共生指数进行抽样调查，分析了该生态系统的创新共生能力和企业价值网络。张颖和谢海（2008）指出技术创新的生态管理实质就是要与利益相关群体建立一种和谐共生关系，提高技术创新能力，规避技术风险。基于共生理论和社会网络理论视角来研究技术创新活动，对技术创新研究采用了新方法和新理论，丰富了相关领域的研究成果，也为经营管理者提供了有益的分析思路。

2.3.4 研究述评

自熊彼特提出创新理论以来，学者们对相关领域的研究历经了几十年的发展，已初步形成其理论体系。从技术创新管理理论的演进过程可见，技术创新管理所涉及的时间和空间范围在不断拓展，具体表现为从技术活动的单一阶段转向全过程，从单项活动转向多项活动的集成，从静态线性模式转向动态网络化。Rothwell（1994）在其第五代创新模型中提出，第五代创新模型具有网络化、系统一体化、灵活性等特征。而技术创新的生态化特性正是从其系统集成网络性质中衍生出来的。在当前社会背景下，企业不再适用于单独创新，而是需要与多个外部组织间交流和协作共同实现创新成功。

纵观技术创新管理理论的历史进程，面对不同战略目标和日益变化的市场需求，企业技术创新管理模式也发生了改变，技术创新活动从静态的、机械的线性式管理逐渐转变为动态的、系统的生态化管理。虽然现有文献从不同角度对技术创新管理模式进行了解读，但在创新网络化发展趋势下，现有管理模式尚未考虑到企业之间的共生关系，而共生行为正是制约企业技术创新的一个潜在因素。为此，本章从共生视角出发，试图构建高新技术企业技术创新管理模式。

2.4 本章小结

由于对企业创新网络的讨论是 20 世纪末期兴起的研究领域，国内外学者借鉴其他学科方法来研究企业创新网络，如社会网络分析法、复杂系统理论、协同论等，并取得了一定成果。采用社会分析法，企业创新网络一般从结构和关系特征进行测量，这两个维度分别描述了企业创新网络的伙伴数量、伙伴多样性、联系紧密程度、联系持久度、信任满意等企业创新网络概况，但是对企业与企业之间的创新资源交换过程却没有探讨，例如，创新资源丰度、创新资源传递效率、共生介质丰度和平台清晰性等问题。针对这些问题的探讨有益于揭示企业创新网络中的不同企业行为对创新绩效产生的影响作用。因此，需要借鉴其他学科研究方法，对创新网络中创新资源的交换、转移，进行深入的量化研究和实证研究。本研究认为共生理论可以有效协调创新网络中各个主体、客体和环境之间的关系，维持物质流、信息流和能量流的传递，从共生视角来认识企业创新网络环境下，技术创新活动中创新资源的共享和创造机制，能够较好地解释不同企业在特定创新网络环境中怎样整合创新资源的行为。因此，运用共生理论来探讨企业创新网络与技术创新绩效之间的黑箱具有适用性。

接下来，本书将引入共生行为作为中介变量，基于企业创新网络中的"结构—关系"嵌入性理论、共生理论、技术创新理论，运用 SPSS 统计分析和结构方程建模方法，从关系强度、关系质量、关系久度、网络规模、网络开放度和网络异质性六个维度分别探讨高新技术企业创新网络成熟度对企业共生行为和创新绩效的影响，能够较好地解释企业在既定创新网络环境中怎样整合创新资源的行为，并提出相应的管理模式。

3 企业创新网络特征分析

对企业创新网络的分析,首先要研究在创新网络中的创新伙伴,其次分析企业技术创新过程受创新网络影响的因素,这也是分析企业创新网络对创新绩效的影响机理的基础。

3.1 企业创新网络中的创新伙伴及其作用

Gemünden 等(1996)认为,以焦点企业为核心而建立起的外部合作伙伴联系主要包括八大类,包括政府管理、供应商(产品制造商)、研究和培训机构、合作供应商、竞争对手、外部顾问、客户、分销商,其分析框架如下(见图3-1)。

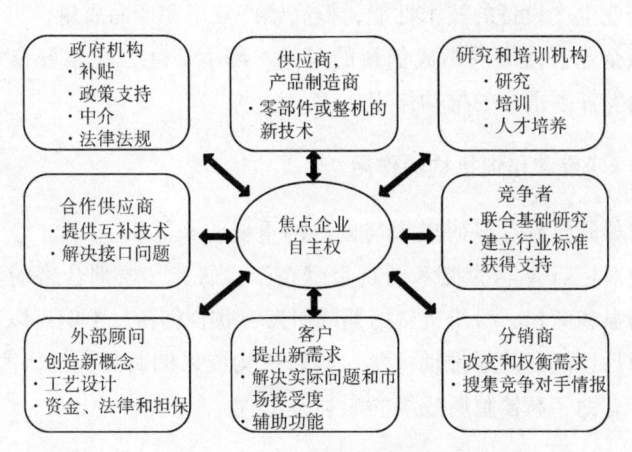

图 3-1 创新伙伴及其作用

资料来源:HANS G G, THOMAS R, PETER H. Network configuration and innovation success: an empirical analysis in German high-tech industries [J]. International Journal of Research in Marketing, 1996, 13 (5): 449-462.

通过对 321 家高新技术企业的调查，Gemünden 提出了一个关于企业技术创新过程中的重要行为主体的较为完整的分析框架，本章根据此框架，对企业技术创新过程中各个创新伙伴的作用进行分析。

3.1.1 政府机构的作用

政府在技术创新过程中所扮演的角色，不仅是一名积极的参与者，更是必要的推动者。政府通过标准制定、政策扶持甚至是行政干预等方法积极推动技术创新活动的发展。例如，政府可以通过减免税收等优惠政策支持那些重点扶持的高新技术企业；或者创立高新技术产业园区，促进高新技术产业集群，实现产业集群内部的高新企业实现知识共享、信息流通、资源互补的效应；或者筹办大型的博览会，为企业搭建一个信息对接的平台，甚至直接参与到项目对接的过程中去，帮助企业顺利完成技术创新成果的转化。政府部门也会充当市场竞争秩序维护、知识产权维护等的市场仲裁角色。

3.1.2 供应商（产品制造商）的作用

在企业的技术创新及产品开发过程中，企业不可能具备所有创新及产品开发所需要的技术条件与资源要素，企业也不可能掌握所有创新与产品开发所需的知识和有价值的信息，因此它需要外部供应商提供其所需支持，或者是原材料的供给，或者是知识溢出，或者是技术支持，比如零部件的新技术，既可以改善焦点企业生产设备的技术性能，提高生产效率和产品质量，也可以给制造整机的焦点企业直接提供集成创新的可能。综上所述，在集群技术创新过程中，供应商发挥了重要的推动作用。

3.1.3 研究和培训机构的作用

大学与科研机构是科研成果与创新的重要源头。Gemünden 等（1996）认为科研院校对焦点企业的技术创新贡献在于：研究、培训合格的职员。实际上，企业加强和高校、科研机构的共同研发、联合创新，不但可以获得先进技术成果，而且还能有效地推动大学、科研机构成果的商品化、研究的市场化。产学研合作有助于高校院所成果的顺利转化。

3.1.4 合作供应商的作用

互补性缄默知识、解决界面问题是合作供应商对焦点企业技术创新活动产生的最主要的贡献，其具体作用表现在：他们与焦点企业的联系比普通供应商更加紧密，能够充分获取与传递缄默知识，迅速处理界面的冲突问题，实现资源的优化配置。

3.1.5　竞争对手的作用

企业与企业之间存在着极为广泛的网络联系。通过企业间的合作，企业可以节约时间成本，缩短产品开发周期，分散市场开发、技术研发等风险，加强沟通与信息交流进而提升企业竞争力。因此，竞争者也可以成为焦点企业的创新伙伴。Gemünden 等（1996）认为联合基础性研究、建立技术标准和给予帮助等要素是竞争者对焦点企业技术创新的主要贡献。竞争者与焦点企业如果存在互补性的资源，可以进行联合研究，分担研发过程中存在的潜在风险，节约创新所需要的时间、提高创新的成功率；如果竞争者与焦点企业都属于行业的领头羊，他们可以通过建立技术标准，实现部件的标准模块化生产，实现产品的融通，避免创新资源的低效使用，提高创新的效率以及创新成果的影响力，实现技术成果的无缝对接。例如，中国数字化产品（3C）技术标准，就是由联想、方正等几十家大企业共同发起建立，促进计算机、通讯等行业的创新资源向统一方向流动。给予帮助指的是焦点企业与竞争对手之间展开合作，资源互补、共同开发、利益均沾。因为当前外部环境变化剧烈，单个企业很难具备足够的资源和能力去应对市场的变化，竞争格局已经不仅仅是单个企业与企业之间的竞争，而是一种"群体竞争"，是焦点企业与竞争对手合作中的竞争，是更大范围的竞争。

3.1.6　外部顾问的作用

外部顾问通常指的是焦点企业外部的智囊团队，一般包括经济、技术、法律等相关领域的专家。他们通过兼职的方式或者项目参与的方式，在企业的技术创新活动中，提供智力支持或者整合外部相关资源，类似于中介。中介机构经常发挥焦点企业与其他企业间的桥梁作用，促进资源的有效配置、信息的有效对接、知识的充分共享，其完善与活跃对技术创新成功具有影响。

3.1.7　客户的作用

客户作为焦点企业产品的使用者，对企业产品有着直观的感受，十分了解产品在使用过程中的缺点和存在的问题，可以为企业新产品的开发提供宝贵的意见。并且客户也最清楚自身需求的变化、关注焦点的变化，因此对于焦点企业新产品的开发、新市场的开拓有着重要的指导意义，能够提出新的要求，激发焦点企业的创新思维和创新动力，评价企业的创新活动，最终有利于提高企业的新产品的市场成功率（Hippel，1986）。Gemünden 等（1996）认为，"提出新的要求""解决市场开发中的一些问题""参考功能"是客户在企业创新活动过程中表现出来的最主要的三个作用。

3.1.8 分销商的作用

焦点企业技术创新过程中需要及时更新信息、掌握客户需求动态，而这有赖于分销商。分销商作为企业连接市场的关键节点，能够准确把握顾客的需求偏好，充分了解市场的供需情况、了解竞争对手的最新动态。由于分销者常常与焦点企业的利益是一致的，因此它们经常会主动地帮助焦点企业收集有用的信息、整合焦点企业技术创新过程中所需的资源，促进焦点企业的技术创新。

在共生视角下，企业创新网络关系本质上反映了企业间的共生关系，企业创新网络实际上就是一种共生网络。在企业创新网络中，共生单元包含了合作企业和潜在合作可能的企业、政府、科研院校、中介机构等。而大学或科研机构与企业合作中的技术转让、委托研究、合作研究和共建经济实体等模式是共生界面上的共生介质。科研院校与企业之间存在着资金、技术、知识、信息和人才的流动，是共生能量的产生和传递的过程。每个共生单元的质参量反映了该共生单元的内部性质，质参量之间的相容和互补是共生的前提条件。例如，科研院校是技术和人才的主要输出者，企业是研发资金的提供者。在产学研合作中，企业通过引进技术和人才，开发新产品和改进工艺，获得了更大的盈利。而科研院校通过资金支持，推动了下一个研发项目。这是一种互惠互利的共生关系，当很多的企业、政府、科研院校、中介和金融机构等参与到这种共生关系之中时，多个共生单元之间将在多个共生界面上进行复杂多样的共生能量交换，使得企业之间的共生关系具有了网络特征，形成企业创新网络。在创新网络之中，企业不断与合作伙伴交流经验、交换创新资源，提高企业创新价值。企业所编织的这张创新网络逐渐具有了结构和关系两个方面的特征。

3.2 企业创新网络的结构特征

3.2.1 网络规模

任胜钢等（2011）认为，网络规模是衡量网络结构中最基本的特征，它反映了整个网络的基本组成情况。Marsden（1990）认为网络规模代表着企业与合作者在创新活动中发生的各种互动关系总和,通过合作关系的数量来进行测度。类似地,陈学光(2007)也采用了企业所拥有的主要合作者数量来进行测度。网络规模大代表着焦点企业与其竞争对手相比,具有更多的合作对象,形成了更多的合作关系,直接或者间接地掌握了更多的创新资源(Allen, 2000; Boase, Wellman, 2004)。可见,国内外诸多学者认为,网络规模是测量网络结构特征的主要维度之一,本书选取它来设计企业创新网络结构特征的量表具有较成熟的实证研究基础。

3.2.2 网络异质性

路径依赖性使得网络演变存在着遗传性,创新发展则给网络演变带来变异,这表明创新需要的是新的网络联系和合作伙伴。任胜钢等(2011)认为,网络异质性可以代表创新活动中与企业发生联系的外部组织类型的多样性,在一定程度上也决定了企业能够获得互补资源或异质资源的多少。网络规模大并不一定意味着网络异质性高,完全有可能存在网络规模大,但参与网络中的行为主体都属于同一类型的,说明该网络异质性低;若是网络规模小,但参与网络中的行为主体都来自不同地域、属于不同行业等,说明该网络异质性较高。尽管如此,网络规模越大,参与到企业创新活动中的行为主体越有可能具有更多差异。网络异质性的作用在于提供互补性资源,有利于实现多种创新要素的不同组合方式。因此,本研究将其作为测量企业创新网络结构特征的指标之一。

3.2.3 网络开放度

网络经济时代的来临,企业将面临更加模糊的组织边界和持续降低的知识流动限制,日益减少的内部 R&D 依赖性,以及高度复杂的界面。网络经济的演变给企业带来了新的组织变化,而开放式创新正是建构在新的组织网络化关系基础之上的。开放式创新模式意味着,企业可以从内部和外部获取有价值的创意,其商业化路径也可以从内部和外部进行。开放的本质是外部创造资源的获取和利用,强调企业内外创新资源的整合(陈钰芬,陈劲,2009)。网络开放度被认为是企业与网络外成员的联系程度,具体由网络成员多样性,接受新成员意愿和网络外新成员联系程度所构成(Romanelli & Khessina, 2005)。网络异质性和网络规模在一定程度上决定了网络开放度的高低,而网络开放度体现了网络内外成员共同交互的结果,有利于企业获取多样化的创新资源和新的创新思维,是测度企业创新网络结构的又一个重要特征变量。这是因为,开放度较高的网络具备的企业类型和数量都比较多，因而网络中也存在更多的资源、信息、知识、信息可供网络成员利用，企业在产品开发和技术创新过程中能够以较低的经济成本和时间成本获取自身所需资源，实现竞争优势。相反，如果企业所处的网络开放度较低，说明其可获取资源、信息、知识和技术都比较有限，企业在创新过程中可能会面临更多的障碍。

3.3 企业创新网络的关系特征

关系特征主要用来分析企业与其相关的网络主体在信息共享、相互合作关系的性质及状态，通常包含关系强度、关系久度和关系质量这三个因素。关系强度主要测量企业网络中合作交流的频度，关系久度反映了合作交流的稳定性，关系质量体现了合作交流中的企业之间的信任程度，这三个维度是衡量企业间获取网络资源数量多少与质量高低的指针，代表了企业在网络中的关系嵌入性。

3.3.1 关系强度

关系强度一般是指组织间交往的频率，用于比较组织间互动联结的力量。关系强度（intensity）主要测量企业在创新网络中进行信息、知识、技术合作交流的频度，实质上能够反映组织成员获取网络资源的能力、获取资源质量高低的程度，具体可定义为主体之间互动频度、互动久暂、亲密性以及主体间的信任程度（Uzzi，1997）。关系强度作为度量创新网络中重复交易关系的指针，代表了交易的社会性和企业在创新网络中的嵌入程度，是企业创新绩效的一个重要影响因素。任胜钢等（2011）认为，关系强度实质上反映的是企业在创新网络中与其他组织间的合作交流情况，并且体现了创新网络中企业间的相互信任程度。Granovetter（1985）认为，关系强度应该包含四个方面的内容，即感情强度、亲密程度、互动的频率和互惠交换的程度，根据联系程度和联系范围的不同将关系强度分为强关系和弱关系两种类型。强关系指焦点企业与其他网络主体联系紧密、合作深入，但是范围较小，涉及的企业相对而言比较少。而弱关系指的是焦点企业与其他网络主体互动较少，联系相对而言没那么频繁，但联系的网络主体更多，信息量的获取也更大，形成了一种较为松散的网络结构。当前网络关系强度是一个在社会学、管理学诸多领域中受到极大关注的热点概念。陈学光（2007）也认为，关系强度，也可称之为"关系频率"，它代表着企业与参与到创新活动中的行为主体间发生的合作交流关系，用于衡量企业间交流频率、资源投入、互利互惠等情况。本书选取关系强度作为描述企业创新网络关系特征的指标之一。

3.3.2 关系久度

陈学光（2007）认为，关系久度是测量企业创新网络关系特征的另一个维度，指企业间合作关系的稳定性和持久性，是判定彼此关系的时间跨度。武志伟（2007）认为，关系持久性反映的是关系的时间特性，应该包含两个可以观测的时间变量，比如双方对彼此关系发展的预期等，也就是说双方对此段关系的预期越好，表示关系久度越高。另有一些学者认为，企业间发生关系的时间跨度越长，表明彼此间的关系久度越高。由此可见，关系久度也是一个多维的构念。关系长度是成员一方与另一方所建立关系的时间持续长度。考虑到关系久度指标也是研究网络特征的重要内容，本研究也选择关系久度作为描述创新网络特征的指标之一。

3.3.3 关系质量

关系质量是测度网络关系特征的一个重要指标（Dorsch，等，1998；Kumar，等，1991，1995），反映出网络成员是否愿意为预期目标付出时间和精力进行沟通，共同解决问题（Dyer & singh，1998）。关系质量的研究最早出现在市场营销领域中，学者们侧重于分析企业与顾客之间的满意度、承诺度和信任等因素，此后，经济与管理学领域对关系质量的关注逐渐增多，开始用于探索企业间合作关系问题。例如，Hall（1977）采用了关系质量来衡量企业间的交互作用，是否具有默契，是否达到较佳的配合。他认为关系质量就是行为主体间出于对自身利益需求和情感因素等，对彼此合作关系的满意程度进行判定。多数研究围绕着双方的关系本质、关系的管理来构建各自的维度模型，信任、承诺与满意是所有关系质量维度结构中的核心维度（姚作为，2005）。Naude 和 Buttle（2000）认为企业与合作伙伴之间的关系质量其实是一个多维度的构念，不能单单从一个方面来研究，需要结合创新活动中参与主体间的满意程度、承诺程度、信任程度等指标来进行测量。根据现有文献，大多数学者也支持了这一观点。随着企业边界的日趋模糊化和竞争压力的不断增加，为争取竞争优势地位和扩大市场份额，企业将会注重彼此之间的协作，提高企业间合作的关系质量。考虑到关系质量是研究网络特征的重要内容，本书借鉴了相关成熟量表并将其用于关系特征的测量中，验证关系质量与企业共生行为、技术创新绩效间的关系。

通过对企业创新网络的结构和关系特征进行分析，本书初步明确了企业创新网络特征的测量量表，为深入剖析"网络—行为—绩效"的影响机理，提出技术创新管理模式奠定基础。

3.4 本章小结

知识化、信息化、全球化的浪潮推动着产品创新如雨后春笋般不断涌现，企业的技术创新活动依靠"单兵作战"已不能打动消费者的心，赢得市场竞争优势地位，而要通过自身编制起一张创新资源传递的关系网。企业根植于自身所构建的创新网络之中，并不断与创新伙伴交换创新资源，共享与创造企业价值。企业所编织的这张创新网络逐渐具有结构和关系两个方面的特征。因此，本章着重分析企业创新网络的结构和关系特征分析，这为企业创新网络结构特征和关系特征的测度，及实证分析企业创新网络对创新绩效的影响机理奠定了基础。

4 企业创新网络与技术创新绩效的关系

国内外现有文献表明,企业创新网络对技术创新绩效的影响主要包括两个方面:一是企业创新网络结构特征对技术创新绩效产生影响;二是企业创新网络关系特征对技术创新绩效产生影响。本研究从以上角度进行开展,着重分析了结构特征、关系特征与技术创新绩效之间的关系。

4.1 结构特征与技术创新绩效间的关系分析

4.1.1 网络规模与技术创新绩效

网络规模(network size)是衡量网络结构特征的一个重要指标。网络规模大代表着焦点企业与其竞争对手相比,具有更多的合作对象,形成了更多的合作关系,直接或者间接地掌握了更多的创新资源。网络关系作为网络资源的载体,代表着企业所获取的资源数量多少,企业与更多组织建立联系,拥有的网络关系就会越多,越能获取有价值的信息和资源。国内外诸多学者的研究成果也论证了这一观点,例如 Roberts 和 Hauptman(1986)研究发现,与外界保持更多合作与交流的生物医药企业会比同类其他生物医药企业更快研发出新产品。因此,企业在技术创新过程中,与其他企业建立联系越广,合作与交流的频率越高,企业拥有的网络关系也就相应越多,网络规模也就越大,往往能代表企业拥有更多的创新资源,突破创新活动的资源瓶颈。

4.1.2 网络异质性与技术创新绩效

在促进产品开发和创造市场知识中,多样性和流动性的企业创新网络具有获得更广范围的信息和资源的优势。相反，只停留在与少数伙伴进行交换的水平可能阻碍企业获取关键信息和新的机会，从而对创新形成一个屏障。

网络异质性主要从以下几个方面影响技术创新绩效：①企业在网络中与各个企业联结后就形成一个结点，当联结次数越多结点越大，说明企业所掌握的异质资源或互补资源越丰富，可有效整合创新资源，扩大信息和知识的流动范围。②透过企业创新网络可以获取大量的信息以应付日益变化的环境，因此必须维持异质性高的创新网络结构，以便提供源源不断且多样化的信息。③企业技术创新成功与网络异质性正相关，可能是因为企业拥有来自多个业务领域、多个地域的合作伙伴，便于企业获取全面的新信息和新知识，给予了企业更多的选择或更多种创新要素的组合。④不同网络联系方式对于不同知识的转移与扩散各有不同的优势，可以尽量减弱组织自身在技术、管理等方面不同阶段的路径依赖性。创新网络中不同企业之间的组织学习对于隐性知识（模糊知识）扩散较为有利，有利于创造新知识（Miller，等，2006）。因此，网络异质性也是企业技术创新成功的重要途径之一。

4.1.3 网络开放度与技术创新绩效

网络开放度对技术创新绩效的影响存在正向和负向的争议。在提出相关研究假设之前，本书对有关网络开放度影响后果的国内外相关实证研究及其结论进行了整理。结果表明，主流的结论是网络开放度对技术创新绩效有正向影响。例如，Beckman等（2002）认为，网络开放程度越高，网络成员之间发生的合作范围越广，促进大量资源在共享平台里的自由流动，有利于企业获取有价值的信息、技术和知识等创新资源，有效整合并化为己用，最终提高创新绩效。如果开放度过低可能导致企业处于一种封闭的创新范式，无法获取多样化的信息和知识。因此，企业需要系统地鼓励与探究广泛的内外部资源，并有意识地将探究与企业的能力资源整合到一起，广泛地多渠道地开发创新机遇。

4.2 关系特征与技术创新绩效间的关系分析

4.2.1 关系强度与技术创新绩效

一些相关文献表明企业间关系强度与创新网络绩效具有相关性，关系强度已成为衡量企业创新网络关系特征对技术创新绩效影响的重要特征变量。虽然理论界有部分学者证明了弱联结对技术创新绩效存在着显著的正相关性，但多数学者从正面角度阐述了关系强度对创新绩效的作用,主要表现为以下方面:第一,强联系能够促进信任与合作,而企业与企业在加强联系过程中所建立起来的信任机制,能够规避联系过程中存在的一些弊端,提高企业彼此之间的默契程度(吕一博,苏敬勤,2010),避免机会主义的出现(Rowley, Behrens & Krackhardt, 2000);第二,信息知识交流的频率影响着企业对显性和隐性知识的获取,在频繁互动中促进知识交流,确保新知识的充分理解和掌握(Hansen, 1999);第三,网络成员交互频率越高,越容易形成一致的观念和态度,加强信任感,利于企业吸收更精炼的、高质量的信息和隐性知识(Larson, 1992),隐性知识在网络成员不断的沟通和互相学习中循环流动,促进了企业的资源互补、提高了网络成员间的协同作用(Bell, Tracey & Heide, 2009);第四,强联系能够刺激企业彼此之间进行更深层次的沟通和交流,在技术创新、管理组织等方面相互学习,各取所需,取长补短,有利于促进技术创新企业技术创新能力的提升以及提高企业的管理水平。相关研究表明,关系强度会对技术创新绩效产生显著影响。

4.2.2 关系久度与技术创新绩效

国内外诸多学者展开了对网络关系持久度与企业创新绩效之间相关性的实证研究。例如,Powell 等(1996)通过对美国制药企业的纵向研究认为,如果企业之间保持较长的合作关系,对取得产品创新的成功是有益的。Uzzi (1997)在对纽约服装产业的实证研究中指出,长久的合作关系可有利于提高技术创新绩效。本书通过文献梳理发现,企业之间保持着持久合作关系,将会增加彼此价值共享的空间,降低不确定性事件的发生率,更有利于企业应对环境的变动性。具体来看,关系久度对技术创新的影响包括以下几个方面:一是缩短产品开发周期,提高产品推向市场的速度;二是增强网络成员之间的信任感和默契,容易理解彼此的行为,有助于降低监督成本;三是容易转移和传递经营策略、边际利润和市场需求等深度信息,有利于推出满足市场需求的产品或服务。这种隐性的互补信息或知识,往往嵌入个人和团队之中,获得这种深度知识的唯一途径就是要保持持久的、稳定的合作关系。合作关系越稳定,关系的持续时间越长,企业之间的熟悉程度就会越高,企业能迅速找到最佳的路径和方式,快速整合知识(Nooteboom, 2000)。这说明企业与其他组织之间的合作与联系越持久,整个网络合作的效率保持较高的水平,从而使得企业技术创新能力得到提高;并且,在持久和稳定的合作关系中,企业容易建立对彼此的信任感，这会使企业对合作伙伴更加公开和透明，能够交流一些更重要的知识和信息，使合作方共同解决问题，对技术创新绩效有着积极的意义。

4.2.3 关系质量与技术创新绩效

结合国内外学者研究成果来看，一般认为企业间关系质量对技术创新绩效具有正向显著影响，当企业间彼此信任时，愿意共享信息和资源，积极地兑现承诺，有效整合双方资源，合理解决冲突，因而决定了潜在价值的实现程度，提升技术创新绩效。例如，Kaufman等（2000）的研究发现，企业与客户、政府机构、科研机构、供应商、竞争者、行业协会保持良好的关系，能够有利于企业第一时间掌握行业动态、相关信息，促进知识与技术的更新，并在关系的维持过程中发现或者培养潜在的合作对象。与此同时，已有的供应商、顾客、科研机构等已经具备较好交流基础，能够在信息、知识、技术的交流过程中为企业提供新的思路、共享先进设备、联合开发项目，等等。Hagedoom等（1994）通过高新技术产业的案例研究发现，企业应该识别不同的客户企业，加强同具有较强市场竞争力的客户企业的沟通与交流，在技术、知识、信息等的流动与共享过程中，逐步建立彼此之间的信任机制，其作用在于获取进入合作者市场的渠道，对实现企业技术创新成果顺利转化十分重要。关系质量作为一种资源，如果具有信任、忠诚的特征，那么这种关系维持的时间越长久，企业的持续竞争优势就表现得越明显。特别是研发周期较长的一些项目，其所需要投入的资本以及承受的风险都比较高，因此更加需要注重与合作伙伴的沟通与交流，才能及时获取相关的重要信息，整合更多的可用资源。

4.3 本章小结

近年来，伴随着互联网经济，产业化融合趋势的扩大，各类APP应用正不断渗透到"吃穿住行游购娱工"之中。企业很少单独进行创新，而更趋向于与用户、供应商、大学和研究机构，甚至竞争对手进行合作与交流，获取新产品构思或产品技术。国内外研究也强调企业在技术创新活动中利用企业创新网络的重要性。根据前人研究结论，可得到的主流观点是：企业创新网络对技术创新绩效有显著正向影响。但现有文献大多数侧重于将企业创新网络作为外生变量，将技术创新绩效作为内生变量，对其作用机理讨论较少。目前，部分学者已认识到研究的不足，并引入"网络能力""知识转移""获取网络资源""知识共享""吸收能力"等作为中介变量到企业创新网络关系特征与技术创新绩效之间，分析其内在作用机理，试图打开这个黑箱。本章借鉴前人研究结论，梳理了企业创新网络结构特征、关系特征与技术创新绩效间的关系，为进一步挖掘三者间关系奠定了基础。

5 共生行为的界定

5.1 共生行为的内涵与特征

詹姆斯·穆尔（1996）认为，组织与组织之间、组织与个人之间通过各种有机的连接形成系统，在这个系统内，组织和个人相互影响、相互作用，共同演化，近似于自然生态系统。因此，他引入了生态学理论，提出了"商业生态系统"概念，分析了企业与企业间相互依存、互相竞争的关系，分析了企业与环境共同演化的过程，开拓了竞争战略研究的视角。1998年，袁纯清提出共生理论，直接将生物学的共生概念及相关理论向社会科学拓展。他以小型经济为研究对象，提出了共生的概念，分析了概念的内涵与外延，研究了共生主要的构成要素，包括三个维度：共生单元、共生模式、共生环境。继穆尔和袁纯清之后，国内诸多学者试图将生态学理论渗透到经济管理研究甚至是技术创新管理研究领域中。例如，李玉琼（2007）借鉴了生态学相关研究理论，构建了企业生态系统，研究了系统内企业间创新活动过程中的相互关系与作用路径，分析了其共生机理。类似地，蒋军锋（2010）将不同层次创新网络和核心企业之间的共生演变关系纳入一个竞争—合作的框架中并且模型化。依据第二章对共生理论及其相关研究的梳理，本书将共生行为定义为企业在发展过程中与其他组织所发生一系列互利合作、价值共享行为的集合。结合现有研究成果，本书总结出共生行为具有以下方面的特征。

5.1.1 竞争与合作特性

市场是依靠竞争而运作的，而企业是依靠协作来运行的。市场能够将资源进行最有效率的分配是因为市场只注重结果、不注重过程，但是企业却不同。对于企业而言，很多资源和信息都是相对匮乏和不对称的，要解决这种不均衡问题更需要的是协作而非竞争。共生行为强调的是共生单元之间的相互吸引、相互合作、相互补充以及相互促进（刘荣增，2006）。共生行为具有极大的包容性、互动性和协调性（胡晓鹏，2009）。但是，这并非意味着企业共生行为不具备竞争特性。有的时候企业之间单纯的合作并不能达到两者的目标，这时会造成一定程度上的竞争，这种竞争将会创造更多的价值，带来企业的共同演化，才能促成企业在下一个新的阶段进行协作，共享更多的企业价值。Kogut（1989），Park 和 Russo（1996）认为合作与竞争既对立又统一，企业由于资源与能力的不足以及信息的不对称性，为了提高自身的竞争力，需要加强与其他企业的合作，合作是为了更好的竞争；与此同时，资源和能力又是稀缺的、市场份额是有限的，企业在与其他企业的合作过程中，必然会面临着资源的竞争、市场的竞争，为了赢得竞争又需要更好地合作。合作与竞争相辅相成，缺一不可。

5.1.2 融合性

技术融合对于企业发展而言是一种趋势。技术融合发生在高新技术产业中表现为同一行业或不同行业的企业在知识技术上的相互交叉、相互渗透，逐渐融为一体，形成新的产品或工艺。这种在技术创新过程中所表现出来的相互学习、彼此互补其实质就是一种共生行为。从技术同质性上来看，包括同类产业的不同业务模块或不同类产业的合作关系，以及同类产业或相似产业的业务模块所形成的合作关系。从实现方式上来看，共生行为的融合性体现在产品供需、业务模块组合、技术互补等。融合是共生行为的前提，没有融合就没有共生关系。比如，智能手机开发和 Andorid 系统开发的共生关系就表现为业务模块组合与技术互补，智能手机的开发为安卓系统的研发提供了应用平台，安卓系统的研究为智能手机的开发提供了设计思路，他们二者在研发过程中相互联系、高度融合、价值共创。可见，企业往往通过自身的核心能力（即主质参量）与外部组织进行兼容和互补，不同企业的核心能力之间需要交接、协调与融合，这个过程将会产生大量的界面管理问题，这就是共生界面扩展所要关注的问题。而共生界面是否畅通取决于各个企业核心能力之间的协调、整合与优化情况。因此作为联盟各企业的经营者在决定是否加入联盟，以及与谁联盟的时候，必须思考企业之间核心能力的匹配性，考虑企业之间资源的互补性，以确保企业之间的共生度足够大而共生界面足够小，实现共生能量的尽可能增值，并最终最大限度地激励各合作企业（共生单元）加强交流与沟通，保持"共生界面"的通畅，实现"共生进化"。

5.1.3 稳定性

共生界面指的是企业间在合作、沟通、交流的过程中，"物质、信息、能量流动的媒介或者说是载体，是共生单元的接触方式和机制的总和，是共生关系形成和发展的基础"（袁纯清，1998）。共生界面存在内部和外部界面之分。外部界面指的是企业间由于发生契约联接、实体联接或建立虚拟组织等，产生的研发、生产或销售环节的对接，而内部界面指的是企业内部的各项业务之间的对接。例如，从技术创新成果的研发到扩散是一个整体过程，不仅仅需要企业内部各个部门间（包括R&D、生产和销售）的有效配合，在高效通畅的合作关系中实现技术创新成果的研发与推广，也需要企业与外部组织间共享和整合资源，互补竞争优势，以达到技术创新的成功。例如，有的企业采用共建实体或虚拟组织的方式来稳定彼此间的合作关系，增强信任感，最大限度地发挥资源利用效率。可以说，企业内外部界面优化与维护都是属于共生行为的一种具体表现，为企业技术创新活动的稳定开展提供了保障，也促进了企业间合作关系持续健康的发展。

5.1.4 增殖性

共生能量的不断交换是共生行为的基本原理之一，也是共生单元和共生体实现价值（或能量）增殖的必要条件。共生行为的增殖性在企业经营管理实践中，具体体现为附加价值的提高，其具有多种实现形式：以业务联结为导向的共生行为，其关键在于提高企业共生行为过程中的配合默契程度，在业务合作过程中形成模块，便于业务联结，带来各业务模块的附加价值；以知识创新为目标的共生行为，主要是在企业合作过程中通过信息、知识、能量的流动与共享从而提升企业的核心能力与技术水平、提高企业的市场占有率，使企业的营业额不断提高，从而获得了市场份额的附加价值；以供求关系为导向的共生行为主要在于促进了技术专业化程度的提升，带来了专业化程度的附加价值。例如，苹果的软件开发外包可以为苹果节省技术研发的费用和时间，将资本专门投入自己的核心技术中，获得超越其他企业的竞争优势，在与相关软件服务商的配合下，整合企业内外部技术和知识，实现了多种创新要素的不同组合模式，能够快速地开发出新产品满足市场需求；并且，借助苹果搭建的创新网络平台，为苹果提供软件服务的开发商不仅实现了盈利，还获得了苹果的知识溢出，提高了自身技术创新能力。可见，企业共生行为是为了满足互利、增殖的需求。但是，由于企业资源禀赋和核心能力的不同，共生关系中的能量分配所带来的增殖性并不一定都是对称的，也可能是偏利或非对称的。对企业而言，这种增殖性在企业发展的不同阶段下或企业所处的不同环境中也会有不同。

5.1.5 效率性

共生理论认为，共生界面特征值 λ 值越小，表明共生界面为共生单元之间的物质、信息及能量的流动提供更为通畅的媒介和平台。反之，如果共生界面上的物质、能量和信息阻滞，就会导致企业之间的能量交换不足，不利于共生新能量的产生，最终导致共生关系的衰亡。针对企业信息阻滞的问题，吴飞驰（2000）认为，如果企业只关注自身的核心竞争能力以及核心能力领域的相关信息，而忽略其他领域的重要信息，就会导致信息阻滞，企业间很难形成真正有效的沟通，各种优质信息只能滞留于自身企业的周围，导致共生介质增加，进一步阻碍企业间的物种、信息、能量的流动，阻碍企业间的合作与交流，无法实现资源共享、优势互补，并导致合作关系的衰亡。所以，经营者必须站在战略的高度，注重各企业间的信息黏滞现象，畅通共生界面，确保企业"共生进化"。技术创新是一项贯穿整个企业的系统工程，它需要一个行之有效的信息传递网络，它将直接影响研究开发活动的时滞性和灵活性（张颖，谢海，2008）。良好的流动性是创新网络扩张的前提，网络扩张应当在一定流动性的基础上，形成由制度所代表的稳定关系（Bernard, Redding, Schott, 2007）。在保持自身知识差异的基础上，创新主体可以在知识上相互接近，并且在组织和市场层面相互学习。

5.2 共生行为的分类

从企业创新网络和共生理论的角度来看，高新技术企业与外部环境存在着物质、信息、知识等的交互作用，构成了纵向和横向的创新网络。企业创新网络由多个主体构成，包括供应商、顾客、企业、政府、科研院校、金融机构等，这些主体又被看作"共生单元"，他们不断与企业发生交互作用，实现了企业间的优势互补和创新资源共享。这些创新资源通过共生界面进行传递、交换，产生共生能量并使用。共生单元会对共生能量和共生界面等要素进行谈判，判断是否进一步共生。如果共生单元认为共生能量分配和共生界面扩展在可调整范围内，那么共生单元间将进行再谈判，可通过共生能量分配来提高共生行为的增殖性和效率性，通过共生界面扩展来提高共生行为的兼容性和稳定性等，调整共生行为，以便适应企业创新网络环境的转变。

可见，共生能量分配和共生界面扩展这两种共生行为是任意二维共生体系建立共生关系的前提条件，对于解释企业共生行为的差异性具有重要意义。本书将企业共生行为划分为共生能量分配和共生界面扩展两个维度，这对企业共生行为的量化研究奠定了基础。

5.2.1 共生行为扩展

界面管理是技术创新管理中的一个重要问题，国内外诸多学者已在这方面取得一定研究成果。如，Souder 和 Chakrabarti（1978）的调查发现，当R&D—市场营销界面存在严重的管理问题时，68%的R&D项目将在商业化上完全失败。Michael B. Beverland（2005）认为R&D—生产制造界面管理良好能够有效提升企业的创新能力和绩效。郭斌（1998）指出"R&D边际化"（marginalization of R&D）问题是由于R&D、市场营销、生产制造、工艺设计等环节之间存在较大的界面障碍，导致知识和信息流动不畅，最终造成R&D资源浪费，生产制造成本过高以及创新扩散困难等。从界面管理角度来分析企业技术创新管理，能够较好地剖析创新过程中的交流阻力、资源传递效率等问题（郭斌，1999；徐磊，2002），但是却很难判断企业与创新伙伴之间潜在的合作方式、合作机制等对技术创新绩效的影响。例如，该企业与合作伙伴之间合作方式单一或多样，共享资源单一或多样，资源分配机制单向或双向等会导致创新绩效的提高还是降低，这些问题可以从共生理论的角度来解读。

张雷勇等（2012）认为，产学研共生网络实际上等同于一种企业与外部科研组织之间的共生关系。这种关系的存在依赖于信息、知识和技术等资源交换行为，需要以虚拟的共生界面为载体来完成资源共享与交流。并且，这个共生界面也会受到来自内部和外界的冲击，任何冲击都会在共生界面上形成阻碍，会影响到资源的交换效率，需要企业与科研组织共同解决界面上的交流阻力问题。如图3-3所示，X1指的是共生环境中的物质和能量输入到外部科研组织中，Y1是外部科研组织将自身的能力和资源转化为成果输出到共生环境之中，X2是企业从共生环境中获得的资源，Y2是企业将自身的能力和资源转化为成果输出。图中的Z1代表企业投入科研组织的资源，Z2则代表科研组织向企业输出的资源。

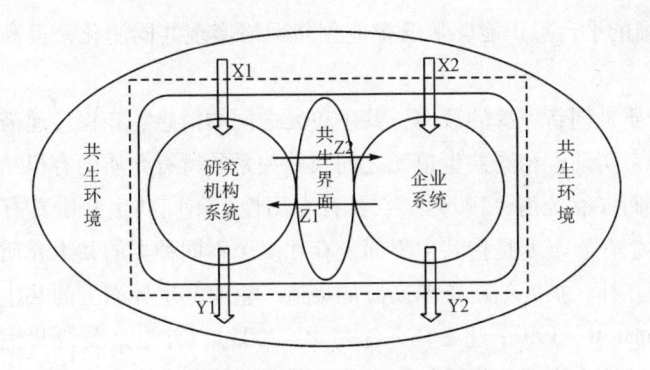

图 3-2 产学研网络的共生界面

资料来源：张雷勇，冯锋，肖相泽，付苗. 产学研共生网络效率测度模型的构建和分析：来自我国省域数据的实证 [J]. 西北工业大学学报（社会科学版），2012，32（3）：43-49.

易志刚、易中懿（2012）认为共生界面实质上是一种通道，通过这个通道，共生系统内的物质、信息、能量等关键资源形成有效的流动，最终实现共生系统的均衡。它主要具有五个方面的特性，包括能量传导、信息转移、物质交换等，这些特性实际上表现出企业与外部组织之间的共生关系和合作行为，为彼此间共享和创造资源提供了一个集成平台，将异质性和互补性资源集成到一起，每个参与主体各取所需，互补优劣势。并且，在实现自身价值增殖过程中，也推动了资源共享与创造平台的演化，自觉维护着平台的稳定与发展。

共生理论认为，共生界面在共生关系的形成中起到极其重要的作用，共生单元只有通过共生界面才能进行知识和信息的交换、传递。共生系统内根据共生单元之间的交流和沟通频度所形成的共生关系数量和构成了数量不等的共生界面，并且共生界面并不是一成不变的，随着共生关系的改变，共生界面也会变化甚至消亡。共生界面是指由一组共生介质构成的共生单元相互作用的媒介或载体（袁纯清，1998）。而在企业创新网络中，共生界面是指企业之间构成了由一组共生介质组成的创新资源共享与创造平台。共生界面扩展是指企业对创新资源共享与创造平台的搭建、维护和优化，它是共生行为的重要属性之一，从平台意识清晰性、共生介质丰度两个方面决定了企业创新网络的融合性和稳定性。

平台意识是指企业主动地而非被动地搭建创新资源共享和创造平台。平台意识清晰性是指企业搭建创新资源共享和创造的平台时具有清晰的战略和方案。平台意识包括定期审视企业与各个创新伙伴的关系，制定共生界面发展方向，以及制定共生界面优化方案等。例如，丰田组建供应商协会、顾问团队和员工轮换，让供应商参与丰田创新网络的优化（肖洪钧，赵爽，蒋兵，

2009）。清晰的平台意识能够帮助企业创新网络实现共同演化，提高共生界面的稳定性。

共生介质是创新资源的载体，共生单元之间的信息、知识传递需要共生介质作为中介来实现，相同共生单元之间相互关系的所有介质的有机结合就构成一个共生界面（袁纯清，1998）。它具有专用性，不同共生介质具有不同的媒介功能。共生介质丰度是指共生界面上存在多个不同种类的共生介质，以利于共生介质的互补，扩展创新资源来源的渠道。企业共生界面上的共生介质是多重的（Freeman C，1991；沈必杨，池仁勇，2005），首先是契约共生，即共生单元在共生系统内实现技术、知识、信息等物质能量的沟通和交换，而这些沟通与交换需要契约作为对彼此行为的约束和利益的保障，比如，合作 R&D 协议、技术转让协议、技术交流协议、许可证协议、租赁服务协议等。其次是流程共生，即共生单元有时依靠个体的力量无法提供满足市场需求的产品，因此在共生系统内按产品要求与其他共生单元分工合作，形成生产销售流程，比如，分包、生产分工和供应商、广告协作、共同销售。三是共建实体，资金实力较强的企业可以通过直接投资的方式建立实体，共同技术攻关，共享研发成果。比如，合资企业和研究公司。四是虚拟组织。如战略联盟、研究协会、产学研联盟等。值得注意的是，四种共生介质的存在并非排他的，而是共存的。共生介质种类越丰富，创新资源来源越多样，共生界面的兼容性越高。在共生界面上的共生介质越丰富说明企业之间的接触面越大，接触形式越多样，所获得的信息和知识等创新资源就越丰富。

5.2.2 共生能量分配

共生能量是共生单元通过共生界面所产生的物质成果，是共生系统生存和增殖能力的具体表现（袁纯清，1998）。企业创新网络中的共生能量主要是指企业与创新伙伴通过共生界面共享或创造的物质和非物质成果，主要包括技术、知识和信息等创新资源。共生能量分配（胡浩，李子彪，胡宝民，2011）是指企业对技术、知识和信息等创新资源的优化配置行为，从资源丰度和传递密度两个方面决定了企业创新网络的均衡性、增殖性和效率性。

资源丰度是指创新资源的种类数量。共生单元通过共生界面实现知识、信息的流动，传递的知识和信息越多样，越有利于创新绩效的提高；反之，传递的物质和信息越单一，越不利于创新绩效的提高。信息丰度改进对企业共生界面是一个重要测量指标。企业间共享信息越丰富，在解决界面问题时越容易，当企业的信息丰度持续达到一定的临界值后，企业与其他企业之间的共生界面更宽广，共生度更高，更有利于完成彼此的协同配合，所以银行业往往以最低临界信息丰度来判断企业的信贷风险程度（何自力，徐学军，2006）。信息丰度与分配系数是衡量共生关系的重要指标。银企共生关系的改进，在很大程度上是基于信息丰度改进，例如关系贷款等，而在技术创新领域则主要是基于技术知识等创新资源丰度的改进。

传递效率是指在单位时间内，企业与创新伙伴之间传递的创新资源总量。创新的效率很大程度上取决于信息的广度与有效程度，而网络正是影响信息广度与有效程度的重要因素（王国顺，刘若斯，2009）。企业与其他合作伙伴基于契约交易或社会联结彼此互动，这种互动关系与企业创新行为产生作用，形成了企业创新网络。企业创新绩效不仅取决于创新网络的规模、开放度、异质度等，更取决于企业之间的相互关系（曹丽莉，2008）。

5.3　本章小结

企业创新网络环境中，企业不再把自己当作是单独作战的士兵，而是把企业创新网络看作是一个共生体，而自己则是共生体中的一个结点，随着共生体指引的方向，不断实现能力提升和角色演进。在企业搭建的创新网络内，企业、高校、科研院所、地方政府、中介机构之间在共同利益和各自利益的基础上，通过共生能量分配（知识和信息的输入和输出）、共生界面扩展（减少知识和信息交流阻力、丰富知识和信息获取来源）等共生行为来提高企业技术创新能力。

本章阐述了企业共生行为的内涵与分类。根据共生原理，企业共生行为包括两个重要属性，即共生界面扩展和共生能量分配。这奠定了企业共生行为的量化研究基础，为构建本研究逻辑框架奠定基础，为剖析企业创新网络、共生行为与创新绩效之间的影响机理提供了前提条件。

6 "NCP"理论研究模型

根据前文的内容和假设提出,本章构建了本研究理论模型,并对研究假设进行了阐述。

6.1 构建研究模型

20世纪末期,中国出现了很多高新技术产业园区,比如中关村科技园、中新苏州工业园、上海张江高新技术产业开发区和温州高新技术产业开发区,等等。这些高新技术园区往往是由政府带动或龙头企业拉动的,为高新技术企业构建企业创新网络提供了有利的外部条件。同时,近年来企业陆续涌现出各种网络化组织形式,如产学研合作、技术联盟、委托分包和虚拟组织等。在这种情况下,高新技术企业要抓住赢得竞争优势的机遇,单单依靠自然资源的垄断或者从政府那里获取有限的资源,已不能更好地支撑其发展。为有效整合创新资源,企业需要与各种利益相关者结成关系网。并且,纵观技术创新管理理论七十多年来[①]的发展历程,为适应企业外部环境和时代背景的变化,企业对技术创新管理的需求也逐渐发生了改变,具体表现为从技术活动的单一阶段转向全过程,从单项活动转向多项活动的集成,从静态线性模式转向动态网络化。Rothwell曾指出企业的创新模式将从第一、二代的简单线性模式、第三代的耦合模式、第四代的并行模式向第五代系统的一体化与广泛的网络化模式逐步发展。传统的线性管理模式局限于企业的技术拉动或市场需求拉动模式,即企业仅仅重视市场需要的和具备实现这种需要的技术手段。但目前技术创新面临诸多复杂性,往往需要跨学科,跨地区的合作才能够实现,甚至那些大型企

---

① 注:自熊彼特20世纪40年代提出创新动力论之后。

业也无法单独行事。随着企业技术创新活动越来越具有网络化和生态化特征，企业不再仅仅偏重于内部资源管理或线性的技术创新管理思想，技术创新研究视角需要从传统商业环境中转变到网络化、无边界的商业环境中来，传统技术创新管理研究视角需要"触景生情"，技术创新管理研究范式也需要"移情别恋"。这说明高新技术企业技术创新管理观念应该相应地发生转变，企业技术创新活动逐渐呈现出新趋势——网络化。伴随着技术创新活动的网络化趋势，企业创新网络逐渐形成。与传统的线性管理模式不同的是，企业创新网络管理模式则侧重于企业与其外部组织之间的资源交换与共享，异质资源的互补与共享，避免了资源的重复开发，比如，科研机构常常为企业输出技术知识、前沿信息、研发骨干和设备。而企业则专攻产品设计、工艺流程和市场推广，这种协作过程有助于实现企业与其他组织之间的价值共享与创造，提高技术创新活动的运行效率，造成越来越多的企业打破了线性创新管理模式，转向创新网络模式。

继 Freeman、Granovetter、Håkansson、Burt 等学者以后，许多学者越来越关注企业创新网络，并对其形成、联结机制、演化与治理，以及企业创新网络结构特征和关系特征对技术创新绩效的影响作用进行了探讨。例如，如 Uzzi (1997) 认为紧密的网络关系中，会产生经营策略、边际利润、市场需求状况等资料的细腻信息转移，有助于组织间的深度互动，对组织生产管理方式与技术创新的能力产生影响。Schilling 和 Phelps (2007) 采用相关的实证研究方法，探索了创新网络的网络特征对于组织创新能力的影响机理。结果表明企业创新能力的高低与它所处的创新网络的集中度和关系强度有关。近年来，国内许多研究也强调企业在技术创新活动中利用企业创新网络的重要性。企业很少单独进行创新，而更趋向于与用户、供应商、大学和研究机构甚至竞争对手进行合作与交流关系，获取新产品构思或产品技术（池仁勇，2005；何亚琼，秦沛，2005；任胜钢，等，2011）。根据前人研究结论，可得到的主流观点是：企业创新网络对技术创新绩效有显著正向影响。但现有文献大多数侧重于将企业创新网络作为外生变量，将技术创新绩效作为内生变量，对其作用机理讨论较少。目前，部分学者已认识到研究的不足，并引入"网络能力""知识转移""获取网络资源""知识共享""吸收能力"等作为中介变量到企业创新网络关系特征与技术创新绩效之间，分析其内在作用机理，试图打开这个黑箱。关于企业创新网络特征与技术创新绩效之间存在的"黑箱"指引我们进一步探索。我们发现从企业创新网络的角度来分析企业技术创新管理，虽能较好地剖析技术创新过程中企业与合作伙伴之间的交流频度、关系持久性、信任、满意、承诺等问题，但却很难判断企业与合作伙伴之间潜在的合作方式、共享创新资源种类和数量、创新资源的传递效率等究竟对技术创新绩效产生正向或负向影响。例如，该企业与合作伙伴之间合作方式单一或多样，共享资源单一或多样，资源分配机制单向或双向等会导致创新绩效的提高还是降低。本书基于以上没有解决的问题，试图从共生行为的视角进行研究。创新在某种程度上是共生体的集体努力，而非企业单独完成的。企业创新网络环境中，企业不再把自己当作是单独作战的士兵，而是把企业创新网络看作是一个共生体，而自己则是共生体中的一个结点，随着共生体指引的方向，不断实现能力提升和角色演进。在企业搭建的创新网络内，企业、高校、科研院所、地方政府、中介机构之间在共同利益和各自利益的基础上，通过共生能量分配（知识和信息的输入和输出）、共生界面扩展（减少知识和信息交流阻力、丰富知识和信息获取来源）等共生行为来提高企业技术创新能力。企业根植于特定的企业创新网络之中，通过与其他结点企业相互协作，协调价值网上的各个环节，形成特定的共生行为模式。在这种情况下，企业技术创新行为逐渐呈现出生态化特性，知识和信息在企业创新网络内进行不断地重新配置，并出现叠加效应，促进企业创新网络共生能量的增加。

企业创新网络为企业搭建了一个知识互动、信息共享的平台，但企业如何利用这个平台也是一个重要影响因素。企业创新网络是一个复杂的系统，网络中各要素之间存在非线性的相互作用，在其作用过程中伴随着隐性知识和显性知识的传递、扩散和融合，高新技术企业利用共生行为可有效获取和整合创新网络的资源。企业共生行为促进了知识扩散和知识创造，从而使得处于创新网络中的企业较其他企业具有更强的技术创新优势。企业共生行为可发挥几个方面的作用：首先，能够快速感应，即具有环境变化的敏感性和主动性，以有效适应企业所处的外部环境，凭借充分的互动得以提前采取应对措施；其次，能够有效协调创新网络中各个主体、客体和环境之间的关系，维持物质流、信息流和能量流的传递，并与企业战略目标相匹配；最后，快速有效地调动创新网络中的技术、市场等资源，并与企业内部资源产生互动，以尽可能小的交易成本和尽可能高的资源整合效率来实现组织目标。

在技术创新网络化进程中，高新技术企业通过协作研发、技术标准合作等与供应商、科研机构、顾客、竞争者等存在着相互交织的多维影响关系，组成企业创新网络系统，它包含知识、信息的众多交互作用，具有非线性、协同性和共进化性等特征。而共生理论是一种具有系统性的模拟生态行为的理论和方法。它能够从系统整体出发，在系统内部寻找相关影响因素。用共生理论来研究高新技术企业创新网络应当具有很好的适用性及发展趋势预测性。

为此，本研究基于企业创新网络理论、共生理论和技术创新管理理论等，引入了"共生行为"作为中介变量，构建了"企业创新网络结构（network）—共生行为（conduct）—技术创新绩效（performance）"分析框架（如图6-1所示），为挖掘企业技术创新的外部推手，打开企业技术创新的内部黑箱，提供了一套分析工具。接下来，本书将依据此研究模型提出相关研究假设，并在第7章运用多元统计分析法和结构方程建模来进行实证检验。

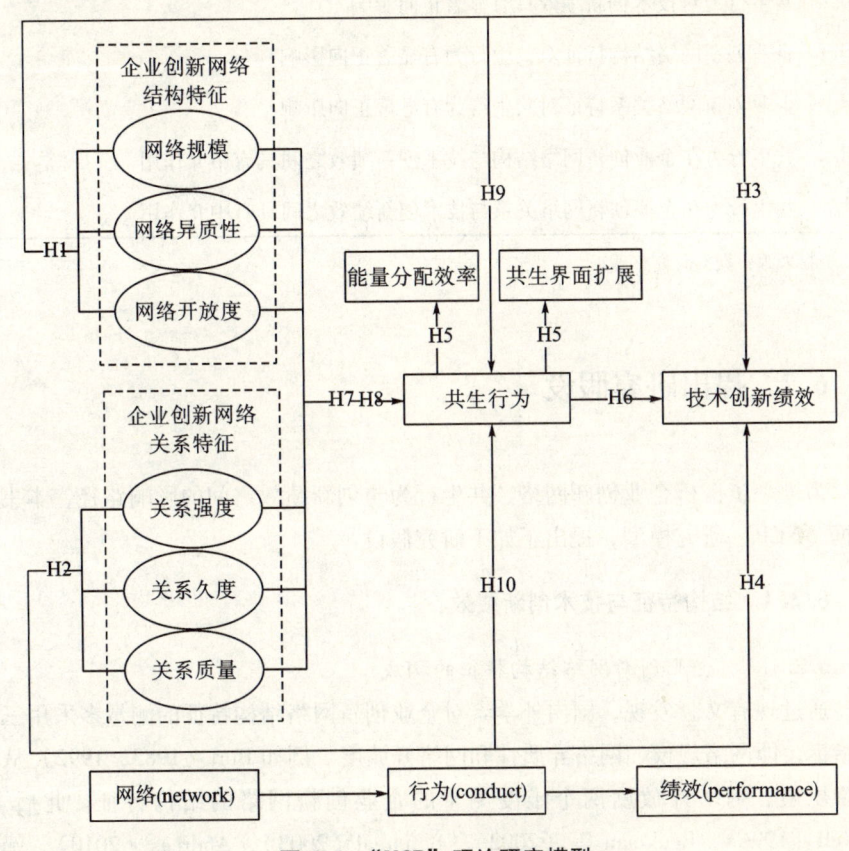

图6-1 "NCP"理论研究模型

基于该分析框架，本书共提出10个研究假设，详见表6-1。

表6-1　　　　　　　　　研究假设汇总表

序号	研究假设
H₁	企业创新网络结构特征可由网络规模、网络异质性和网络开放度三个维度构成
H₂	企业创新网络关系特征可由关系强度、关系久度和关系质量三个维度构成

表6-1(续)

序号	研究假设
H$_3$	企业创新网络结构特征对技术创新绩效具有显著正向影响
H$_4$	企业创新网络关系特征对技术创新绩效具有显著正向影响
H$_5$	共生行为可由共生界面扩展与共生能量分配两个维度构成
H$_6$	共生行为对技术创新绩效具有显著正向影响
H$_7$	企业创新网络结构特征对共生行为有显著正向影响
H$_8$	企业创新网络关系特征对共生行为有显著正向影响
H$_9$	共生行为在企业创新网络结构与技术创新绩效之间具有中介作用
H$_{10}$	共生行为在企业创新网络关系与技术创新绩效之间具有中介作用

资料来源：据本研究整理。

6.2 提出研究假设

为进一步探析企业创新网络、共生行为与创新绩效之间的影响路径，本书依据"NCP"研究模型，提出了如下研究假设。

6.2.1 结构特征与技术创新绩效

6.2.1.1 企业创新网络结构特征的构成

通过现有文献发现，国内外学者对企业创新网络结构特征的测量多采用三个指标，即网络规模、网络异质性和网络开放度。例如 Burt（1983，1992）从网络规模、网络开放度两个维度测量的企业创新网络的结构特征。此后，Powell（1996），Beckman 等（2002），Batjargal（2003），Andreas（2010），邬爱其（2004），任胜钢（2011）等学者主要从网络规模、网络异质性和网络开放度维度对企业创新网络结构进行了研究。可见，网络规模、网络异质性和网络开放度指标对企业创新网络结构特征的测量较具有代表性，本研究主要从这三个方面来测量企业创新网络结构特征。据此，提出研究假设 H1：企业创新网络结构可由网络规模、网络开放度和网络异质性三个维度构成。

6.2.1.2 企业创新网络结构特征对技术创新绩效的影响

根据国内外现有理论成果，企业创新网络结构特征对技术创新绩效的作用主要表现在三个方面。①网络规模对技术创新绩效的影响。通过制造业、医药行业、电子及通信行业的大量调研结果表明网络规模越大,焦点企业越具有更多的合作对象,直接或者间接地掌握了更多的创新资源。因此,企业在技术创新过程中,与其他企业建立联系越广,企业拥有的网络关系也就相应的越多,网络规模也就越大,往往能代表企业拥有更多的创新资源。②网络异质性对技术创新绩效的影响。相关研究表明,企业在创新活动的过程中,需要更多的技术支持、信息输入、资源互补,这就对企业拥有的合作伙伴的多元化提出了更高的要求(McEvily, Zaheer, 1999)。并且,多样化的合作伙伴关系必然导致创新网络资源的多样性,资源要素通过不同的组合与配置,能够为企业提供不一样的技术创新视角以及创新方法,提高技术创新绩效(Franke, 2005)。③网络开放度对技术创新绩效的影响。网络开放度是企业与网络外成员的联系程度(Romanelli & Khessina, 2005),体现了网络内外成员共同交互的结果,有利于企业获取多样化的创新资源和新的创新思维。这是因为,与竞争对手相比,企业拥有多样化和流动性的合作伙伴更有利于获取广泛的新知识和新信息,而停留在少数和固定的合作伙伴中的企业容易导致信息滞留和缺乏发展机遇的问题。

基于上述分析,本书提出研究假设H3。

H3:企业创新网络结构特征对技术创新绩效具有显著正向影响。

6.2.2 关系特征与技术创新绩效

6.2.2.1 企业创新网络关系特征的构成

国内外学者主要是从关系强度、关系久度和关系质量这三个维度来测量企业创新网络的关系特征。例如,Gilsing 和 Nooteboom(2005)认为网络关系包括关系稳定性、关系久度、交互频率、控制、信任与开放等。陈学光(2007)也认为关系强度、关系稳定性和关系质量是企业创新网络关系特征的重要因素。可见,关系强度、关系久度和关系质量指标对企业创新网络关系特征的测量较具有代表性。因此,对于企业创新网络关系特征的测量,本研究假设主要从以下这三个方面来提出:

H2:企业创新网络关系可由关系强度、关系久度和关系质量三个维度构成。

6.2.2.2 企业创新网络关系特征对技术创新绩效的影响

国内外现有研究成果表明,企业创新网络关系特征对技术创新绩效的作用主要表现在三个方面。①关系强度将有利于沟通,增加信任感,促进显性与隐性知识的吸收，避免机会主义行为等问题，对技术创新绩效具有显著影响（Larson，1992；Hsu，2001；吕一博，苏敬勤，2010）。②Uzzi（1997）、Nooteboom（2000）等学者认为，企业与合作伙伴间保持着稳定而长久的联结关系有利于增强彼此信任和默契，降低监督成本，快速了解消费者需求，将技术创新成果顺利转化，实现技术创新的成功。而且，合作关系越稳定，合作持续时间越长，成员之间越能够基于信任感而相互理解，快速处理合作中的冲突，从而有利于技术创新绩效的提高。③在电子设备产业（Zaheer，McEvily & Perrone，1998）、高新技术产业（Hagedoom，等，1994）等的调查结果中显示，企业间关系质量对技术创新绩效有正向显著影响，在良好的合作关系中，供应商、客户等创新伙伴更愿意与企业共享信息和资源，为企业的技术创新活动提供新的思路、共享先进设备、联合开发项目，并且能够更积极地兑现承诺，有效整合双方资源，合理解决冲突。可见，企业与有市场吸引力的客户企业建立具有忠诚感、信任感和承诺特征的良好的合作关系，能够帮助企业获取进入合作者市场的渠道；与有竞争实力的供应商建立良好的合作关系，则能够为企业提供更先进的技术设备和高质量的原材料，对提高技术创新绩效具有十分重要的作用。

企业创新网络为企业提供了一个知识共享与创造的平台，有益于企业技术创新绩效的提高。基于上述分析，本书提出研究假设H4。

H4：企业创新网络关系特征对技术创新绩效具有显著正向影响。

6.2.3 共生行为与技术创新绩效

处于企业创新网络中，企业与其他网络成员之间存在非线性的相互作用，在其作用过程中伴随着创新资源的传递、扩散和融合，企业利用共生行为可有效获取和整合创新资源。共生行为促进了创新资源的共享和创造，使得处于创新网络中的企业较其他企业具有更强的技术创新优势。共生行为可由两个维度构成，即共生界面扩展和共生能量分配。共生能量分配和共生界面扩展这两种共生行为是任意二维共生体系建立共生关系的前提条件，对于解释共生行为对技术创新绩效产生的影响具有重要意义。

6.2.3.1 共生界面扩展对技术创新绩效有显著影响

一是平台意识清晰性对技术创新绩效产生影响。如果企业定期审视企业与各个创新伙伴的关系，制定创新资源共享和创造平台的发展战略，注重平台优化和维护工作，那么该企业将比其他企业占据更重要的网络位置，获取到更重要的信息和资源。因此，共生界面扩展度越高，共生界面上共生介质越多样，平台意识越清晰，共生阻力越小，技术创新绩效就越好。二是共生介质丰度对技术创新绩效产生影响。共生介质越丰富，表明信息和知识来源越多样，共生界面扩展属性越高。如果共生介质单一，表明信息和知识来源越单一，共生界面扩展属性越低。共生界面的稳定性受到共生介质种类的影响，因为共生介质具有专用性，共生介质之间的作用是互补的。所以，共生界面上的共生介质过于单一，造成共生界面功能缺失，无法为共生单元提供全面性、多样化的信息和知识，当受到环境变化的冲击时，共生单元难以及时采取应对危机的措施。

6.2.3.2 共生能量分配对技术创新绩效有显著影响

一是创新资源丰度对技术创新绩效产生影响。在企业创新网络中，共生单元通过传递知识、信息等能量实现相互交流。共享知识和信息越丰富，越有利于创新绩效的提高；反之，传递的知识和信息越单一，越不利于创新绩效的提高。二是创新资源传递效率对技术创新绩效产生影响。因此，共生能量分配属性越高，共生界面上创新资源越丰富，创新资源传递效率越高，企业交流与协作效率越高，技术创新绩效就越好。

可见，共生行为促进了创新资源的共享和创造，使得处于创新网络中的企业较其他企业具有更强的优势。根据以上研究，本书提出假设 H5 和 H6。

H5：共生行为由共生界面扩展与共生能量分配两个维度构成。

H6：共生行为对技术创新绩效具有显著正向影响。

6.2.4 企业创新网络特征与共生行为

6.2.4.1 企业创新网络结构特征与共生行为间的关系分析

企业创新网络为企业搭建了一个知识互动、信息共享的共生平台。在企业创新网络中，存在着与企业创新息息相关的各个共生单元。由于不同共生单元所拥有的资源禀赋、技术构成、知识结构不同，因此企业在创新活动过程中，通过与共生单元之间的沟通交流与合作，实现知识的传递、信息的收集、技术的集成，形成动态的、彼此交互的创新网络关系，并进一步作用于企业的创新活动与共生行为。并且，企业与各共生单元通过自组织的方式协同演化去适应它们所处的创新网络，并反作用于创新网络，实现创新网络与网络内的各共生单元协同演化。

共生行为发生的必要条件是企业搭建了自己的创新网络结构，企业与网络中其他成员不断发生交互作用，才能促进企业整合创新资源。以欧洲区域创新系统的调查研究为例，企业的技术创新活动和商业创新过程可以被看成是一个网络过程，相比那些没有与其他企业或者研究机构发生联系的企业而言，利用了创新网络的企业显示出更好的创新绩效,并且小型企业对于区域创新系统内的网络具有更强调的依赖性(Sternberg,2000)。

对于已经搭建了企业创新网络的企业而言,拥有合理的网络结构的企业比网络结构不合理的企业更加具有竞争优势。这是因为,如果创新网络结构合理,可以为企业创造信息、知识流动和传递的学习平台;如果企业创新网络结构不合理,导致企业创新活动缺乏与其他成员及时有效的沟通,其信息流动比较简单,其创新活动是孤立而分散的(潘衷志,2008)。

由此可见,企业创新网络结构特征对共生行为具有显著影响。根据上述研究,本书提出假设 H7 及其分假设。

H7:企业创新网络结构特征对共生行为具有显著正向影响。

H7(1):网络规模对共生行为有显著正向影响。

H7(2):网络异质性对共生行为有显著正向影响。

H7(3):网络开放度对共生行为有显著正向影响。

6.2.4.2 企业创新网络关系特征与共生行为间的关系分析

企业间保持紧密的合作关系有利于进行知识流动与交互式学习,提高创新资源分配效率。例如,金山化工通过与四平聚英建立紧密接触方式,向四平聚英输出和传递浆层纸生产的知识,从而获得了对四平聚英更多的控制和协调能力,奠定了金山化工在联盟中的核心地位(张红,等,2011)。Asheim 和 Isaksen(2002)通过对挪威地区的案例研究发现,非正式联结存在于区域内各个企业之间以及内部员工之间。这种联结促进了知识与信息的双向流动,培养了创新氛围,并且企业间保持信任和持久的合作关系,更有利于企业获得多样化的创新资源,实现企业资源整合。联盟成员间知识的互动和整合方式决定了供应链联盟共生介质接触方式选择的方向。

基于以上分析,本书提出假设 H8 及其分假设。

H8:企业创新网络关系特征对共生行为具有显著正向影响。

H8(1):关系强度对共生行为有显著正向影响。

H8(2):关系久度对共生行为有显著正向影响。

H8(3):关系质量对共生行为有显著正向影响。

6.2.5 共生行为在结构特征与技术创新绩效间的中介作用

前文已对企业创新网络、共生行为和技术创新绩效之间的两两作用进行了分析。通过分析发现,共生行为作为中介连接了企业创新网络和创新绩效。依据相互作用理论,个体的行为表现是外部客观环境因素与个人主观因素共同影响的结果，共生行为是企业个体行为表现，而企业创新网络是企业的外部客观环境，因此，企业创新网络需要通过共生行为影响创新绩效。

在企业创新网络中，为了实现创新效用的最大化，关键在于各种创新活动过程中所需的物质、信息、能量能实现有效的流动。在高新技术企业技术创新过程中，企业的创新活动是相互联系的，其创新活动往往采取网络化、模块化的组织模式，企业的创新活动已跨越了单个组织的边界，更多地依赖于企业间的协作与交互。企业创新网络为网络中企业与各类机构的共生提供了协作与交互的平台，各类企业、科研中介机构、金融机构等集聚在地理位置相邻的区域内，有利于知识交流，促进合作创新。虽然企业创新网络为企业搭建了一个知识互动、信息共享的平台，但是不同企业在相同的创新网络中会导致不同的创新绩效，这是由于共生行为表现不同，即企业共生界面扩展属性和共生能量分配属性不一致。共生界面的差异反映的是企业创新活动过程中与网络成员沟通交流渠道的差异，共生能量的差异反映的是企业在创新活动过程中的物质、信息、能量能否实现合理配置。因此在企业创新网络中，企业两种共生行为会对企业创新绩效产生作用，即共生界面扩展和共生能量分配。

本研究认为，高新技术企业创新网络结构和共生行为，对我国高新技术企业创新绩效产生影响，其中影响企业创新绩效的外生变量是高新技术企业创新网络结构，而共生行为是影响创新绩效的内生变量。在外部环境因素和企业内部行为因素的共同作用下，企业创新绩效会发生显著变化。高新技术企业在创新过程中与外部环境的交流与合作可以视为一个网络活动的过程，企业与外部环境的交流与合作越多，代表他充分地利用了网络中的创新资源，表现出了较高的创新绩效。Sternberg（2000）通过调查欧洲11个区域的创新活动证明了上述结论。Koschatzky等（2001）将企业在网络中的交流与合作分为横向联系和纵向联系，以斯洛文尼亚制造企业创新活动为研究对象，分析了1997—1998年的调查数据，发现企业创新活动过程中的纵向联系对于企业而言非常重要，但网络中的横向联系比如说技术交流、共同研发等活动表现得并不明显。

所以说，共生行为表现更好的企业，比那些没有与其他企业或者研究机构发生联系的企业显示出更好的经济绩效，更能充分利用区域创新资源，提高企业创新绩效。根据上述研究，本书提出研究假设H9及其分假设。

H9：共生行为在企业创新网络结构特征与技术创新绩效之间有中介作用。

H9（1）：共生行为在网络规模与技术创新绩效之间具有中介作用。

H9（2）：共生行为在网络异质性与技术创新绩效之间具有中介作用。

H9（3）：共生行为在网络开放度与技术创新绩效之间具有中介作用。

6.2.6 共生行为在关系特征与技术创新绩效间的中介作用

创新协作网络中企业间的强关系会增加技术交换，增加企业之间的接触频率和亲近度（Stuart，1998；Ahuja，2000），但是共生平台扩展和共生能量分配促进知识、信息等在企业之间的高速流动和优化配置。换句话说，关系强度为创新资源整合创造了一个静态的外部环境，共生行为则为企业之间的有效协作保持了一种动态优势。在同样的网络关系强度下，共生行为表现更好的企业更能促进创新绩效的提高。关系强度为隐性知识的交流创造了外部条件，而企业利用共生能量分配行为更能增加企业间资源分配的互惠均衡性，提高资源传递效率，增加资源丰度，更有利于隐性知识的获取和吸收，促进技术知识积累，提高自主研发能力。基于以上分析，本书提出假设 H10 及其分假设。

H10：共生行为在企业创新网络关系特征与技术创新绩效之间有中介作用。

H10（1）：共生行为在关系强度与技术创新绩效之间具有中介作用。

H10（2）：共生行为在关系久度与技术创新绩效之间具有中介作用。

H10（3）：共生行为在关系质量与技术创新绩效之间具有中介作用。

6.3 技术创新绩效的测量

关于技术创新绩效（technology innovation performance）的讨论是理论界重点关注的热点话题，是企业促进技术创新能力提升和体制改革的重要推动力。理论界的许多专家从不同角度研究了技术创新，做出了有益的尝试，比如探讨了技术创新的具体表现形式、研究了技术创新流程、评价了技术创新绩效。在技术创新绩效研究方面，当前理论界并没有达成共识，形成一套统一的测量标准体系测量技术创新绩效。技术创新绩效是指企业技术创新产出成果、过程效率以及相关贡献等，主要包括产出绩效和过程绩效。"产出绩效"是指技术创新成果为企业创造的经济利益，而"过程绩效"是指技术创新过程的执行质量和效率，主要通过管理手段来控制。许多学者对创新绩效的研究都通过构建测量指标体系来评价，选择了比较容易获取的数据，比如说企业的销售收入、企业规模等进行研究，但这很难衡量创新的贡献程度，对创新绩效的评价也有失偏颇。目前理论界对于创新绩效的实证研究，采用最为广泛的是从产品创新绩效的角度来进行测量。大多数学者们都采用了产品创新绩效作为衡量企业技术创新成果的指标，如专利数、新产品数、新产品对企业盈利的贡献等，而过程创新绩效反映的是企业管理执行质量,所以对此指标采纳得较少。本书的技术创新绩效指标也仅仅指的是技术创新绩效的产出指标,即"产出绩效"。

Brouwer 和 Kleinkneeht(1999)通过实证研究发现,企业专利数越多,企业研发出来的新产品产值对于企业产品的销售额贡献度也越大,于是"新产品产值占销售额比重"这个指标便成为了对技术创新绩效的测量指标。同样的,Tsai(2001)测量技术创新绩效也采用新产品产值占销售总额的比重来进行测量。Hagedoorn、Cloodt(2003)在测量技术创新绩效时,不仅仅简单地用新产品产值占销售总额的比重来测量,而是选取了四个测量指标来评价技术创新绩效,即专利申请数、引入专利数、研发投入资金、新产品研发数。Arundel 和 Kabla(1998),Ahuja(2000)采用新产品数测量的技术创新绩效。Yli Renko 等学者(2001)在评价企业创新绩效时,只选择了"三年中开发的新产品数量"这一单独的指标进行评价。类似地,张方华(2006)在评价企业创新绩效时,选择了研发时间和研发成功率这两个指标作为测量的标准。韦影(2005)、张方华(2006)采用新产品的开发速度来测量技术创新绩效。官建成(1998)利用三个指标来衡量技术创新绩效,即专利数量、创新产品数量和创新产品销售比例。韵江(2007)认为,创新绩效是技术创新活动产出的、能客观观测度量和感知的一些成果绩效,包括创新产出的直接经济效益(如新产品销售量、新产品利润率等),也包括那些间接效益的产出(例如技术诀窍、专利等)。

结合以上学者的测量方法,本书在对技术创新绩效的测量方面主要借鉴了 Ritter 和 Gemünden(2003)进行创新成功研究时所构建的测量量表及国内学者任胜钢(2007)、陈学光(2008)、张方华(2006)对技术创新绩效的测量量表,该量表中有关技术创新测量量表的卡尔巴哈系数达到 0.8 以上,表示量表信度良好。本研究使用 3 个题项,采用 5 点李克特量表进行打分,由三个测量题项来测量技术创新绩效,具体包括新产品数、研发速度、研发成功率以及新产品的市场反应三个测量指标(见表 6-2)。

表 6-2　　　　　　　　　　技术创新绩效的测量题项

编号	测量题项	来源
IP1	近三年新产品数	Ahuja(2000); Hagedoorn&Cloodt(2003); 张方华(2006);任胜钢(2007); 陈学光(2008)
IP2	近三年新产品的开发速度快,且成功率高	
IP3	近三年新产品推出后引起产品销售率显著提高	

资料来源:据本研究整理。

6.4 结构特征的测量

企业的创新活动并不是单独完成的，而是受企业所处的创新网络的影响。企业创新绩效同样也因其创新网络特征的差异而不同，这种特征包含两个维度，即结构嵌入性维度和关系嵌入性维度。关系嵌入指的是企业通过与创新网络成员的沟通交流，获得所需知识、信息、技术支撑企业的创新活动。结构嵌入描述的是企业所处的创新网络的规模、开放度与异质性。本书主要从结构嵌入性和关系嵌入性视角来测量企业创新网络。

现有的文献从不同的研究角度，直接或者间接地论证了企业创新网络与企业创新绩效的显著相关性。综合以上学者的观点，本书分别选取"网络规模、网络异质性和网络开放度"三个维度来衡量高新技术企业创新网络的结构特征。

6.4.1 网络规模

网络规模（network size）作为测量企业创新网络结构特征的重要维度，诸多学者采用了企业主要合作对象的数量来进行测度。国外学者 Powell（1996），Batjargal 和 Liu（2003）等采用的是焦点企业与外部组织间联系数量来测度网络规模，并将其运用于医药行业、科研组织等进行了实证研究。还有学者从企业发展阶段入手，测度了企业与外部组织间合作关系数量，研究了不同发展阶段下的网络规模变化。从国内研究现状来看，学者们的研究主要是在国外研究成果的基础上，梳理了成熟的量表并将其本土化。代表性的作者有邬爱其（2004）、任胜钢（2007）、陈学光（2007）等，他们大多支持用焦点企业与外部组织间的合作关系数量来测度网络规模，并通过问卷调查检验了量表的有效性。类似地，林春培（2012）采用李克特7点量表对客户、同行企业、科研机构、中介组织和供应商等7种企业合作伙伴进行了测度。通过梳理国内外相关研究成果，对网络规模的测度大多是采用李克特测量量表进行打分，本研究也采用该方法，并借鉴了相关测量题项。

参考国内外主要观点和测量指标，并结合第3章对创新伙伴的分类和作用分析，以及第4章对网络规模的解释，本书认为网络规模的测量主要包括以下几个题项：①供应商；②客户；③同行企业；④政府部门；⑤研究与培训机构，并采用李克特5点量表法进行测量，见表6-3。

表 6-3　　　　　　　　　　　　网络规模的测量题项

编号	测量题项	来源
NS11	我们能够合作交流的供应商数量	Burt，1983
NS12	我们能够合作交流的客户数量	Marsden（1990） Powell（1996）
NS13	我们能够合作交流的同行企业数量	Batjargal & Liu（2003）
NS14	我们能够合作交流的政府部门数量	王晓娟（2007） 陈学光（2007）
NS15	我们能够合作交流的研究与培训机构数量	彭新敏（2009）

资料来源：据本研究整理。

6.4.2　网络异质性

与网络规模指标不同，网络异质性（network heterogeneity）不是用来判别网络联结数量或伙伴多样性，而是关注解释伙伴多样性或资源类型的差异程度（陈学光，2007）。企业技术创新活动过程中，各种信息的输入、技术的支撑、知识的共享会导致创新绩效的不同。因此与企业合作的企业类型的多元、网络的异质性会影响企业的技术创新活动（McEvily，等，1999）。外部知识的价值会随着网络成员的多样性而增加，也就是说网络成员的多样性有助于企业获取不同价值的知识和经验，有利于企业多方位地整合知识资源（Cummings，2004）。由于网络异质性对企业获取创新资源和技术创新绩效具有重要意义，本书也将网络异质性作为测量企业创新网络结构特征的一个指标。

目前，国内外学者对网络异质性的测量尚未达成共识，主要有以下几种测量方法：一是通过网络位差来衡量网络的异质性。网络位差指的是网络关系中资源的范围，等于最丰富的有价资源与最贫乏的有价资源之间的差距（李煌，2001）。在有的研究中，专家认为网络内相同种类的合作企业之间的规模差距与网络异质性表现为显著相关性（邬爱其，2004；马刚，2005）。可见，网络位差主要是通过描述网络中资源之间的差值大小来间接体现出网络异质性程度。二是采用"自我中心网络"研究中的"讨论网络"（discussion network）的方法（Burt & Ronchi，1994）探讨在企业创新网络中5个最重要创新伙伴的多样性，主要选取伙伴类型、联系背景和分布区域3个维度。相对于利用网络位差来间接测度网络异质性的方法，该方法从不同角度直接地、全面地刻画了网络异质性程度，具有更好的内容效度。大多数学者采用第二种方法来测量网络异质性（Burt，1983；Marsden，1990；Renzulli & Aldrich，2000；Greve，2003；任胜钢，等，2011；陈学光，2007）。

本书遵循多数学者的观点，采用直接测度创新伙伴类别的方法来进行测量，具体由四个测量题项构成：联系背景（亲人、朋友、同事、同学等）、伙伴类型（顾客、竞争者、政府机构、科研院所、供应商等）、分布区域与行业分布（跨县、市、省、国），具体见表6-4。

表6-4　　　　　　　　　　网络异质性的测量题项

编号	测量题项	来源
NS21	我们的创新伙伴来自不同背景	Burt（1983）
NS22	我们的创新伙伴具有各种类别	Marsden（1990）
NS23	我们的创新伙伴位于不同地域	Greve（2003）陈学光（2007）
NS24	我们的创新伙伴来自不同的行业	任胜钢（2011）

资料来源：据本研究整理。

6.4.3　网络开放度

对于网络开放广度的测量，学者采用了不同的方法和指标。一部分学者认为网络开放度测量是指焦点企业与外地企业建立的知识交流关系的种类和数量，通过与外地企业建立的知识交流关系的种类和数量来测度网络开放度，例如"与企业进行知识共享的主要外地供应商数量""企业参加外地产品展示会或学术研讨的次数""企业在异地创办了分支机构"。以上题项均采用李克特量表分别赋值1~7（Larson，1992；Uzzi，1997；王晓娟，2007）。Andreas等（2010）将网络的开放度（openness）定义为这样一个函数：网络成员的多样性、愿意接受新的成员、拓展与集群以外组织联系的程度。Romanelli和Khessina（2005）采用网络成员的多样性；愿意接受新的网络成员；拓展与网络成员合作时的业务范围三个指标来测量网络开放度。而另一部分学者认为，网络开放度可从开放深度和开发广度两个方面进行测量：①开放深度采用"互补资源、共享知识产权和敏感信息、充分信任以及长期合作"来表示（Laursen & Salter，2006；Walter，等，2006；陈学光，2008）。②开放广度采用企业技术创新过程中的合作伙伴种类来表示，也就是将焦点企业合作伙伴分为政府部门、供应商、客户、竞争者、科研机构和院校、金融机构、技术中介组织和咨询服务机构等类别，企业在技术创新过程中与合作伙伴有合作关系，记为1，无合作关系则记为0，最后将所有得分相加即为开放广度（Laursen & Salter，2006；陈钰芬，陈劲，2008；韵江，2012）。

网络开放度深度的测量方法仍旧局限于关系嵌入的视野中，而评判指标的内容与网络关系特征的指标相近。为克服以上测量弊端，本书主要采纳Andreas、陈学光等学者关于网络开放度的测量题项，具体包括与外地企业建立的知识交流关系的种类、愿意接受新的成员、与所在产业集群外的企业建立合作关系，见表6-5。

表6-5　　　　　　　　　网络开放度的测量题项

编号	测量题项	来源
NS31	我们能够与不同规模、年龄、行业和能力的创新伙伴进行合作	Andreas B(2010) Bresehi & Malerba (2001) Burt(1992) 陈学光(2008)
NS32	我们随时准备与新的创新伙伴开展合作	
NS33	我们与所在产业集群外的企业保持着联系	
NS34	对于新伙伴，我们也抱着积极的态度很快地接纳他	
NS35	为适应企业目标，我们可以在较短时间内重新调整和搭建与新伙伴的联系	

资料来源：据本研究整理。

6.5　关系特征的测量

Gilsing、Nooteboom(2005)采用网络密度、网络范围、网络中心度来测量网络结构特征，采用联结稳定性、联结久度、交互频率、控制、信任与开放等来测量网络关系特征。分析关系特征，其实质就是分析网络里焦点企业与其合作企业之间为了实现物质、信息、能量的流动而形成了彼此间关系的特征（贺寨平，2001）。基于第二章第二节对企业创新网络相关研究文献的梳理与分析，本书发现现有文献已从不同视角证实了企业创新网络关系对技术创新绩效的促进作用。作为衡量网络关系特征的重要维度，现有文献大多分析了企业与外部组织间的交流频率、持久性、稳定性和满意度等，并利用调研数据对这些测量量表进行了有效性检验。在此基础上，本书选取了三个维度来测量企业创新网络关系特征，包括关系的强度、久度和质量。其中，关系强度侧重于判断企业与创新伙伴有关知识和技术等问题的沟通频率，一般认为关系强度越强，意味着企业传递或获取创新资源越快越多；关系稳定性侧重于考察企业与创新伙伴有关知识和技术等问题的沟通时间跨度，关系持续时间越长，越有利于获得创新伙伴的信任和认同；关系质量则侧重于刻画企业与创新伙伴之间的信任度、满意度，关系质量越高，不仅有助于降低企业间沟通交流的成本，而且可以提高企业间信息流动和知识共享的效率,有效防止信息失真和知识失效。

6.5.1 关系强度

随着国外学者 Granovetter（1973）、Håkansson（1987）等人将网络关系提出并拓展到企业管理领域,关系强度逐渐成为技术创新管理研究领域的热点。关系强度作为测量企业网络中沟通频度、联系强度的指针,代表了企业在网络中的关系嵌入性,是研究社会网络问题的关键概念。颇多专家从各个相关的视角切入,研究了关系强度的测量方法与评价体系。Granovetter（1973）从情感的紧密程度（emotional intensity）、熟识性（intimacy）、节点之间交流的时间（amount of time）和互惠性（reciprocal）四个方面来判断强关系或弱关系,其中"合作伙伴之间一周至少互动两次"表示个人层面的强关系。之后,诸多学者对此进行了拓展。有的学者将接触频率作为个人和组织间关系强度的主要指标,频率比较高的被认为是强关系,并根据关系的内容和类型调整强弱关系的临界值（Blumstein & Kollock, 1988; Krackhardt, 1992; McEvily & Zaheer, 1999; Benassi, Greve & Harkova, 1999）。有的学者认为关系比较紧密的朋友之间为强关系,熟人或者朋友的朋友则是弱关系（Mitchell, 1987; Marsden & Campbell, 1984; Blumstein & Kollock, 1988; Andrea,等,2007）。另外,被引用较多的指标还包括连接的持久性（Peter & Karen, 1984）、关系双方感情的支持和帮助程度（Marsden & Campbell, 1984）等。

从相关研究成果来看,对关系强度的测量已经从单一维度转变为多个维度,它是一个多维的构念,需要从不同的角度进行测度。因此,本书主要结合了以下学者的观点来设计测量量表。Jarillo（1988）认为企业间的互动交流频率会影响企业的关系强度,并且企业间的信任感、利益互补也会影响企业间的关系强度。Rindfleisch 和 Moorman（2001）从利益相关、资源互补、情感因素的角度出发,界定了关系强度的构成要素,设计了4个题项来测度创新联盟中的关系强度,具体包括:①企业与合作伙伴之间的关系是互利互补的;②企业与合作伙伴的技术开发人员之间具有深厚的情感;③我们彼此感激对方所做出的一切努力;④我们盼望开展更进一步的合作。类似地,Kale 等（2000）、Tiwana（2008）认为企业与合作者之间的互利程度、信任程度、交流频率和情感因素等会影响到彼此间的关系强度。它是一个多维构成的概念,并不能单单从一个指标进行测量。另外,还有的学者从关系的时间跨度、资源交换和社交因素等方面来设计相关指标。

国内学者林春培（2012）在潘松挺（2009）四维度测量体系的基础上,界定了关系强度的操作性概念,即对技术创新活动中的焦点企业与合作者之间的四个维度扩展到有关互惠行为、交流沟通、资源投入程度、合作范围和久度5个方面的测度，更加完善了该指标体系。任胜钢等（2011）认为，通过以下3个维度进行度量：①企业与合作对象联系的频繁程度；②企业与合作对象联系的密切程度；③企业与合作对象联系的诚信互惠程度。武志伟（2007）指出，关系频率的测量题项包括：贵公司与合作伙伴间信息交流是双向的和主动的；双方有定期交流的惯例；合作双方非正式沟通频率很高。类似地，潘松挺（2009）利用问卷调查取得一手数据，对我国企业技术创新网络中的企业间合作关系特征进行测度，具体包括交流频率、资源交换、合作交流范围与互惠程度等指标，设计了10多个测量指标，开发出我国技术创新网络关系强度的测量量表。

基于上述分析，结合 Granovetter（1973）、Uzzi（1997）、任胜钢（2011）等人对关系强度操作性定义的分析和相关测量题项的设计，本书认为组织间的关系强度具有丰富的内涵，包含了对企业与外部组织间的交流频率、交流时间跨度、交流范围、资源投入程度、互惠程度等方面的评价，采用多维测量指标比较合适。本书主要借鉴 Marsden 和 Campbell（1984）、Rindfleisch 和 Moorman（2001）、林春培（2012）以及潘松挺（2009）等学者对关系强度的测量题项，分别从接触频率、诚实可信的交流、互惠性、熟识度、支持或帮助程度五个题项进行测量，见表6-6。

表6-6　　　　　　　　关系强度的测量题项

编号	测量题项	来源
NR11	我们与创新伙伴经常性地私底下进行沟通	Granovetter（1973） Uzzi（1997）
NR12	我们经常与创新伙伴碰面，讨论合作事宜	Rindfleisch & Moorman（2001） Capaldo（2007）
NR13	我们与创新伙伴之间的交流是诚实可信的	Tiwana（2008）
NR14	我们与创新伙伴之间的合作是互惠的	任胜钢等（2011） 潘松挺（2009）
NR15	当遇到困难时，我们经常咨询创新伙伴的意见	林春培（2012）

资料来源：据本研究整理。

6.5.2　关系久度

与关系强度不同，关系久度侧重于描述网络关系的稳定性程度，主要是指企业间合作交流的时间持久性。Nooteboom（2000）发现，相比短暂的合作关系，组织间保持稳定而长久的关系更有助于组织间深度沟通，以获取互补知识或隐性知识和促进新知识的内化。在稳定的合作关系下，企业间彼此熟悉，面对界面冲突问题时能快速地找到有效解决办法，有利于知识的快速传递和转化。Inkpen 和

Tsang（2005）研究发现，企业在与其他企业的交流沟通过程中，随着时间的发展会建立越来越紧密的联系，当企业之间能够产生互补效应时，它们彼此之间就构建了良好的合作关系，企业因此乐意于分享信息和共享知识，愿意承担因信息和知识输出而有可能造成的威胁，从而降低企业间知识和信息交流的成本。

这说明，保持关系稳定持久更有助于培养企业间的信任感，降低机会主义威胁，减少不必要的监督行为，提高组织间的协作能力，对技术创新绩效有着积极的意义。现有研究也论证了这一观点。Tumbull等（1996）认为当企业面临着复杂多变的外部环境时，持久的关系联结将有助于焦点企业体现出它的显著优势，快速地获取外部信息，及时有效地与合作伙伴进行沟通协调，减少因外在潜在威胁而造成的不必要损失。类似地，Morgan等（1999）的研究也发现，持久的合作关系，促进了企业间有价资源的共享与创造，减少了合作中的不确定性风险，特别适合于应对复杂多变的外部环境。Dwyer（1987）进一步指出，企业通过发展持久而稳定的关系联结，才能提高合作交流质量，降低监督成本。尤其是产生沟通冲突问题时，持久的合作关系有利于减少消极作为，消除不良影响，维护企业形象（Cronin & Baker, 1993; Shoham, Rose & Kropp, 1997）。还有的学者侧重于连接的持久性等。李玲（2011）采用三个题项来测量"关系稳定性"指标："我们已经和合作伙伴合作了较长时间""我们愿意与合作伙伴继续该合作关系""如果可以重新选择，我们仍然会选择现在的合作伙伴"。武志伟（2007）指出，关系持久性可包括两个测量题项："双方的合作关系已经持续了较长的时间""您预期双方的合作还将持续较长的时间"。关系长度通常用双方合作关系持续的时间这一个指标测量。

本书根据Peter和Karen（1984）、李玲（2011）等的测量方法，从关系发展导向、利益共享出发点、关系建立时间跨度、资源投入力度、关系维持五个方面来测量关系久度，具体见表6-7。

表6-7　　　　　　　　　关系久度的测量题项

编号	测量题项	来源
NR21	我们希望与创新伙伴发展的是长期导向的关系	Batjargal(2001)
NR22	我们与创新伙伴已建立长期的合作关系	Zhao, Aram(1995)
NR23	我们会从长远利益角度考虑与创新伙伴的合作	Ostgaard, Birley(1996) Shoham, Rose, Kropp(1997)
NR24	我们会对创新伙伴投入长期的关心和支持	邬爱其(2004)
NR25	即使与该创新伙伴没有合作项目（或项目结束后），我们也会继续维持这个关系	Peter, Karen(1984) 李玲(2011)；陈学光(2007)

资料来源：据本研究整理。

6.5.3 关系质量

关系质量是测度网络关系特征的一个重要指标，已被多数学者论证为一个多维的变量。例如，Dwyer 等（1987）认为关系质量应该主要包含三个维度，即满意、信任和降低机会主义行为因素。Crosby 等（1990）指出关系质量是一个包括信任和满足的高阶变量。Mohr 和 Spekman（1994）借鉴了 Dwyer 的关系质量模型研究成果，并更进一步采用实证研究的方法论证了协作、信用、交流效率、共同处理矛盾是关系质量良好的关键因素。Storbacka、Strandvik 和 Gronroos（1994）为了研究关系质量的动态过程，借鉴了经济学相关理论，构建了关系质量动态模型，由服务质量、关系渗透力、关系扩展性、顾客满意等因素构成。Lages（2005）在前人研究的基础上，借鉴了关系质量相关的评价指标体系，以外贸企业为研究对象，采用实证研究的方法探究其关系质量，并形成一个包含信息共享、交流质量、关系满意、关系定位的四维评价体系。可见，关系质量是一个多维度的概念，需要从多个角度来进行测度才能全面反映其内涵（Naude & Buttle，2000）。

"信任"在关系营销和组织间网络关系等研究领域中是指企业对合作伙伴的共有信任倾向，反映了彼此间的公平交易情况（Crosby，等，1990；Morgan，等，1999；McEvily & Marcus，2005）。如 Goh、Matthew（2006）对中国 215 家企业进行调研后，发现网络成员之间基于较高的"信任"更能共同解决遇到的难题。陈学光（2007）认为，网络成员间关系质量对知识交流与共享过程产生重要影响，而这种影响的关键是"信任"。因为企业与其他网络主体间在沟通和交流的过程中，由于知识专业性的特点，导致企业间知识分享需要付出较大的代价，而企业间的信任机制能够降低企业间的交易成本，并使企业愿意承担因知识共享而导致的潜在威胁。从国内外现有研究来看，信任具有 3 个方面的重要内容：①相信合作伙伴拥有的诚实守信品质；②积极正面地理解合作伙伴的行为，认为举动是善意的（Geyskens，等，1996）；③相信合作伙伴具备完成任务和达到目标的能力或实力（Ganesan，1994）。"满意"是一个被广泛研究探讨的核心概念（Tse，1988）。关系营销研究领域中，测度对合作对象的满意程度时往往采用合作中所有体验感知累计下来的满意程度。Anderson 等（1984）将"满意"界定为"通过评价合作方在关系中的表现而产生的一种良好积极的情感状态"。可见，早期关系质量出现在市场营销领域，Crosby、Evans 和 Cowles（1990）在零售业的背景下率先提出了关系质量的测量可以分为信任和满意两个维度，随后这个观点逐渐被理论界接受，成为测量关系质量的两个重要维度。"承诺"也是关系质量的另一个重要维度。一般认为，承诺是企业企图与合作伙伴之间发展和维持一段长期稳定关系的意愿程度（Anderson，等，1994）。Walter等（2003）的研究表明，承诺有两个主要内容：一是对合作关系的发展抱有积极态度，即情感承诺；二是为培养关系能够随时投入大量物力和人力资源，即中介承诺。

表 6-8　　　　　　　　　　　　　　　关系质量维度

研究者 \ 关键维度	信任	满意	承诺	合作	沟通	问题的共同解决（冲突）	参与联系	最小的机会主义	顾客导向	对关系投资的意愿	对关系持续性的期望	道德形象	共同关系目标利益	顾客感知总质量
Morgan 和 Hunt（1994）	★		★											
Hennig-Thurau 和 Klee（1997）	★													★
Crosby、Evans 与 Cowles（1990）	★	★												
Storbacka、Strandvik 与 Grönroos（1994）		★	★				★							
Smith（1998）	★	★	★											
Roberts、Varki 与 Brodie（2003）	★	★				★								
Mohr 和 Spekman（1994）	★		★	★		★	★							
Dorsch 等人（1998）	★							★	★		★			
Dwyer 和 Oh（1987）	★						★							
Kumar、Scheer 与 Steenkamp（1995）	★					★				★				
Parsons（2002）		★											★	★

资料来源：姚作为. 关系质量的关键维度——研究评述与模型整合［J］. 科技管理研究，2005（8）：135.

从上述分析及表 6-8 可知，有关关系质量的关键维度，可谓是众说纷纭。但多数学者认为关系质量的主要因素应该包含信任、顾客满意和承诺，本研究遵循大多数学者的观点，确认关系质量量表的三个核心维度为信任、承诺和满意。为与多数相关研究保持一致，本书主要借鉴 Walter 等（2003），阮平南、姜宁（2009）及贾生华（2007）等关于关系质量的研究方法，从满意度、利益分配公平、信任、承诺和拓展五个方面来测量关系质量，具体题项见表 6-9。

表 6-9　　　　　　　　　　　　　关系质量的测量题项

编号	测量题项	来源
NR31	我们对创新伙伴的表现很满意	
NR32	我们认为创新伙伴常常会考虑到我们的利益	Crosby et al.（1990）
NR33	我们觉得创新伙伴有能力完成任务	Walter et al.（2003）
NR34	我们相信创新伙伴给我们的承诺	阮平南，姜宁（2009）
NR35	我们期望与创新伙伴开展进一步的合作	

资料来源：据本研究整理。

在本书中，考虑到以上指标最主要用于研究企业与企业间所构成的创新网络特征，因此也选择上述指标作为检验企业创新网络结构与关系特征的有效性指标作为研究假设检验的量化研究工具。

6.6　共生行为的测量

分析企业创新网络特征，我们能够直观感觉得到企业拥有的创新伙伴数量、创新伙伴多样性、与创新伙伴联系紧密程度等事实，但是却很难判断企业与创新伙伴之间潜在的合作方式、合作机制等问题。例如，在该企业构建的共生界面中共生介质种类多少，创新资源传递效率如何，知识和信息交流的阻力大小如何，这些就需要借助共生行为进行判别。共生界面是共生单元交流的载体，而共生能量是共生单元交流的内容，这两者都是企业共生关系建立的必要条件。因此，本书从共生界面扩展、共生能量分配两个维度来测量企业共生行为。

6.6.1　共生界面扩展

许多创新平台都是围绕特定目标而构建的，一旦目标实现后，创新平台常常解散或者流于形式（Valentine，2016）。因此，企业通过创新平台进行协同创新的过程中，扩展共生界面，如对于平台搭建有着清晰的长远规划、对创新合作伙伴的选择有一定评价标准等，这些都是创新网络平台持续发展的关键。

国内外学者已在共生界面和界面管理方面进行了一些尝试，并在这方面取得了一定的研究成果。如，Souder、Chakrabarti（1978）的调查发现，当R&D—市场营销界面存在严重的管理问题时，68%的 R&D 项目将在商业化上完全失败。Michael B. Beverland（2005）认为 R&D—生产制造界面管理对创新绩效的提高具有重要意义。郭斌（1998）指出"R&D 边际化"（marginalization of R&D）问题是由于 R&D、市场营销、生产制造、工艺设计等环节之间存在较大的界面障碍，导致知识和信息流通不畅，最终造成 R&D 资源浪费，生产制造成本过高以及创新扩散困难等问题。从界面管理角度分析企业技术创新管理，能够较好地剖析创新过程中的交流阻力、沟通障碍等问题。S. M. Jasimuddin 和 Z. Zhang（2009）认为组织间也有类似于单位成本的显性和隐性知识转移，理想情况下，它可以最大限度地减少其总的知识转移成本，缩小共生界面上的知识流动阻力，使个人的努力与组织的预期达到一致。Cao P.（2016）通过对中国 798 个创意产业园区的研究发现，共生界面的扩展有利于物质、信息等资源的充分交流，并导致整个系统逐渐趋于平衡和自我进化。并且，多重共生介质的互动，能够促使企业及时发现潜在机会，挖掘企业与合作伙伴间的兼容性，从而促进共生系统的不断升级（Puente，等，2015）。企业可以利用多种方式优化共生界面，比如利用市场导向对社会资本的正向影响，能够促进共生联盟的稳定性（Fue，等，2013）。易志刚和易中懿（2012）以保险业为研究对象，分析了各个业务模式之间的界面接触角度，分析了共生界面的参数，提出相关分析模型，通过数学计算相关参数值，并指出共生界面中存在的临界值，为日后的定量分析提供了新的思路。官建成（1998）认为界面管理的影响因素包括：与信息传递方式相关的因素，与企业文化相关的因素，与管理体制相关的因素，以及信任因素。张红和李长洲等（2011）运用案例研究法，探寻供应链联盟互惠共生界面选择机制的影响因素，结果发现加盟企业与盟主企业合作愿景的兼容性、联盟成员间知识的互动和整合方式对联盟互惠共生界面选择机制产生影响。张志明和曹钰（2009）基于共生理论分析了企业技术创新的新途径，提出建立共生体来提高创新资源的互补程度，整合专业知识和技术信息，利用不同介质来传递信息、知识等，提高共生界面畅通度，促进系统中各成员获得更大的价值增值。李东（2008）指出企业搭建知识、信息交流平台时应具有清晰的战略和方案。

基于上述研究和共生理论，本书认为共生界面扩展属性的测评包括对平台意识清晰性、共生介质丰度的测评。①平台意识清晰性的测量指标包括：搭建知识、信息交流的平台时具有清晰的战略和方案；对合作伙伴的选择具有清晰的方案；我们选择创新伙伴时会考虑企业资源是否互补；定期审视企业与各个创新伙伴的关系，以及制定共生界面的优化方案。②企业共生界面上的共生介质是多重的，共生介质丰度可通过非正式和正式共生介质的种类数量来测量（Freeman，1991），具体包括：契约（合作R&D协议、技术转让协议、技术交流协议、许可证协议、租赁服务协议等）、生产销售流程（分包、生产分工和供应商、广告协作、共同销售）、共建实体（合资企业、合资研究所）、虚拟组织（战略联盟、研究协会、产学研联盟等）。

6.6.2 共生能量分配

技术创新绩效不仅取决于共生界面的扩展属性，也取决于信息、知识等创新资源的广度和传递效率等（Yao & Liao，2015）。依据共生理论，知识和信息在共生单元之间的传递中分配越均匀，越容易达到互惠和均衡，共生关系越趋于稳定，利于创新绩效提高。反之，共生单元传递知识和信息的方向越单一，越不容易达到互惠，共生关系越不稳定，越不利于创新绩效的提高。荣莉莉等（2012）通过仿真计算组织平均知识储量和知识方差随时间的变化规律后发现，当组织中全部为双向实线连接时，知识传播最快；组织密度越大，组织结构对知识传播的影响越小，而知识传播效率越高；组织中单向交流多时，知识方差大，即知识传播越难兼顾公平；相反，组织中双向交流多时，个体间知识储量差距越小。胡浩（2011）认为，参与创新主体者之间的共生关系是一种创新极之间相互影响的合作方式，不仅表示了行为主体间存在的资源交换方式，还表示了行为主体之间的能量传递方式，是考察创新过程中的资源流动和相互作用的关键。其中，互惠的共生关系是资源在行为主体之间得到均衡分配的一种表现形式，所以通过测量能量或资源在技术创新过程中的分配情况，也可以判定企业间合作关系情况。何自力和徐学军（2006）以银企为研究对象，借鉴了共生理论的相关内容，构建了银企共生界面的分析框架，包含五个维度，即能量分配、信息传输、市场准入、阻尼特征、共生序特征，然后他们提出了量化的方法并通过实证分析检验其有效性。信息丰度改进对银企共生界面也是一个重要测量指标。信息丰度增加到达临界值后，意味着候选共生单元之间的共生识别过程完成。银行对于企业信贷风险评估最主要的标准就是分析判断银行与企业的临界信息丰度。信息丰度与分配系数是衡量共生关系的重要指标。银企共生关系的改进，在很大程度上是基于信息丰度改进，例如关系贷款等，而在技术创新领域则主要是基于技术知识等创新资源丰度的改进，所以对于技术创新资源丰度的测量也可参考知识转移方面的研究。卢兵等（2006）认为联盟中所转移知识的丰富程度可由知识所包含的两个特性来衡量：知识的深度（depth）和广度（breadth）。知识的深度指知识的专业化程度，在某一专业领域知识的集中度越高，知识深度越大。Turner等（2002）认为知识宽度是指知识的多样性。蒋天颖和白志欣（2011）选取"企业拥有系统完整的电子信息交流平台"的技术支撑，"企业经常组织面对面的工作讨论会和跨部门的工作团队"的沟通渠道等来评价企业知识转移效率。企业共生机会与参与到共生网络中的合作伙伴数量及种类有关（Puente，等，2015），这要求企业在挑选创新合作伙伴时应关注其创新资源种类和数量。企业不仅仅可以通过增加创新资源丰度的获取来提高创新绩效，也可以通过加强与现有合作伙伴之间的关系来提高创新绩效（Velenturf，2015）。同时，企业还需要增强组织的吸收能力，以应对快速变化的市场需求和技术革新速度（Jukneviciene，2015）。

　　基于上述研究和共生理论，本书对共生能量分配属性的测量主要包括创新资源丰度和传递效率两个方面。①创新资源丰度的测量指标包括：我们与创新合作伙伴能充分共享彼此的资源；企业与创新伙伴之间的交流往往涉及多个知识领域；合作伙伴拥有大量的创新资源数量。②资源传递效率的测量指标包括：我们采取了多种手段（如电话、邮件、视频、面谈等）与合作伙伴进行交流；我们付出很短的时间就能理解创新伙伴传递的知识；我们能快速将创新伙伴传递的新知识化为己用。

通过对以上两个属性的描述，共生行为就被完整而清晰地刻画出来。本书根据以上两个维度，从平台意识清晰性、共生介质丰度、资源分配方向、资源丰度以及资源传递效率五个方面来设计共生行为量表，具体指标如表6-10所示。

表6-10　　　　　　　　共生行为的测量题项

编号	测量题项	来源
SB11	我们搭建企业创新网络平台时具有清晰的战略	
SB12	我们对创新伙伴的选择具有明确的方案	Freeman(1991)
SB13	定期审视企业与各个创新伙伴的关系，并制定优化方案	沈必杨等(2005)
SB14	我们已通过共建实体或建立虚拟组织与创新伙伴合作	SM Jasimuddin & Z Zhang(2009)
SB15	我们已通过各种契约形式和生产销售流程与创新伙伴进行合作	官建成(1998) 李玲(2011)
SB16	对我们选择创新伙伴时会考虑企业资源是否互补	Turner S F et al.(2002) 卢兵等(2006)
SB21	我们与创新合作伙伴能充分共享彼此的资源	荣莉莉(2012)等
SB22	企业与创新伙伴之间的交流往往涉及多个知识领域	蒋天颖,白志欣(2011)
SB23	我们的合作伙伴拥有大量的创新资源数量	张红,李长洲(2011)
SB24	我们采取了多种手段（如电话、邮件、视频、面谈等）与合作伙伴进行交流	蒋天颖,白志欣(2011) 徐磊(2002)
SB25	我们付出很短的时间就能理解创新伙伴传递的知识	李东(2008)
SB26	我们能快速将创新伙伴传递的新知识化为己用	

资料来源：据本研究整理。

6.7　预调研

6.7.1　预试问卷设计与发放

经过深度访谈和上述的文献分析后，本研究借鉴了国内外学者开发编制的创新网络问卷，进行了翻译与整理，对有关共生行为的量表和访谈关键词条进行了整理和分析，最终获得了表6-11中的一些题项，将这44个题项全部纳入到量表编制的题项库中，并发放了预调研的问卷。

表6-11　　　　　　　　　预调研问卷的题项汇总

题项	题项
1.我们能够合作交流的供应商数量	26.我们与创新伙伴的合作交流是公平合理的
2.我们能够合作交流的客户数量	27.我们相信创新伙伴有能力(实力)
3.我们能够合作交流的政府部门数量	28.我们相信创新伙伴给我们的承诺
4.我们能够合作交流的科研院校数量	29.我们期望与创新伙伴开展进一步的合作
5.我们能够合作交流的同行企业数量	30.我们搭建企业创新网络时具有清晰的战略
6.我们的创新伙伴来自于不同背景,如商业关系、亲戚朋友等	31.我们对创新伙伴的选择具有明确的方案
7.我们的创新伙伴具有各种类别,如顾客、竞争者、供应商、研究机构、政府单位等	32.我们选择创新伙伴时会考虑企业资源是否互补
8.我们的创新伙伴位于不同地域,如跨镇、跨市、跨省或跨国	33.我们已采用契约和生产销售流程等不同方式与创新伙伴进行合作
9.我们的创新伙伴来自不同行业,如软件、电子通讯、生物医药等	34.我们已通过共建实体、虚拟组织等不同方式与创新伙伴进行合作
10.我们能够与不同规模、年龄、行业的创新伙伴进行合作	35.定期审视企业与各个创新伙伴的关系,并制定优化方案
11.我们随时准备与新的创新伙伴开展合作	36.我们的合作伙伴拥有丰富的创新资源种类
12.我们与所在产业集群外的企业保持着联系	37.企业与创新伙伴之间的交流往往涉及多个知识领域
13.我们能够抱着积极态度很快接纳新伙伴	38.我们的合作伙伴拥有大量的创新资源数量
14.为适应企业目标,我们能够迅速重新调整和搭建与创新伙伴的联系	39.我们付出很短的时间就能理解创新伙伴传递的信息或知识
15.双方有定期交流的惯例	40.我们能快速将创新伙伴传递的新知识化为己用
16.我们与创新伙伴的私下沟通很频繁	41.我们能与创新伙伴互相协作,快速解决难题
17.我们与创新伙伴之间的交流是诚实可信的	42.近三年新产品数量
18.我们与创新伙伴之间的合作是互惠的	43.近三年新产品开发速度快且成功率高
19.当遇到难题时,我们经常咨询创新伙伴的意见	44.近三年新产品推出后引起产品销售率增长
20.我们与创新伙伴已建立长期的合作关系	45.您在企业中的职位是
21.我们打算与对方的合作还将持续较长时间	46.贵企业的性质属于
22.我们愿意继续这种合作关系并将追加投入	47.贵企业的主导业务所属行业领域
23.我们对创新伙伴投入了长期的关心和支持	48.贵企业高新技术等级为
24.即使与该创新伙伴没有合作项目(或合作项目结束后),我们也会继续维持这个关系	49.贵企业去年总营业额大概为
25.我们对创新伙伴的表现很满意	50.贵企业员工总数

资料来源：据本研究整理。

试调研的目的是使问卷能更全面地反映所调研的问题，并使问卷的语言更便于受访者理解。为确保后期搜集的正式问卷数据的有效性，在进行大规模问卷调查之前，本研究选择了4家高新技术企业作为访谈对象，要求被试者在不改动项目内容的基础上，对题项进行修订，找出表述不清、难于理解或有其他疑问的项目，然后加以修改或删除。通过访谈，我们对问卷设计中出现的表述不清的问题进行了相应的修改和补充。例如，将原先问卷中的问题项"我们与创新合作伙伴能充分共享彼此的资源"和"我们能够快速整合各种创新资源"改为"我们的合作伙伴拥有丰富的创新资源种类"和"我们付出很短的时间就能理解创新伙伴传递的新信息或知识"，以更全面地反映企业与创新伙伴之间的合作情况。本次共发送220份调查问卷，收回195份，删除掉其中15份无效的问卷，剩余180份有效，有效率为81.8%。被调查企业分布在化工纺织、生物制药、电子通信、机械制造、软件、新材料等高新技术行业，且分布于四川省、福建省、江苏省、浙江省、北京市、重庆直辖市等中国多个省市。

表6-11　　　　小样本描述性统计分析 (N=180)

指标	类别	样本数	百分比（%）
行业类别	软件	32	17.78
	电子及通信设备制造	65	36.11
	生物制药	23	12.78
	新材料	12	6.67
	机械制造	18	1.00
	化工纺织	19	1.06
	其他	11	0.61
员工人数	250人以下	65	36.11
	251~500人	33	18.33
	501~1 000人	21	11.67
	1 000人以上	61	33.89
企业性质	国有或国有控股企业	59	32.78
	民营或民营控股企业	81	45.00
	外资或外资控股企业	27	15.00
	经营性事业单位	13	7.22

资料来源：据本研究整理。

6.7.2 预调研题项精炼

本研究归纳了在预试中被调查者在答题过程中的意见，作为修正预调研问卷而得到正式问卷的参考，并进行项目分析，根据项目分析的结果来删除了题项，以构建正式问卷。以下就预测试所得资料的处理及形成正式量表的过程加以说明。

本研究参考邱皓政（2009）的建议，采用下列五项标准来检验题项，作为删除题项的依据，包括遗漏值检验；项目分析；该题项被删除后全量表内部一致性系数是否提高；各题项与量表总分之间相关系数；因子分析结果中各题项在所属因子下的因子载荷。

6.7.2.1 遗漏值检验

在遗漏值检验部分，没有题项存在显著性的遗漏值差，因此不做删除。

6.7.2.2 项目鉴别力分析

项目分析目的在于对各题项进行项目区分度（item discrimination）分析，计算各个题项的"临界比率"（critical ratio）[①]。假如某一题项的 CR 值达到显著水准（$\alpha<0.05$ 或 $\alpha>0.01$），即说明这个题项是有效的，能反映不同的接受测试对象的情况，该题项应被保留；如果 CR 值未达到显著水平，即表示该题项应被删除或修改，使问卷质量得以提高。测量专家们把试题的鉴别度称为测验是否具有效度的"指示器"，并作为评价项目质量、筛选项目的主要指标之一，同时它也是因子分析的前提和基础（吴明隆，2013）。本研究对问卷的 44 个测量题项的高分组和低分组进行独立样本的 T 检验，结果如表 6-12 所示。

表 6-12　　　　　　　　组别统计量（$N=109$）

	group	N	均值	标准差	均值的标准误
NS11	高分组	54	3.37	1.138	0.155
	低分组	55	2.27	0.651	0.088
NS12	高分组	54	3.83	1.077	0.147
	低分组	55	2.51	0.979	0.132
NS13	高分组	54	2.85	0.979	0.133
	低分组	55	2.35	0.907	0.122

[①] 做法是将所有受试者在预试量表的得分总和依高低排列，得分前 25% 者为高分组，得分后 25% 者为低分组，求出高低二组受试者在每题得分总数差异的显著性检验。

表6-12(续)

	group	N	均值	标准差	均值的标准误
NS14	高分组	54	2.20	0.451	0.061
	低分组	55	1.93	0.325	0.044
NS15	高分组	54	3.09	1.202	0.164
	低分组	55	2.07	0.836	0.113
NS21	高分组	54	3.87	1.047	0.142
	低分组	55	2.38	0.782	0.105
NS22	高分组	54	4.24	0.671	0.091
	低分组	55	2.87	0.883	0.119
NS23	高分组	54	4.09	0.759	0.103
	低分组	55	2.73	0.952	0.128
NS24	高分组	54	3.91	0.807	0.110
	低分组	55	2.60	0.710	0.096
NS31	高分组	54	4.15	0.960	0.131
	低分组	55	2.65	0.775	0.105
NS32	高分组	54	4.37	0.708	0.096
	低分组	55	2.78	0.832	0.112
NS33	高分组	54	4.07	0.821	0.112
	低分组	55	2.75	0.844	0.114
NS34	高分组	54	4.19	0.803	0.109
	低分组	55	2.95	0.826	0.111
NS35	高分组	54	3.98	0.879	0.120
	低分组	55	2.45	0.812	0.110
NR11	高分组	54	3.83	1.023	0.139
	低分组	55	2.56	0.811	0.109
NR12	高分组	54	4.17	0.607	0.083
	低分组	55	2.84	0.877	0.118
NR13	高分组	54	4.46	0.636	0.087
	低分组	55	2.82	0.819	0.110
NR14	高分组	54	4.52	0.606	0.083
	低分组	55	2.80	0.869	0.117

表6-12(续)

	group	N	均值	标准差	均值的标准误
NR15	高分组	54	4.31	0.609	0.083
	低分组	55	2.96	0.881	0.119
NR21	高分组	54	4.59	0.599	0.082
	低分组	55	2.93	1.034	0.139
NR22	高分组	54	4.35	0.677	0.092
	低分组	55	2.80	0.826	0.111
NR23	高分组	54	4.56	0.538	0.073
	低分组	55	2.84	0.958	0.129
NR24	高分组	54	4.48	0.574	0.078
	低分组	55	2.76	0.793	0.107
NR25	高分组	54	4.33	0.614	0.084
	低分组	55	2.73	0.804	0.108
NR31	高分组	54	4.07	0.640	0.087
	低分组	55	2.67	0.818	0.110
NR32	高分组	54	3.98	0.714	0.097
	低分组	55	2.62	0.757	0.102
NR33	高分组	54	4.15	0.737	0.100
	低分组	55	2.76	0.838	0.113
NR34	高分组	54	4.04	0.699	0.095
	低分组	55	2.56	0.811	0.109
NR35	高分组	54	4.33	0.644	0.088
	低分组	55	3.02	0.757	0.102
SB11	高分组	54	4.19	0.729	0.099
	低分组	55	2.71	0.936	0.126
SB12	高分组	54	4.39	0.627	0.085
	低分组	55	3.18	1.124	0.152
SB13	高分组	54	4.39	0.656	0.089
	低分组	55	2.75	0.865	0.117
SB14	高分组	54	4.48	0.637	0.087
	低分组	55	2.73	1.027	0.138

表6-12（续）

	group	N	均值	标准差	均值的标准误
SB15	高分组	54	4.06	0.834	0.113
	低分组	55	2.45	0.789	0.106
SB16	高分组	54	3.93	0.843	0.115
	低分组	55	2.45	0.812	0.110
SB21	高分组	54	3.98	0.739	0.101
	低分组	55	2.69	0.858	0.116
SB22	高分组	54	3.93	0.887	0.121
	低分组	55	2.58	0.762	0.103
SB23	高分组	54	4.17	0.746	0.102
	低分组	55	2.75	1.004	0.135
SB24	高分组	54	4.06	0.738	0.100
	低分组	55	2.89	0.936	0.126
SB25	高分组	54	4.07	0.723	0.098
	低分组	55	2.56	0.834	0.112
SB26	高分组	54	3.98	0.687	0.093
	低分组	55	2.49	0.858	0.116
IP1	高分组	54	4.11	0.664	0.090
	低分组	55	2.55	0.919	0.124
IP2	高分组	54	4.00	0.614	0.084
	低分组	55	2.29	0.599	0.081
IP3	高分组	54	4.11	0.664	0.090
	低分组	55	2.47	0.813	0.110

资料来源：据本研究整理。

表6-12为高低分组的组别统计量，本书采用27%的分割点对样本数进行分组，按照样本数据的升序进行排序后，从第1位到第55位被调查者都属于低分组，从第127位到第180位被调查者都属于高分组。接下来可进行独立样本T检验。

对每个题项的高分组和低分组进行了独立样本的T检验，对每题项是否具有鉴别度的具体分析遵循如下步骤（吴明隆，2013）：①若某个题项的组别群体变异数相等的F检验显著（Sig.≤0.05），则表示两个组别的群体变异数不相等，此时考察假定变异数不相等的t值的显著性，若t值不显著（Sig.>

0.05),则此题不具有鉴别度。②若题项的组别群体变异数相等性的 F 检验不显著,则需考察假定变异数相等的 t 值的显著性,若 t 值显著,则此题项具有鉴别度,若 t 值不显著,则此题项不具有鉴别度。由表 4-13 可知,NS13 和 NS14 的 t 统计量标准值在 3.000 左右,表示这两个题项的鉴别度较差①,可以考虑将之删除。除此之外,其余变量的 t 统计量值都高于 5.000,表示题项的鉴别度较好,考虑保留。

表 6-13　　　　　　　独立样本 T 检验 (N=180)

题项		方差方程的 Levene 检验		均值方程的 t 检验					差分的95%置信区间	
		F	Sig.	t	df	Sig.	平均差异	标准误差值	下限	上限
NS11	假设方差相等	23.832	0.000	6.196	107	0.000	1.098	0.177	0.746	1.449
	假设方差不等			6.167	84.059	0.000	1.098	0.178	0.744	1.452
NS12	假设方差相等	1.570	0.213	6.719	107	0.000	1.324	0.197	0.934	1.715
	假设方差不等			6.713	105.631	0.000	1.324	0.197	0.933	1.715
NS13	假设方差相等	1.713	0.193	2.802	107	0.006	0.506	0.181	0.148	0.865
	假设方差不等			2.800	106.048	0.006	0.506	0.181	0.148	0.865
NS14	假设方差相等	8.690	0.004	3.678	107	0.000	0.276	0.075	0.127	0.425
	假设方差不等			3.667	96.336	0.000	0.276	0.075	0.127	0.426
NS15	假设方差相等	13.211	0.000	5.152	107	0.000	1.020	0.198	0.627	1.412
	假设方差不等			5.135	94.390	0.000	1.020	0.199	0.626	1.414
NS21	假设方差相等	1.738	0.190	8.422	107	0.000	1.489	0.177	1.138	1.839
	假设方差不等			8.400	98.051	0.000	1.489	0.177	1.137	1.840
NS22	假设方差相等	1.427	0.235	9.094	107	0.000	1.368	0.150	1.070	1.666
	假设方差不等			9.116	100.710	0.000	1.368	0.150	1.070	1.666
NS23	假设方差相等	3.942	0.050	8.271	107	0.000	1.365	0.165	1.038	1.693
	假设方差不等			8.288	102.712	0.000	1.365	0.165	1.039	1.692
NS24	假设方差相等	0.135	0.714	8.985	107	0.000	1.307	0.146	1.019	1.596
	假设方差不等			8.974	104.754	0.000	1.307	0.146	1.019	1.596
NS31	假设方差相等	0.479	0.491	8.947	107	0.000	1.494	0.167	1.163	1.825
	假设方差不等			8.930	101.685	0.000	1.494	0.167	1.162	1.825
NS32	假设方差相等	0.389	0.534	10.724	107	0.000	1.589	0.148	1.295	1.882
	假设方差不等			10.740	104.907	0.000	1.589	0.148	1.295	1.882

---

① 注:在量表项目分析中,若采用极端值的临界比,一般将临界比值的 t 统计量的标准值设为 3.000,若是题项高低分组差异的 t 统计量小于 3.000,则表示题项的鉴别度较差,可以考虑将之删除。

表6-13(续)

题项		方差方程的 Levene 检验		均值方程的 t 检验						
		F	Sig.	t	df	Sig.	平均差异	标准误差值	差分的95%置信区间	
									下限	上限
NS33	假设方差相等	0.385	0.536	8.332	107	0.000	1.329	0.159	1.012	1.645
	假设方差不等			8.334	106.991	0.000	1.329	0.159	1.013	1.645
NS34	假设方差相等	0.659	0.419	7.945	107	0.000	1.240	0.156	0.930	1.549
	假设方差不等			7.947	106.989	0.000	1.240	0.156	0.930	1.549
NS35	假设方差相等	0.014	0.906	9.419	107	0.000	1.527	0.162	1.206	1.848
	假设方差不等			9.412	105.992	0.000	1.527	0.162	1.205	1.849
NR11	假设方差相等	0.412	0.522	7.186	107	0.000	1.270	0.177	0.919	1.620
	假设方差不等			7.171	100.879	0.000	1.270	0.177	0.918	1.621
NR12	假设方差相等	8.921	0.003	9.195	107	0.000	1.330	0.145	1.043	1.617
	假设方差不等			9.225	96.181	0.000	1.330	0.144	1.044	1.617
NR13	假设方差相等	0.633	0.428	11.701	107	0.000	1.645	0.141	1.366	1.923
	假设方差不等			11.728	101.650	0.000	1.645	0.140	1.367	1.923
NR14	假设方差相等	1.760	0.188	11.951	107	0.000	1.719	0.144	1.433	2.004
	假设方差不等			11.990	96.606	0.000	1.719	0.143	1.434	2.003
NR15	假设方差相等	2.354	0.128	9.297	107	0.000	1.351	0.145	1.063	1.639
	假设方差不等			9.328	96.129	0.000	1.351	0.145	1.064	1.639
NR21	假设方差相等	10.037	0.002	10.264	107	0.000	1.665	0.162	1.344	1.987
	假设方差不等			10.312	86.921	0.000	1.665	0.162	1.344	1.986
NR22	假设方差相等	1.274	0.262	10.718	107	0.000	1.552	0.145	1.265	1.839
	假设方差不等			10.738	103.745	0.000	1.552	0.145	1.265	1.838
NR23	假设方差相等	12.875	0.001	11.526	107	0.000	1.719	0.149	1.424	2.015
	假设方差不等			11.582	85.301	0.000	1.719	0.148	1.424	2.014
NR24	假设方差相等	2.744	0.101	12.937	107	0.000	1.718	0.133	1.455	1.981
	假设方差不等			12.974	98.495	0.000	1.718	0.132	1.455	1.981
NR25	假设方差相等	2.918	0.091	11.703	107	0.000	1.606	0.137	1.334	1.878
	假设方差不等			11.732	100.943	0.000	1.606	0.137	1.334	1.878
NR31	假设方差相等	5.725	0.018	9.952	107	0.000	1.401	0.141	1.122	1.681
	假设方差不等			9.974	101.958	0.000	1.401	0.141	1.123	1.680
NR32	假设方差相等	4.460	0.037	9.669	107	0.000	1.363	0.141	1.084	1.643
	假设方差不等			9.674	106.819	0.000	1.363	0.141	1.084	1.643
NR33	假设方差相等	1.196	0.277	9.151	107	0.000	1.385	0.151	1.085	1.684
	假设方差不等			9.161	105.744	0.000	1.385	0.151	1.085	1.684

表6-13(续)

题项		方差方程的 Levene 检验		均值方程的 t 检验					差分的95%置信区间	
		F	Sig.	t	df	Sig.	平均差异	标准误差值	下限	上限
NR34	假设方差相等	5.155	0.025	10.149	107	0.000	1.473	0.145	1.186	1.761
	假设方差不等			10.162	105.254	0.000	1.473	0.145	1.186	1.761
NR35	假设方差相等	0.597	0.441	9.756	107	0.000	1.315	0.135	1.048	1.582
	假设方差不等			9.770	104.881	0.000	1.315	0.135	1.048	1.582
SB11	假设方差相等	3.349	0.070	9.173	107	0.000	1.476	0.161	1.157	1.795
	假设方差不等			9.194	101.732	0.000	1.476	0.161	1.158	1.795
SB12	假设方差相等	19.884	0.000	6.908	107	0.000	1.207	0.175	0.861	1.553
	假设方差不等			6.942	84.970	0.000	1.207	0.174	0.861	1.553
SB13	假设方差相等	0.968	0.327	11.156	107	0.000	1.643	0.147	1.351	1.935
	假设方差不等			11.184	100.624	0.000	1.643	0.147	1.352	1.935
SB14	假设方差相等	8.631	0.004	10.698	107	0.000	1.754	0.164	1.429	2.079
	假设方差不等			10.742	90.450	0.000	1.754	0.163	1.430	2.079
SB15	假设方差相等	0.422	0.517	10.298	107	0.000	1.601	0.155	1.293	1.909
	假设方差不等			10.293	106.430	0.000	1.601	0.156	1.293	1.909
SB16	假设方差相等	0.256	0.614	9.277	107	0.000	1.471	0.159	1.157	1.786
	假设方差不等			9.274	106.665	0.000	1.471	0.159	1.157	1.786
SB21	假设方差相等	4.018	0.048	8.406	107	0.000	1.291	0.154	0.986	1.595
	假设方差不等			8.417	105.244	0.000	1.291	0.153	0.987	1.595
SB22	假设方差相等	1.006	0.318	8.489	107	0.000	1.344	0.158	1.030	1.658
	假设方差不等			8.478	104.040	0.000	1.344	0.159	1.030	1.659
SB23	假设方差相等	7.193	0.008	8.376	107	0.000	1.421	0.170	1.085	1.758
	假设方差不等			8.398	99.691	0.000	1.421	0.169	1.085	1.757
SB24	假设方差相等	5.587	0.020	7.205	107	0.000	1.165	0.162	0.844	1.485
	假设方差不等			7.221	102.223	0.000	1.165	0.161	0.845	1.485
SB25	假设方差相等	2.972	0.088	10.098	107	0.000	1.510	0.150	1.214	1.807
	假设方差不等			10.111	105.403	0.000	1.510	0.149	1.214	1.807
SB26	假设方差相等	7.116	0.009	10.004	107	0.000	1.491	0.149	1.195	1.786
	假设方差不等			10.024	102.840	0.000	1.491	0.149	1.196	1.785
IP1	假设方差相等	11.919	0.001	10.179	107	0.000	1.566	0.154	1.261	1.871
	假设方差不等			10.209	98.307	0.000	1.566	0.153	1.261	1.870
IP2	假设方差相等	3.557	0.062	14.712	107	0.000	1.709	0.116	1.479	1.939
	假设方差不等			14.709	106.789	0.000	1.709	0.116	1.479	1.939
IP3	假设方差相等	7.843	0.006	11.513	107	0.000	1.638	0.142	1.356	1.920
	假设方差不等			11.534	103.551	0.000	1.638	0.142	1.357	1.920

6.7.2.3 题项与总分的相关系数和内部一致性系数

当题项与该量表总分之间的相关系数低于 0.4 时（低度相关），则表示该题项与整体量表的同质性不高，最好将该题项予以删除（吴明隆，2013）。本研究中，NS13、NS14 题项与量表总分之间的相关系数分别为 2.55**、2.17**，表明这两个题项与整体量表的同质性差，可以考虑将之删除。其余题项与量表总分之间的相关都介于 3.96** 到 7.72** 之间，可以考虑保留这些题项。以 Cronbach's Alpha 系数检验预调研问卷数据的内部一致性，所有数据内部一致性系数为 0.965，若删除 NS13 后，整体量表内部一致性系数提高为 0.966，除此之外，其余题项被删除后整体量表内部一致性系数并没有提高，故可考虑删除 NS13。具体如表 6-14 所示。

表 6-14　　预调研量表的题项分析结果（$N=180$）

题项	均值	标准差	题项与总分	题项已删除的 α 值
NS11	2.80	1.090	0.439**	0.965
NS12	3.13	1.193	0.473**	0.965
NS13	2.53	0.924	0.255**	0.966
NS14	2.04	0.500	0.217**	0.965
NS15	2.56	1.178	0.396**	0.965
NS21	3.21	1.062	0.588**	0.964
NS22	3.55	0.953	0.643**	0.964
NS23	3.43	1.009	0.625**	0.964
NS24	3.28	0.981	0.551**	0.964
NS31	3.48	1.049	0.652**	0.964
NS32	3.64	1.013	0.663**	0.964
NS33	3.37	0.980	0.606**	0.964
NS34	3.63	0.922	0.618**	0.964
NS35	3.28	0.998	0.667**	0.964
NR11	3.28	1.010	0.513**	0.965
NR12	3.46	0.893	0.615**	0.964
NR13	3.63	1.009	0.700**	0.964
NR14	3.71	1.018	0.743**	0.963
NR15	3.68	0.869	0.663**	0.964
NR21	3.84	1.026	0.688**	0.964
NR22	3.57	0.940	0.750**	0.963
NR23	3.72	1.015	0.760**	0.963

表6-14(续)

题项	均值	标准差	题项与总分	题项已删除的α值
NR24	3.63	0.963	0.772**	0.963
NR25	3.54	0.965	0.709**	0.964
NR31	3.31	0.892	0.658**	0.964
NR32	3.19	0.898	0.625**	0.964
NR33	3.48	0.924	0.691**	0.964
NR34	3.32	0.925	0.681**	0.964
NR35	3.66	0.867	0.696**	0.964
SB11	3.54	1.053	0.618**	0.964
SB12	3.83	0.931	0.633**	0.964
SB13	3.62	0.975	0.731**	0.964
SB14	3.63	1.067	0.717**	0.964
SB15	3.17	1.113	0.637**	0.964
SB16	3.18	1.027	0.616**	0.964
SB21	3.27	0.944	0.597**	0.964
SB22	3.15	0.930	0.627**	0.964
SB23	3.32	0.984	0.642**	0.964
SB24	3.36	0.962	0.562**	0.964
SB25	3.26	0.958	0.672**	0.964
SB26	3.18	0.940	0.702**	0.964
IP1	3.27	1.002	0.698**	0.964
IP2	3.19	0.944	0.747**	0.964
IP3	3.28	1.015	0.697**	0.964

6.7.2.4 小样本数据的探索性因子分析

对测量题项进行初步净化后，为进一步简练调研问卷题项，本研究进行探索性因子分析，经过删减而保留了因子载荷较高的题项。

(1) 企业创新网络结构因子分析

数据是否适合于因子分析可采用以下判断依据（马庆国，2002）：KMO值 0.9以上，很好；0.8~0.9，比较好；0.7~0.8，一般；0.5~0.6，普通；0.5 以下，不好。企业创新网络结构特征方面的数据通过 KMO 值和 Bartlett 球形检验结果表明，KMO 值为 0.855，满足要求，Bartlett 球形检验的统计值显著性概率为 0.000，说明该数据符合因子分析的要求。

表 6-15　　企业创新网络结构的旋转成分矩阵 ($N=180$)

维度	测量题项	因子载荷 1	因子载荷 2	因子载荷 3
网络规模	NS11	0.073	0.138	0.803
	NS12	0.141	0.087	0.845
	NS13	-0.019	0.054	0.741
	NS15	0.171	0.042	0.828
网络异质性	NS21	0.298	0.700	0.111
	NS22	0.233	0.807	0.107
	NS23	0.337	0.713	0.116
	NS24	0.219	0.772	0.040
网络开放度	NS31	0.695	0.405	0.103
	NS32	0.819	0.231	0.100
	NS33	0.659	0.349	0.009
	NS34	0.772	0.250	0.081
	NS35	0.821	0.163	0.165

提取方法：主成分分析法。

旋转法：具有 Kaiser 标准化的正交旋转法。

a. 旋转在 5 次迭代后收敛。

本研究采用主成分分析法萃取因子，根据特征根大于 1 的原则提取因子，经过方差旋转后共提取出了 3 个公共因子，共解释了方差变异的约 66.234%。如表 6-15 所示，企业创新网络结构经过因子分析后被分为 3 个维度：NS11、NS12、NS15 都反映的是企业的创新伙伴数量，可以看出企业创新网络的规模，因此将此因子命名为"网络规模"。NS21、NS22、NS23、NS24 都反映的是企业创新伙伴来自不同地域、背景、行业等，因此将该因子命名为"网络异质性"。NS31、NS32、NS34、NS35 都反映的是企业是否愿意接受新伙伴和对集群外伙伴的联系，因此将该因子命名为"网络开放度"。为保证提取出的公共因子结构合理并且易于理解，本书采用了方差旋转法对因子参照轴进行旋转，结果发现，旋转后各因子所包含的测量题项的载荷系数几乎都大于 0.7（除 NS14 为 0.509，已删除），表示该量表具有较好的区分效度，各测量题项与理论预期的因子结构完全对应。

（2）企业创新网络关系因子分析

通过 KMO 值和 Bartlett 球形检验结果表明，KMO 值为 0.870，大于 0.8，且 Bartlett 球形检验的统计值显著性概率为 0.000，说明该数据可进行因子分析。

表 6-16　企业创新网络关系的旋转成分矩阵（$N=180$）

维度	测量题项	因子载荷 1	因子载荷 2	因子载荷 3
关系强度	NR11	0.251	0.841	0.212
	NR12	0.249	0.810	0.284
	NR13	0.300	0.603	0.549
	NR15	0.284	0.835	0.159
关系久度	NR23	0.277	0.409	0.785
	NR24	0.274	0.304	0.837
	NR25	0.289	0.090	0.825
关系质量	NR31	0.785	0.300	0.287
	NR32	0.759	0.080	0.222
	NR33	0.784	0.244	0.287
	NR34	0.777	0.338	0.163
	NR35	0.789	0.360	0.259

提取方法：主成分分析法。
旋转法：具有 Kaiser 标准化的正交旋转法。
a. 旋转在 5 次迭代后收敛。

如表 6-16 所示，本研究采用主成分分析法萃取因子，根据特征根大于 1 的原则提取因子，共提取出了 3 个公共因子，共解释了方差变异的约 64.325%。NR11、NR12、NR13、NR14、NR15 都反映的是企业与创新伙伴之间的交流频率，可以看出企业创新网络的关系强度，因此将此因子命名为"关系强度"。NR21、NR22、NR23、NS24、NR25 都反映的是企业与创新伙伴交流合作的时间跨度，因此将该因子命名为"关系久度"。NR31、NR32、NR33、NR34、NR35、NR36 都反映的是企业与创新伙伴之间的信任、满意等，因此将该因子命名为"关系质量"。为保证提取出的公共因子结构合理并且易于理解，本书采用了方差旋转法对因子参照轴进行旋转，结果发现，旋转后各因子所包含的测量题项的载荷系数几乎都大于 0.7，表明此量表具有较好的区分效度，各测量题项与理论预期的因子结构完全对应。

（3）共生行为因子分析

通过 KMO 值和 Bartlett 球形检验结果表明，KMO 值为 0.886，大于 0.8，且 Bartlett 球形检验的统计值显著性概率为 0.000，说明该数据可进行因子分析。

表6-17　　　　　共生行为的旋转成分矩阵（$N=180$）

维度	测量题项	成分 1	成分 2
共生界面扩展	SB11	0.113	0.808
	SB12	0.197	0.746
	SB13	0.291	0.814
	SB14	0.258	0.765
	SB15	0.355	0.580
	SB16	0.386	0.508
共生能量分配	SB21	0.671	0.314
	SB22	0.679	0.306
	SB23	0.823	0.207
	SB24	0.857	0.094
	SB25	0.810	0.288
	SB26	0.735	0.367

提取方法：主成分分析法。
旋转法：具有 Kaiser 标准化的正交旋转法。
a. 旋转在 3 次迭代后收敛。

如表 6-17 所示，本研究采用主成分分析法萃取因子，根据特征根大于 1 的原则提取因子，共提取出了 2 个公共因子，共解释了方差变异的约 62.582%。对因子参照轴进行正交旋转，旋转使用方差最大法（Varimax）。旋转后各因子所包含的测量题项的载荷系数都大于 0.6（除 SB15 为 0.580，SB16 为 508），可以考虑将这四个测量题项删除。SB15、SB16 经删除后，再一次进行因子分析，结果表明剩余各因子所包含的测量题项的载荷系数都大于 0.75，共解释了方差变异的约 67.90%，表明此量表具有较好的区分效度，各测量题项与理论预期的因子结构完全对应。其中，SB11、SB12、SB13、SB14 都反映的是共生平台构建和共生介质丰度，可以看出共生界面扩展属性，因此将此因子命名为"共生界面扩展"。而 SB21、SB22、SB23、SB24、SB25、SB26 都反映的是创新资源分配方向、资源丰度和传递效率，因此将该因子命名为"共生能量分配"。

本书采用 Cronbach's Alpha 系数对各部分数据的信度进行了分析，说明所收集的数据具有稳定性和可靠性,可用做以后的分析。同时,采用探索性因子分析验证了同一构念中不同测量题项的一致性程度,删减了部分因子载荷较低的测量题项,提高测量因子的解释能力,并简化了数据结构。该预调研量表经修改后,已具有较好的信度与效度,可形成正式问卷。

6.7.3 正式问卷形成

由于问卷设计是否合理将直接关系到搜集到的数据是否符合本研究的需要,影响研究质量,本章节运用 SPSS 进行了预调研分析,并结合相关专家学者和管理人员的访谈意见,对问卷的部分题项进行修正、补充和删减,对问卷的部分题项进行语句修正。经过预调研之后,本研究的正式问卷形成。

首先,确定问卷内容。依据第 6 章的第 2、3、4、5、6 节对研究假设和变量测量的分析,经过预测试分析的题项精炼,本研究确定正式问卷应包括 5 个部分的基本内容:①企业创新网络结构概况;②企业与创新伙伴之间的关系;③企业创新网络中的共生行为;④企业技术创新绩效;⑤企业基本情况。

其次,确定问卷形式。按照国际理论界通用的问卷设计格式,对问卷中的所有测度题项采用李克特 5 级量表进行打分(预调研阶段采用 7 级量表进行打分,部分填答者反映对于这些问题来说刻度过于精细,难以快速填答,答题需要花费大量时间进行思考,另外,由于过于精细而无法真实地进行比较,因此正式问卷修改为 5 级量表),要求答卷者按照"1 完全不赞同,2 较赞同,3 一般,4 较不赞同,5 完全不赞同"进行打分。

最后,形成问卷初稿。本研究尽量借鉴已通过检验的标准量表,使用了若干个观测变量来描述和反映潜变量以增进变量测度的信度。在此基础上通过与被调查者之间多种形式的交流广泛征求意见,并根据这些意见和预调研分析结果,修改和删减了部分题项,形成了正式问卷。正式问卷包括 5 个部分,共计 40 个题项。

6.8 本章小结

本章在传统 SCP 模型的基础上,结合企业创新网络理论、共生理论和技术创新管理理论等,构建了 SCP 扩展模型,即"企业创新网络结构—共生行为—企业创新绩效"(NCP)分析框架,并在理论模型的基础上提出了研究假设,选取和设计了各变量测量量表,编制和发放了预调研问卷。为提高本研究所设计的初始文件的信度与效度，本章在正式调研之前对问卷进行了预测试。采用了遗漏值分析、项目鉴别力分析、探索性因子分析、信度分析等，删除了4个因素负荷量较低的题项，其中，网络规模量表2个（NS13、NS14），共生行为量表2个（SB15、SB16），再对删除后的量表进行探索性因子分析发现，各个量表的测量题项均具有较高的因子载荷，说明量表具有较好的信度与效度，可以形成正式问卷。依据预测试的结果，本研究对问卷编号进行了调整和完善。

根据探索性因子分析结果，共生行为由三个因子所组成，即共生界面扩展、创新资源丰度和能量分配效率。这与本研究之前形成的概念模型与理论假设略有不同，是否进行修正，本书将在下一章节里采用大样本数据通过EFA分析法和CFA分析法来进行确认。

7 数据分析与结果讨论

为了更深入地揭示企业创新网络通过共生行为对技术创新绩效的影响机制，这一部分在前面章节所进行的规范性理论推理与问卷调研基础上进行定量的实证研究来验证本研究的理论模型与研究假设。

7.1 正式问卷发放与描述性分析

7.1.1 正式问卷的发放与回收

为提高调查问卷的可靠性，我们在正式问卷设计完毕后共发放并回收问卷259份，剔除数据不全和明显数据有错的答卷，有效问卷为234份。再结合预调研的180份问卷，本研究共回收到有效问卷414份。

本次调查主要采取滚动取样法（snowball sampling）获取样本数据，在调查过程中主要采用了三种方式发放：一是通过在各高新技术企业或其他企业工作的朋友共60人，以电子邮件形式发放了220份调查问卷，再通过他们转发给他们认识的其他高新技术企业工作的朋友（都是与企业有合作或业务联系的同区域企业）。同时预先通过电话确认他们可能的转发企业，请他们帮助标明转发企业的名称，以防止出现一家企业重复收到多份问卷的情况。本次发放实际回收到195份问卷。二是通过MBA班和商学院培训班来帮助发放问卷，共发放了120份问卷，实际收到109份问卷。以上两种方式取得的问卷回复率与有效率均较好，回复时间也较快，在电话联系后基本上在一周内能够得到回复。三是通过网络上的中介组织，随机选择全国范围的高新技术企业，发放并回收200份问卷。经过两个月的预调研和正式问卷调查工作，最后发放了490份问卷，共回收问卷450份，其中无效问卷36份，有效问卷414份，有效问卷回收率为84.5%，具体如表7-1所示。有部分受调查者由于没有完成问卷的主要部分或者对每个题项都选择同一答案而造成问卷的无效。

表7-1　　　　　　　　　　问卷发放与回收情况

发放方式	发放数量	回收数量	回收率(%)	有效数量	有效率(%)
自己直接发放	120	109	90.8	89	74.2
业内滚动取样	220	195	88.6	180	81.8
中介及其他方式	150	150	100.0	145	96.7
合计	490	454	92.7	414	84.5

资料来源：据本研究整理。

7.1.2 大样本描述性统计分析

由表7-2可知，本次调查的企业范围涵盖了高新技术领域的主要产业，包括软件开发技术、电子信息技术、通信设备制造技术、生物与新医药技术、航空航天技术、新材料技术、化工纺织技术等。

表7-2　　　　大样本企业行业类别分布（$N=414$）

类别	样本数	百分比（%）
软件	58	14.01
电子及通信设备制造	111	26.81
生物制药	54	13.04
新材料	37	8.94
机械制造	89	21.50
化工纺织	43	10.39
其他	22	5.31
合计	414	100

资料来源：据本研究整理。

由表7-3可知，本研究的调查对象主要涉及大型企业、中小型企业。

表7-3　　　　大样本企业规模分布（$N=414$）

类别	样本数	百分比（%）
250人以下	173	41.79
251~500人	65	15.70
501~1 000人	50	12.08

表7-3(续)

类别	样本数	百分比（%）
1 000人以上	126	30.43
合计	414	100

资料来源：据本研究整理。

由表7-4和表7-5可知，本次调查范围主要针对我国东中西部的高新技术企业，范围涵盖了国有、民营、外资控股公司和经营性事业单位等。

表7-4　　　　　大样本企业性质（$N=414$）

类别	样本数	百分比（%）
国有或国有控股企业	117	28.26
民营或民营控股企业	212	51.21
外资或外资控股企业	50	12.08
经营性事业单位	35	8.45
合计	414	100

资料来源：据本研究整理。

表7-5　　　　　大样本企业地域分布（$N=414$）

类别	样本数	百分比（%）
东部	92	22.22
西部	241	58.21
中部	81	19.57
合计	414	100

资料来源：据本研究整理。

由表7-6可知，本次问卷采取的是一个人代表一个样本企业，被调查者主要是中高层管理人员及技术人员。由于本书所研究的技术创新不局限于企业初创时期的知识，而是包括在企业实际运营的各个阶段，不要求必须是董事长、创始人，同时企业中层管理人员及技术人员也能了解企业在进行技术创新过程中所遇到的实际问题，也具备发言权。

表 7-6　　　　　　　　被调查者职位情况　（$N=414$）

类别	样本数	百分比（%）
高层管理人员/高级技术人员	110	26.57
中层管理人员/中层技术人员	171	41.30
基层管理人员/基层技术人员	63	15.22
普通职工	70	16.91
合计	414	100

资料来源：据本研究整理。

7.1.3　数据正态分布检验

正态分布是连续型随机变量的理论分布。对于结构方程统计分析法而言，其分析数据资料应满足正态分布或近似正态分布条件。Hoyle 和 Panter（1995）建议，在撰写研究报告时，应说明变量的正态、多变量正态性以及峰度的数据。因为某些估计程序明显受到正态性不足的影响，例如 ML 法（最大似然估计法）、GLS 法（普通最小二乘法）。在结构方程分析技术中，通常采用变量常被认为是连续分布的，且具有正态分布残差。实际的运用中，结构方程分析的残差并不一定是要单变量的正态分布，而他们的联合分布却需要联合多变量正态性（JMVN）。由于本研究所用的统计分析工具要求数据具有正态分布的特征，故在进行正式的变量关系分析之前，有必要对研究数据进行正态分布检验，分析的具体结果见表 7-7。

由表 7-7 可知，所有测量数据的偏度系数与峰度系数都比较接近 0，可认为本研究的数据近似地服从正态分布。

表 7-7　　　　　　　　描述统计量　（$N=414$）

题项	极小值	极大值	均值	标准差	偏度	峰度
NS11	1	5	2.88	1.065	0.646	-0.454
NS12	1	5	3.29	1.179	0.157	-1.239
NS15	1	5	2.61	1.124	0.813	-0.198
NS21	1	5	3.24	1.064	0.039	-0.594
NS22	1	5	3.48	0.958	-0.051	-0.734
NS23	1	5	3.36	1.017	-0.200	-0.464
NS24	1	5	3.29	0.964	-0.075	-0.289
NS31	1	5	3.46	1.038	-0.125	-0.676

表7-7(续)

题项	极小值	极大值	均值	标准差	偏度	峰度
NS32	1	5	3.54	1.014	−0.273	−0.556
NS33	1	5	3.42	0.955	−0.109	−0.567
NS34	1	5	3.53	0.945	−0.051	−0.602
NS35	1	5	3.28	1.022	−0.036	−0.618
NR11	1	5	3.29	0.990	−0.135	−0.573
NR12	1	5	3.43	0.882	−0.239	−0.410
NR13	1	5	3.55	0.977	−0.199	−0.704
NR14	1	5	3.61	0.992	−0.252	−0.725
NR15	1	5	3.57	0.906	−0.254	−0.630
NR21	1	5	3.73	1.011	−0.492	−0.375
NR22	1	5	3.52	0.925	−0.165	−0.502
NR23	1	5	3.63	1.007	−0.432	−0.396
NR24	1	5	3.56	0.982	−0.202	−0.718
NR25	1	5	3.51	0.943	−0.195	−0.516
NR31	1	5	3.30	0.896	−0.029	−0.277
NR32	1	5	3.21	0.894	0.075	−0.489
NR33	1	5	3.45	0.897	−0.173	−0.259
NR34	1	5	3.36	0.929	−0.181	−0.332
NR35	1	5	3.53	0.914	−0.191	−0.447
NR36	1	5	3.44	0.944	−0.299	−0.163
SB11	1	5	3.47	1.043	−0.322	−0.517
SB12	1	5	3.70	0.939	−0.503	−0.368
SB13	1	5	3.56	0.992	−0.416	−0.155
SB14	1	5	3.57	1.043	−0.303	−0.711
SB23	1	5	3.25	0.958	−0.062	−0.469
SB24	1	5	3.27	0.939	0.031	−0.511
SB25	1	5	3.20	0.916	−0.084	−0.255
SB26	1	5	3.21	0.946	0.028	−0.381
IP1	1	5	3.23	1.015	−0.129	−0.496
IP2	1	5	3.17	0.969	0.031	−0.518
IP3	1	5	3.25	1.008	−0.064	−0.796

注：NS1——网络规模；NS2——网络异质性；NS3——网络开放度；NR1——关系强度；NR2——关系久度；NR3——关系质量；SB1——共生界面扩展；SB2——共生能量分配；IP——技术创新绩效。

7.2 大样本信度与效度分析

信度是一个测量的正确性或精确性（Kerlinger，1999），代表着该测量工具是否与研究推论和分析结论相符合，说明该测量工具是否有效和可信，是不是完全与现实情况相符。如果问卷的信度有偏差（易得高分或易得低分的问题偏多等情况），说明问卷的信度较低。一般而言，二次或二个测验的结果愈一致，则误差愈小，所得的信度愈高。本研究采用 Cronbach's Alpha 值来测度整体量表的信度系数和各个构念的信度系数，以衡量该工具是否反映了真实的现实情况。一般认为一份信度系数好的量表或问卷，其总量表的信度系数 Cronbach's α 值在 0.8 以上，表示具有高信度，如果在 0.7 至 0.8 之间，还是可以接受的范围。若低于 0.6 则应考虑重新修订量表或增删题项（吴明隆，2013）。而效度反映的是测量的正确性，是指测量工具能够正确地测得研究所要测量的特质与功能。本研究采用内容效度和结构效度来检验各个量表的效度。

7.2.1 大样本探索性因子分析

7.2.1.1 企业创新网络结构因子分析

数据是否适合于因子分析可采用以下判断依据（马庆国，2002）：KMO 值 >0.9，代表十分适合；0.8~0.9，表示较佳；0.7~0.8，一般；0.5~0.6，较勉强；0.5 以下，不适合。企业创新网络结构特征方面的数据通过 KMO 值和 Bartlett 球形检验结果表明，KMO 值为 0.880，大于 0.8，且 Bartlett 球形检验的统计值显著性概率为 0.000，表示该数据适合于因子分析（见表 7-8）。故本研究对 210 份问卷进行因子分析。

表 7-8 企业创新网络结构因子的 KMO 和 Bartlett 的检验

取样足够度的 Kaiser-Meyer-Olkin 度量		0.880
Bartlett 的球形度检验	近似卡方	1 436.797
	df	66
	Sig.	0.000

经过 KMO 值和 Bartlett 球形检验后，本书通过绘制碎石图萃取出 3 个公共因子，如图 7-1 所示。

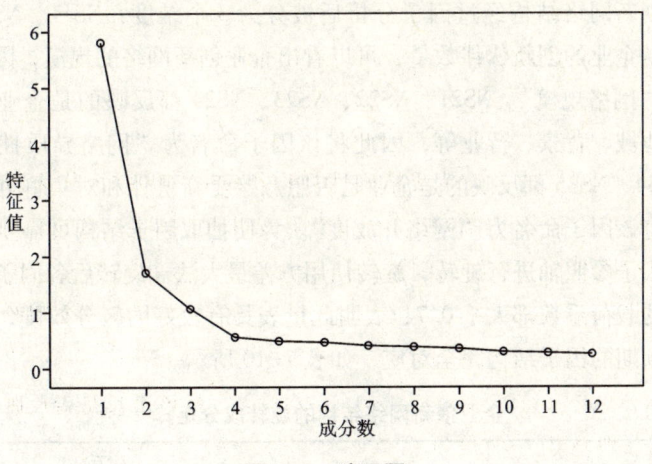

图 7-1　碎石图

由图 7-1 可知，在因子数为"3"的位置出现明显拐点，说明可萃取出 3 个较为独立的公共因子。

本研究采用主成分分析法萃取因子，根据特征根大于 1 的原则提取因子，共提取出 3 个因子，这 3 个因子解释的变异总量约为 72.66%，如表 7-9 所示。

表 7-9　　　　企业创新网络结构因子解释的变异总量

成分	初始特征值 合计	方差的 %	累积 %	提取平方和载入 合计	方差的 %	累积 %	旋转平方和载入 合计	方差的 %	累积 %
1	5.665	47.206	47.206	5.665	47.206	47.206	3.498	29.150	29.150
2	1.953	16.273	63.479	1.953	16.273	63.479	2.892	24.102	53.253
3	1.102	9.182	72.661	1.102	9.182	72.661	2.329	19.408	72.661
4	0.571	4.757	77.418						
5	0.466	3.887	81.305						
6	0.466	3.883	85.188						
7	0.389	3.243	88.430						
8	0.351	2.924	91.355						
9	0.327	2.726	94.080						
10	0.273	2.276	96.356						
11	0.232	1.930	98.286						
12	0.206	1.714	100.000						

提取方法：主成分分析。

企业创新网络结构经过因子分析后被分为3个维度：NS11、NS12、NS15 都反映的是企业的创新伙伴数量，可以看出企业创新网络的规模，因此将此因子命名为"网络规模"。NS21、NS22、NS23、NS24 都反映的是企业创新伙伴来自不同地域、背景、行业等，因此将该因子命名为"网络异质性"。NS31、NS32、NS34、NS35 都反映的是企业是否愿意接受新伙伴和对集群外伙伴的联系，因此将该因子命名为"网络开放度"。为使抽取因子结构可靠且结果容易解释，对因子参照轴进行旋转，旋转使用方差最大法。旋转后各因子所包含的测量题项的载荷系数都大于0.7，表明此量表具有较好的区分效度，各测量题项与理论预期的因子结构完全对应，如表7-10所示。

表7-10　　　　　企业创新网络结构的旋转成分矩阵

维　度	测量题项	因子载荷 1	因子载荷 2	因子载荷 3
网络规模 NS1	NS11	0.042	0.086	0.890
	NS12	0.115	0.091	0.849
	NS15	0.177	0.107	0.824
网络异质性 NS2	NS21	0.299	0.775	0.092
	NS22	0.298	0.811	0.125
	NS23	0.319	0.786	0.155
	NS24	0.246	0.745	0.038
网络开放度 NS3	NS31	0.734	0.371	0.065
	NS32	0.776	0.288	0.181
	NS33	0.780	0.319	0.042
	NS34	0.851	0.210	0.076
	NS35	0.799	0.259	0.207

提取方法：主成分分析法。
旋转法：具有 Kaiser 标准化的正交旋转法。
旋转在5次迭代后收敛。

7.2.1.2　企业创新网络关系因子分析

通过 KMO 值和 Bartlett 球形检验结果表明，KMO 值为0.933，大于0.8，且 Bartlett 球形检验的统计值显著性概率为0.000，表示该数据适合于因子分析，如表7-11所示。

表 7-11　企业创新网络关系因子的 KMO 和 Bartlett 的检验

取样足够度的 Kaiser-Meyer-Olkin 度量		0.933
Bartlett 的球形度检验	近似卡方	2 608.695
	df	105
	Sig.	0.000

由图 7-2 可知，在因子数为"3"的位置出现明显拐点，说明可萃取出 3 个较为独立的公共因子。

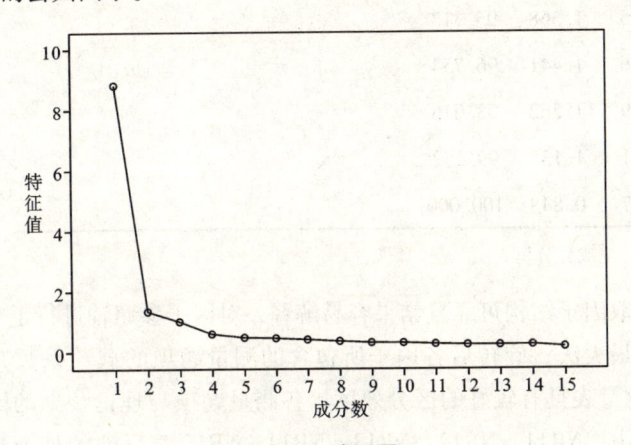

图 7-2　碎石图

本研究采用主成分分析法萃取因子，根据特征根大于 1 的原则提取因子，共提取出 3 个因子，这 3 个因子解释的变异总量约为 76.14%，见表 7-12。

表 7-12　企业创新网络关系因子解释的变异总量

成分	初始特征值			提取平方和载入			旋转平方和载入		
	合计	方差的 %	累积 %	合计	方差的 %	累积 %	合计	方差的 %	累积 %
1	8.766	58.438	58.438	8.766	58.438	58.438	3.883	25.887	25.887
2	1.541	10.274	68.713	1.541	10.274	68.713	3.847	25.644	51.531
3	1.114	7.424	76.137	1.114	7.424	76.137	3.691	24.606	76.137
4	0.545	3.636	79.773						
5	0.509	3.395	83.168						
6	0.375	2.502	85.670						

表7-12(续)

成分	初始特征值 合计	方差的%	累积%	提取平方和载入 合计	方差的%	累积%	旋转平方和载入 合计	方差的%	累积%
7	0.347	2.311	87.980						
8	0.339	2.260	90.241						
9	0.271	1.809	92.050						
10	0.254	1.695	93.745						
11	0.235	1.568	95.313						
12	0.216	1.441	96.754						
13	0.189	1.262	98.016						
14	0.171	1.137	99.152						
15	0.127	0.848	100.000						

提取方法：主成分分析。

为使抽取因子结构可靠且结果容易解释，对因子参照轴进行正交旋转，旋转使用方差最大法。旋转后各因子所包含的测量题项的载荷系数几乎都大于0.7，表明此量表具有较好的区分效度，各测量题项与理论预期的因子结构完全对应。其中，NR11、NR12、NR13、NR14、NR15 都反映的是企业与创新伙伴之间的交流频率，可以看出企业创新网络的关系强度，因此将此因子命名为"关系强度"。NR21、NR22、NR23、NS24、NR25 都反映的是企业与创新伙伴交流合作的时间跨度，因此将该因子命名为"关系久度"。NR31、NR32、NR33、NR34、NR35 都反映的是企业与创新伙伴之间的信任、满意等，因此将该因子命名为"关系质量"，如表7-13 所示。

表7-13　　企业创新网络关系的旋转成分矩阵

维度	测量题项	因子载荷 1	2	3
关系强度 NR1	NR11	0.261	0.149	0.755
	NR12	0.190	0.223	0.804
	NR13	0.207	0.349	0.773
	NR14	0.288	0.349	0.732
	NR15	0.201	0.385	0.750

表7-13(续)

维　度	测量题项	因子载荷 1	因子载荷 2	因子载荷 3
关系久度 NR2	NR21	0.295	0.693	0.385
	NR22	0.341	0.766	0.251
	NR23	0.263	0.818	0.309
	NR24	0.286	0.823	0.317
	NR25	0.312	0.766	0.266
关系质量 NR3	NR31	0.823	0.199	0.233
	NR32	0.780	0.269	0.238
	NR33	0.842	0.290	0.172
	NR34	0.788	0.337	0.196
	NR35	0.738	0.270	0.348

提取方法：主成分分析法。

旋转法：具有 Kaiser 标准化的正交旋转法。

旋转在 6 次迭代后收敛。

7.2.1.3　共生行为因子分析

通过 KMO 值和 Bartlett 球形检验结果表明，KMO 值为 0.846，大于 0.8，且 Bartlett 球形检验的统计值显著性概率为 0.000，表示该数据适合于因子分析，见表7-14。

表 7-14　　共生行为因子的 KMO 和 Bartlett 的检验

取样足够度的 Kaiser-Meyer-Olkin 度量		0.846
Bartlett 的球形度检验	近似卡方	1095.718
	df	45
	Sig.	0.000

经过 KMO 值和 Bartlett 球形检验检验后，本书通过绘制碎石图得到了 3 个因子，具体如图 7-3 所示。

图 7-3　碎石图

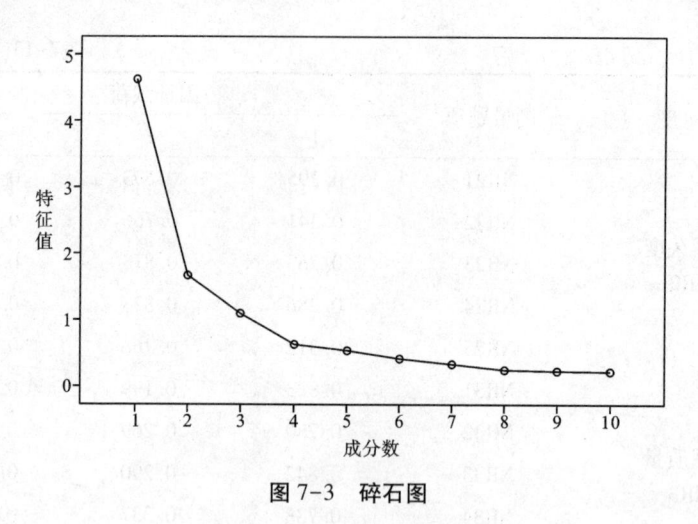

由图 7-3 可知，在因子数为"3"的位置出现明显拐点，说明可萃取出 3 个较为独立的公共因子。

本研究采用主成分分析法萃取因子，根据特征根大于 1 的原则提取因子，共提取出 3 个因子。这 3 个因子解释的变异总量约为 74.53%。第 4 个因子的特征值明显小于 1，这说明，共生行为仅存在 3 个维度，见表 7-15。

表 7-15　　　　共生行为因子解释的变异总量

成分	初始特征值 合计	方差的 %	累积 %	提取平方和载入 合计	方差的 %	累积 %	旋转平方和载入 合计	方差的 %	累积 %
1	4.561	45.613	45.613	4.561	45.613	45.613	3.024	30.239	30.239
2	1.638	16.375	61.989	1.638	16.375	61.989	2.918	29.176	59.415
3	1.254	12.543	74.532	1.254	12.543	74.532	1.512	15.117	74.532
4	0.615	6.145	80.677						
5	0.510	5.100	85.777						
6	0.406	4.065	89.842						
7	0.304	3.044	92.886						
8	0.265	2.654	95.540						
9	0.244	2.444	97.984						
10	0.202	2.016	100.000						

提取方法：主成分分析。

对因子参照轴进行正交旋转，旋转使用方差最大法（varimax）。旋转后各因子所包含的测量题项的载荷系数基本都大于 0.7，表明此量表具有较好的区分效度，各测量题项与理论预期的因子结构完全对应。其中，SB11、SB12、

SB13、SB14 都反映的是共生平台构建和共生介质丰度，可以看出共生界面扩展属性，因此将此因子命名为"共生界面扩展"。而 SB23、SB24、SB25、SB26 都反映的是创新资源传递、整合效率问题，因此将该因子命名为"能量分配效率"。SB21 和 SB22 反映的是创新资源丰度问题，可将该因子命名为"创新资源丰度"，如表 7-16 所示。

表 7-16　　　　　　　共生行为的旋转成分矩阵

维　度	测量题项	因子载荷		
		1	2	3
能量分配效率 SB3	SB23	0.820	0.256	0.114
	SB24	0.863	0.172	0.131
	SB25	0.860	0.209	0.007
	SB26	0.828	0.165	0.106
共生界面扩展 SB1	SB11	0.244	0.646	0.186
	SB12	0.189	0.892	0.018
	SB13	0.186	0.853	0.105
	SB14	0.183	0.869	0.149
创新资源丰度 SB2	SB21	0.104	0.228	0.797
	SB22	0.099	0.050	0.876

提取方法：主成分分析法。
旋转法：具有 Kaiser 标准化的正交旋转法。
旋转在 4 次迭代后收敛。

7.2.2　大样本信度分析

因素分析完成后，为进一步了解问卷的可靠性与有效性，本书采用 Cronbach's α 系数进行信度检验。Cronbach's α 系数属于内部一致性信度的一种，常用于李克特式量表。如果一个量表的信度越高，代表量表越稳定。分量表信度指标的判别准则为：0.9 以上，非常理想；0.8~0.9 之间，甚佳；0.7~0.8 之间，佳；0.6~0.7 之间，尚可；0.5~0.6 之间，可以但偏低；0.5 以下，最好不要（吴明隆，2013）。

本书检查量表的内部一致性信度来判定量表的信度水平，可从以下两个方面判断量表的信度是否合理：①整体量表内部一致性信度；②各个潜变量量表内部一致性信度。本书分别计算各维度的 Cronbach's α 系数与整体量表的 Cronbach's α 系数。具体分析结果如表 7-17 所示。

表 7-17　　　　　　　　　　　　正式量表信度

量表（项数）	均值	项的方差	内部一致性信度
NS1 (3)	2.922	1.288	0.835
NS2 (4)	3.360	1.051	0.859
NS3 (5)	3.497	1.068	0.902
NR1 (5)	3.557	0.885	0.903
NR2 (5)	3.682	0.935	0.931
NR3 (5)	3.453	0.829	0.922
SB1 (4)	3.477	0.874	0.872
SB2 (2)	3.074	0.973	0.637
SB3 (4)	3.112	0.811	0.894
IP (3)	3.243	1.028	0.871
总体 (40)	3.385	0.961	0.964

资料来源：据本研究整理。

通过可靠性分析可见，本研究正式量表的整体量表内部一致性信度为0.946，各个潜变量量表内部一致性信度基本大于0.8，这说明量表各个题项之间的一致性较高，正式量表具有较好的内部一致性。

7.2.3 大样本效度分析

效度检验通常有三种：内容效度、效标关联度和建构效度。因为测量难度问题，研究者通常只能选择其中一种或几种来说明变量数据的效度（荣泰生，2009）。本研究选择内容效度和建构效度作为指标进行检验。

内容效度（content validity），又被称为表面效度，是指量表对所需测量构念的涵盖程度。一般而言，内容效度由研究者自己来判断，其方法为"测量工具是否可以真正测量到研究者所要测量的变量；测量工具是否涵盖了研究所需的变量"（邱皓政，林碧芳，2009）。

7.2.3.1 内容效度

内容效度（content validity）反映测量工具的合适性。如果调查问卷的题项设计涵盖了研究涉及的所有概念及内容，就可以认为问卷具有良好的内容效度。本研究以共生理论、企业创新网络理论及技术创新理论等的相关研究成果为基础，结合企业经营管理者和专家学者对问卷内容的建议，对有异议的题项和需要增补的题项进行了审查和精修，能够保证本研究所采用的调查问卷与真实的现实情况具有一致性，达到内容效度的要求。

7.2.3.2 建构效度

前文通过探索性因子分析方法得出企业创新网络结构特征、关系特征与共生行为的因子结构模型，这些因子结构模型还需要通过验证性因子分析提供的检验与拟合指标来证实。本研究采用结构方程（SEM）的方法来进行各量表的结构效度检验。

对于量表的结构效度，本研究采用 204 份数据，使用结构方程软件进行验证性因子分析对其进行考察。验证性因子分析主要有两类方法，一类是进行多因素斜交模型检验，另一类是进行多因素直交检验，具体采用哪种方法，取决于因子之间是否存在相关，本书考虑到探索性因子分析中进行因子间 Pearson 相关分析的结果，因子间存在相关，适合采用多因素斜交模型来检验。

（1）创新网络结构的验证性因子分析

本书运用 AMOS 软件对 204 份问卷进行结构方程建模分析，结合探索性因子分析结果，选择构思模型的各因子载荷较大的问题项目作为潜变量的外源变量，首先对企业创新网络结构的 3 个维度进行一阶验证性因子分析，分析模型如图 7-4 所示。

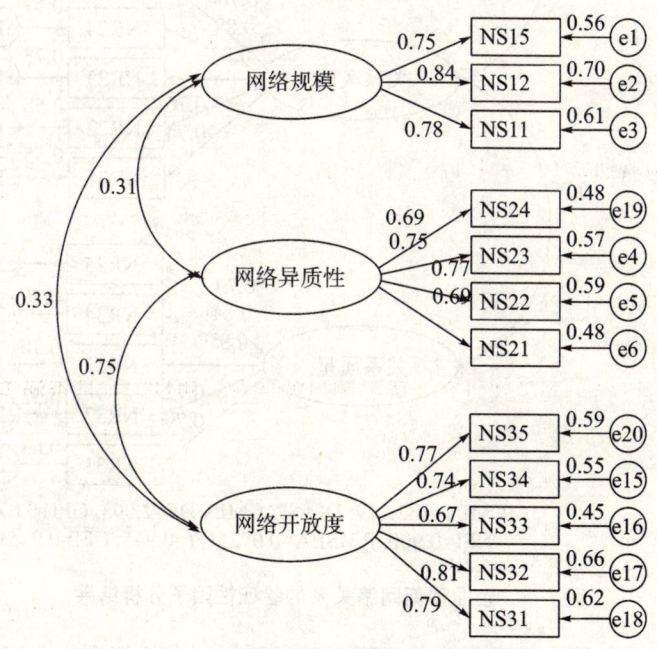

（CMIN=93.212; DF=51; CMIN/DF=1.828; GFI=0.924;
NFI=0.911; RSMEA=0.068; CFI=0.957; IFI=0.958）

图 7-4　企业创新网络结构的验证性因子分析结果

在企业创新网络结构量表的 3 因子验证性因子分析模型中，CMIN/DF 的值小于 3，GFI、AGFI、NFI 的值均大于 0.9，RMSEA 的值小于 0.1，各项指标拟合程度处于较佳适配，该结果验证了企业创新网络结构可由网络规模、网络异质性和网络开放度三个因子构成，故研究假设 H1 得以验证。

（2）创新网络关系的验证性因子分析

根据探索性因子分析，构建了企业创新网络关系的测量模型，对 3 个维度进行一阶验证性因子分析，分析模型如图 7-5 所示。

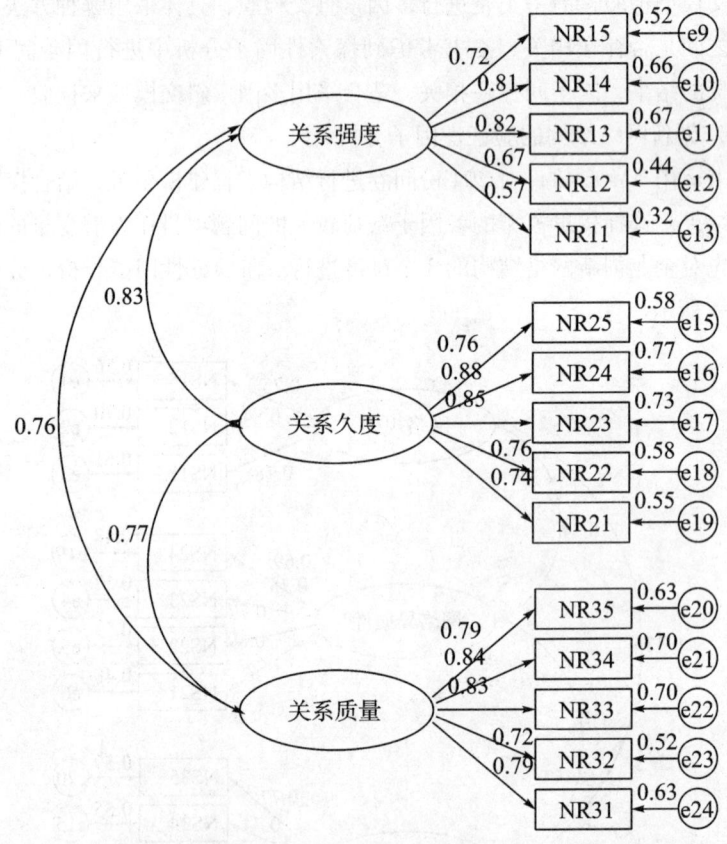

(CMIN=182.119; DF=87; CMIN/DF=2.093; GFI=0.875;
NFI=0.900; RMSEA=0.072; IFI=0.945; CFI=0.945)

图 7-5 企业创新网络关系的验证性因子分析结果

在企业创新网络关系量表的 3 因子验证性因子分析模型中，CMIN/DF 的值小于 3，GFI、AGFI、NFI 的值均大于 0.85，RMSEA 的值小于 0.1，各项指标拟合程度处于中度适配，该结果验证了企业创新网络关系是由关系强度、关系久度和关系质量三个因子所组成，故研究假设 H2 得以验证。

(3) 共生行为的验证性因子分析

共生行为量表是由本研究需要而开发设计的，为检验本研究所确立的模型是否为最佳理论模型，故采用验证性因子分析比较多个可能结构组合模型间的优劣。根据相关文献分析，本研究认为这三个因子之间的可能组合如下：

①三因子模型（M1）：检查三个因子是否同属共生行为因子。

②两因子模型（M2）：将共生界面扩展与创新资源丰度合并，构建两因子模型。

③两因子模型（M3）：将能量分配效率与创新资源丰度合并，构建两因子模型。

④单因子模型（M4）：对 10 个题项不做区分，探讨其是否属于一个整体构念。

表 7-18　　　　　　　　竞争模型拟合指标比较

竞争模型 \ 拟合指标	χ^2	df	$\dfrac{\chi^2}{df}$	RSMEA	GFI	IFI	CFI	NFI
三因子模型 M1	62.019	32	1.938	0.068	0.944	0.970	0.970	0.942
两因子模型 M2	184.320	34	5.421	0.157	0.814	0.857	0.856	0.830
两因子模型 M3	120.446	34	3.543	0.119	0.881	0.918	0.917	0.889
单因子模型 M4	294.027	35	8.401	0.203	0.711	0.753	0.751	0.729

资料来源：据本研究整理。

通过以上各个模型的拟合指标以及判断标准的比较，初步说明三因子模型 M1 的拟合指标明显优于两因子模型 M2、M3 以及单因子模型 M4，这说明本研究构建的三因子模型是共生行为量表较好的维度结构，具体如图 7-6 所示。

在共生行为量表的 3 因子验证性因子分析模型中，CMIN/DF 的值小于 2，GFI、AGFI、NFI 的值均大于 0.9，RMSEA 的值小于 0.8，各项指标拟合程度处于较佳适配。该结果验证了共生行为是由共生界面扩展、创新资源丰度和能量分配效率三个因子所组成，故研究假设 H5 基本得以验证。

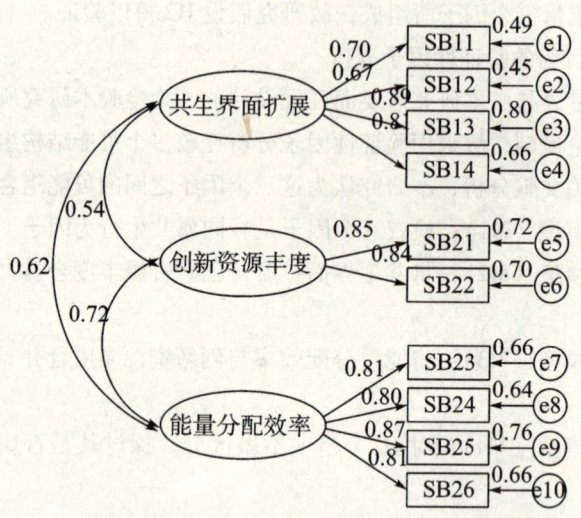

(CMIN=63.202; DF=32; CMIN/DF=1.975; GFI=0.932;
NFI=0.942; RMSEA=0.074; IFI=0.970; CFI=0.970)

图 7-6　共生行为的验证性因子分析结果

7.2.4　变量间 Pearson 相关系数

从表 7-18 中可看出量表中各个变量之间的相关系数几乎小于 0.7，因此各个变量之间存在多重共线性的可能性不大。由表 7-18 的结果可知，各个变量之间存在显著相关关系，可建立结构方程模型进一步分析各个变量之间的影响作用。

7.2.5　独立样本 T 检验与方差分析

采用单因素方差分析（one-way ANOVA）进行技术创新绩效、共生行为在企业性质、企业规模上的差异分析。由于本研究选取样本都是高新技术企业，样本在行业类别方面存在较少差异，故在后续研究中不需要控制行业类别对上述变量的影响。

首先分析技术创新绩效、共生行为变量在企业规模分组上的差异，分析结果见表 7-19。

表 7-18　变量间 Pearson 相关系数

	均值	标准差	IP1	IP2	IP3	SB1	SB2	SB3	NR1	NR2	NR3	NS1	NS2	NS3	IP	SB
IP1	3.23	1.015	1													
IP2	3.17	0.969	0.685**	1												
IP3	3.25	1.008	0.608**	0.716**	1											
SB1	3.399 2	0.736 22	0.606**	0.580**	0.560**	1										
SB2	3.072 5	0.683 96	0.333**	0.395**	0.441**	0.612**	1									
SB3	3.195 7	0.778 26	0.537**	0.543**	0.544**	0.653**	0.462**	1								
NR1	3.489 9	0.794 56	0.570**	0.587**	0.561**	0.646**	0.454**	0.549**	1							
NR2	3.587 9	0.850 10	0.586**	0.591**	0.609**	0.673**	0.452**	0.623**	0.732**	1						
NR3	3.370 0	0.783 65	0.564**	0.618**	0.589**	0.656**	0.487**	0.641**	0.655**	0.693**	1					
NS1	2.927 5	0.962 36	0.361**	0.459**	0.465**	0.348**	0.357**	0.345**	0.352**	0.383**	0.327**	1				
NS2	3.343 0	0.834 77	0.569**	0.544**	0.511**	0.664**	0.394**	0.508**	0.624**	0.645**	0.514**	0.357**	1			
NS3	3.444 9	0.837 51	0.563**	0.614**	0.584**	0.662**	0.426**	0.495**	0.651**	0.723**	0.591**	0.376**	0.666**	1		
IP	3.219 0	0.880 44	0.868**	0.904**	0.878**	0.659**	0.441**	0.613**	0.648**	0.674**	0.668**	0.484**	0.613**	0.664**	1	
SB	3.222 4	0.621 12	0.586**	0.601**	0.610**	0.893**	0.802**	0.845**	0.651**	0.692**	0.705**	0.413**	0.619**	0.625**	0.678**	1

注：IP——技术创新绩效；IP1——新产品数量；IP2——新产品研发速度和成功率；IP3——新产品推出后的市场反应；SB——共生行为；SB1——共生界面扩展；SB2——创新资源丰度；SB3——能量分配效率；NR1——关系强度；NR2——关系久度；NR3——关系质量；NS1——网络规模；NS2——网络异质性；NS3——网络开放度。

**，在 0.01 水平（双侧）上显著相关；*，在 0.05 水平上显著相关。

表 7-19　　　　技术创新绩效在企业规模上的差异分析

变量		平方和	df	均方	F	显著性	方差齐性检验
IP	组间	0.670	3	0.223	0.301	0.825	0.638	是
	组内	190.562	257	0.741			
	总数	191.232	260				
SB	组间	2.212	3	0.737	1.008	0.390	0.939	是
	组内	189.522	259	0.732			
	总数	191.734	262				

注：IP——技术创新绩效；SB——共生行为。

结果表明：技术创新绩效、共生行为在企业规模分组上均不存在显著差异，故在后续研究中不需要控制行业类别对上述变量的影响。

采用相同的方法分析技术创新绩效、共生行为在企业性质上的差异，结果见表 7-20。

表 7-20　　　　技术创新绩效在企业性质上的差异分析

变量		平方和	df	均方	F	显著性	方差齐性检验
IP	组间	7.674	4	1.918	2.511	0.161	0.122	是
	组内	312.470	409	0.764			
	总数	320.144	413				
SB	组间	6.225	4	1.556	2.179	0.271	0.250	是
	组内	292.079	409	0.714			
	总数	298.304	413				

注：IP——技术创新绩效；SB——共生行为。

结果表明：共生界面扩展在企业性质分组上不存在显著差异，在后续研究中不需要控制企业性质对该变量的影响。而技术创新绩效、共生行为和共生能量分配在企业性质分组上均存在显著差异，故在后续研究中需要控制企业性质对上述变量的影响。

因此，在无须考虑控制变量影响的情况下，接下来可建立结构方程模型进一步分析各个变量之间的影响作用。

7.3 结构方程建模方法

7.3.1 SEM 方法

结构方程建模方法（SEM）是一种综合利用多元回归分析、方差分析、路径分析、因子分析和带潜变量的因果关系的一种统计数据分析工具。其目的和最大的功用在于：①探究变量之间的因果关系，②实现对抽象概念的量化测量及其与其他抽象概念之间的关系检验。结构方程模型主要由测量模型和结构模型两部分构成。测量模型主要用于考察潜在变量与观察变量（外显变量、测量变量）之间的关系强度，也就是潜在变量对观察变量的解释力度。单纯的验证性因子分析就是一个完整的测量模型。结构模型是结构方程的核心部分，主要用于考察研究假设中各个潜在变量之间的关系，是一组类似多元回归分析中描述外生变量和内生变量间定量关系的模型。

SEM 所研究的变量从测量的角度可分为显变量和潜变量。显变量（manifest variable）为可直接观测并测量的变量，又称观察变量（observed variable）。潜在变量不能直接观察，可以通过显变量间接获得。从变量生成的角度，可将 SEM 中的变量划分为外生变量和内生变量。外生变量指在模型中不受其他变量影响的变量，无前"因"，但有作用之"后果"，相当于自变量的概念。内生变量是指模型中受到其他变量的影响的变量，相当于回归方程中的因变量概念，但考虑到结构方程模型中变量设定的复杂关系，内生变量又可分为两种，一种相当于纯粹因变量的概念，另外一种是既作为外生变量的果而存在，又作为其他内生变量的因而存在，中介变量属于此类内生变量。

运用结构方程作为本研究的分析方法主要是基于以下几点考虑：①本研究的概念较为抽象，并且不止一个内生变量；②外生变量和内生变量包含有对测量误差的衡量，而传统的统计工具却假定不存在测量误差，这使得运用结构方程对变量之间数量关系的探讨更为精确；③可以同时对包含测量模型的潜在变量即潜在变量之间的数量关系进行估计；④可以通过一系列模型的适配拟合指数，实现对理论模型的整体检验，验证理论假设关系模型是否在经验研究中被接受。

7.3.2 拟合指数准则

结构方程拟合指数主要是用于考察理论假设模式与观察资料间的一致性程

度，也就是理论模式与真实模式的适配问题。理论模式的适配问题是指一个理论模式与产生资料的真实模式在结构和参数值的符合程度。而经验适配是指理论映含模式的共变结构与样本共变数之间的拟合程度。真实经验适配是母群体共变结构与理论映含的共变结构之间的符合程度。Olsson 等（2000）特别指出即使依据经验适配而表现很好的方法也可能会得到一个很差的理论适配。一个理想的拟合指数应具备以三个特征（侯杰泰，等，2006）：①拟合指数不会受到样本容量的影响；②拟合指数要根据模型参数多寡而调整，惩罚参数多的模型；③对误设模型敏感，即如果所拟合的模型参数过多或过少，拟合指数能反映拟合不好。

拟合指数按其功能划分侧重点的不同有不同的分类，但目前结构方程运用中都普遍将拟合指数分为三大类：①绝对适配指数（absolute fit index）；②相对适配拟合指数（incremental fit index）；③节制适配指数（parsimonious fit index），也称为简约适配指数。

7.3.2.1 绝对适配拟合指数

常用的绝对拟合指数主要有 χ^2、RMSEA（Root Mean Square Error of Approximation，即近似误差均方根）、SRMR（Standardized Root Mean Square Residual，即标准化残差均方根）、GFI（goodness-fit index）和 AGFI（adjusted goodness-of-fitindex）等。Hu 和 Bentler（1995）认为，绝对适配拟合指数常常会受到样本大小的影响，在不同的情况会出现不同程度的误差。相对而言，RMSEA 受样本大小的影响较少，是较好的绝对拟合指数。

7.3.2.2 相对适配拟合指数

相对适配指数是通过将理论模型（M_t）和基准模型比较得到的统计量。通常用虚无模型（M_n）作为基准模型，它是限制最多拟合最差的模型。与虚无模型相反的模型假定是饱和模型（M_s）概念，即拟合最好的。简单来说，相对拟合指数是将理论模型与虚无模型进行比较，看看拟合程度改进了多少。Bentler 和 Bonett（1980）提出，应将指数值限制在 [0，1] 期间，M_n 其值越大，表示模型拟合越好。M_n 和 M_s 分别对应 0 和 1，M_t 对应的指数则落于 [0，1] 期间内，其值越大表示模型拟合越好。根据这一思想，发展出了许多相对适配指标。Bentler, Bonett（1980）提出了 0.9 准则，认为相对适配指标超过 0.9 时，模型可以接受。这一准则受到研究人员的普遍推崇。

根据 Hu 和 Bentler（1995）的观点，相对适配指标可分为三类：①相对基准模型的卡方，理论模型的卡方减少的比例，典型的是 NFI；②理论模型的卡方在中心卡方分布下的期望进行调整，如 NNFI；③理论模型或基准模型的卡方在非中心卡方分布下的期望进行调整，如 CFI。在相对适配拟合指标中，最好使用 NNFI 和 CFI（温忠麟，侯杰泰，Marsh，1990）。

7.3.2.3 节制适配拟合指数

节制适配拟合指数也有学者翻译为简约/效适配拟合指数，主要目标在于呈现某一特殊水准的模式适配的估计系数的数目是多少。对于节制适配拟合指数的一个操作定义是，检验模型的自由度与虚无模式的自由度之比率（Marsh, Hau, 1998）。节制适配拟合指数主要包括简效规范适配指标（PNFI, parsimonious normed fit index），简效良性适配指标（PGFI, parsimonious googness-of-fit index），Akaike 讯息标准指标（AIC, Akaike information criterion），CN 和规范卡方（Normed chi-square）。

值得注意的是模型拟合的大多数适配指标都是在卡方函数的基础上进行修正而成。而简效适配指标是对前两类指数派生出来的一类指数，在分类上较少单独作为一类列出（侯杰泰等，2006）。因此，本书根据上述专家的建议，拟选取绝对适配指标和相对适配指标作为模型适配检验的依据（详见表7-22）。

表 7-22　　　　　模型检验适配指标及考察指数

指标类型	指标名称	建议门槛
绝对适配指标	χ^2/df	≤3 或 ≤5
	RMSEA	≤0.05 或 ≤0.08
	GFI	≥0.8 或 ≥0.9
相对适配指标	NFI	≥0.9
	CFI	≥0.9
	IFI	≥0.9

7.4　模型拟合与假设检验

本研究在问卷搜集数据进行信度和效度检验后，将运用结构方程建模对前文的概念模型和研究假设进行检验和分析，设定了基于 AMOS17.0 的结构方程初始模型并导入数据计算，分析结果如下。

7.4.1　结构特征与技术创新绩效间的关系分析

采用皮尔逊相关系数计算网络规模、网络异质性、网络开放度与技术创新绩效之间的关系，具体结果如表7-23所示。结果表明，网络规模、网络异质性、网络开放度与技术创新绩效之间均存在显著的正向相关关系，分别为 $r=0.484^{**}$、$r=0.613^{**}$、$r=0.664^{**}$（$p<0.01$）。并且，这些变量之间不存在多重共线性的问题。

表7-23 企业创新网络结构特征与技术创新绩效间的皮尔逊相关系数表
（$N=414$）

	均值	标准差	NS1	NS2	NS3	IP
NS1	2.9275	0.96236	1			
NS2	3.3430	0.83477	0.357**	1		
NS3	3.4449	0.83751	0.376**	0.666**	1	
IP	3.2190	0.88044	0.484**	0.613**	0.664**	1

注：* $p<0.05$，** $p<0.01$，NS1——网络规模，NS2——网络异质性，NS3——网络开放度，IP——创新绩效。

采用结构方程模型分析企业创新网络结构特征对技术创新绩效的影响作用，将网络规模、网络异质性、网络开放度和技术创新绩效同时纳入结构方程模型中，模型拟合较好，见图7-7。

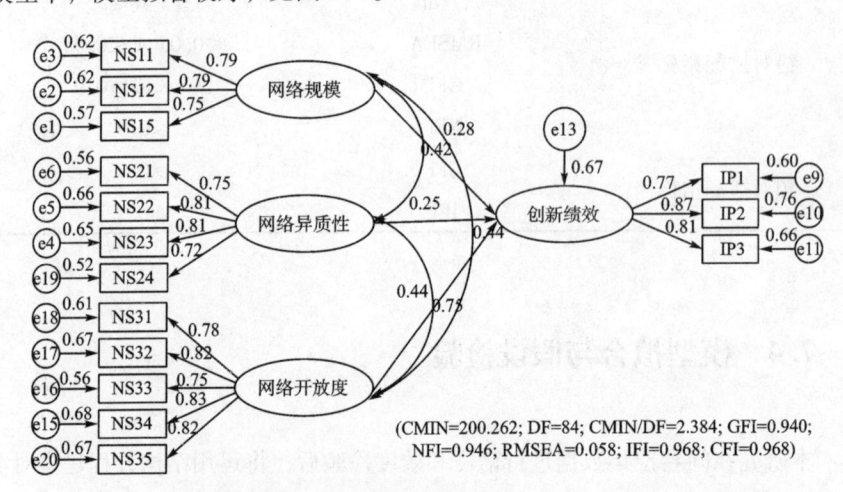

(CMIN=200.262; DF=84; CMIN/DF=2.384; GFI=0.940; NFI=0.946; RMSEA=0.058; IFI=0.968; CFI=0.968)

图7-7 企业创新网络结构对技术创新绩效的影响（标准化路径系数）

表 7-24　　　　　　　　　　　非标准化回归系数

			Estimate	S.E.	C.R.	P
创新绩效	←	网络规模	0.262	0.046	5.753	***
创新绩效	←	网络异质性	0.240	0.066	3.628	***
创新绩效	←	网络开放度	0.443	0.071	6.220	***
NS15	←	网络规模	1.000			
NS12	←	网络规模	1.098	0.077	14.227	***
NS11	←	网络规模	0.990	0.070	14.213	***
NS23	←	网络异质性	1.000			
NS22	←	网络异质性	0.945	0.054	17.555	***
NS21	←	网络异质性	0.968	0.061	15.963	***
IP1	←	创新绩效	1.000			
IP2	←	创新绩效	1.076	0.059	18.303	***
IP3	←	创新绩效	1.043	0.061	17.080	***
NS34	←	网络开放度	1.000			
NS33	←	网络开放度	0.914	0.054	16.982	***
NS32	←	网络开放度	1.061	0.055	19.214	***
NS31	←	网络开放度	1.040	0.058	18.084	***
NS24	←	网络异质性	0.844	0.055	15.245	***
NS35	←	网络开放度	1.073	0.056	19.299	***

注：***，$p<0.001$。

表 7-25　　　　　　　　　　　标准化回归系数

			Estimate
创新绩效	←	网络规模	0.282
创新绩效	←	网络异质性	0.251
创新绩效	←	网络开放度	0.439
NS15	←	网络规模	0.753
NS12	←	网络规模	0.788
NS11	←	网络规模	0.787
NS23	←	网络异质性	0.808
NS22	←	网络异质性	0.810
NS21	←	网络异质性	0.748
IP1	←	创新绩效	0.775
IP2	←	创新绩效	0.874

表7-25(续)

			Estimate
IP3	←	创新绩效	0.814
NS34	←	网络开放度	0.825
NS33	←	网络开放度	0.747
NS32	←	网络开放度	0.816
NS31	←	网络开放度	0.782
NS24	←	网络异质性	0.720
NS35	←	网络开放度	0.819

从上述分析结果可见，网络规模、网络异质性和网络开放度对技术创新绩效均具有显著的正向影响作用，其标准化回归系数分别为 $\beta=0.28^{***}$、$\beta=0.25^{***}$、$\beta=0.45^{***}$（$p<0.001$）。同时可见网络开放度对技术创新绩效的影响作用较大。因此，研究假设 H3、H31、H32 及 H33 均得到验证。

7.4.2 结构特征与共生行为间的关系探析

采用皮尔逊相关系数计算网络规模、网络异质性、网络开放度与共生行为之间的关系，具体结果如表 5-26 所示。结果表明，网络规模、网络异质性、网络开放度与共生行为之间均存在显著的正向相关关系，分别为 $r=0.413^{**}$、$r=0.619^{**}$、$r=0.625^{**}$。并且，这些变量之间不存在多重共线性的问题。

表 7-26　企业创新网络结构特征与共生行为间的皮尔逊相关系数表（$N=414$）

	均值	标准差	NS1	NS2	NS3	SB
NS1	2.9275	0.96236	1			
NS2	3.3430	0.83477	0.357**	1		
NS3	3.4449	0.83751	0.376**	0.666**	1	
SB	3.2224	0.62112	0.413**	0.619**	0.625**	1

注：* $p<0.05$，** $p<0.01$，NS1——网络规模，NS2——网络异质性，NS3——网络开放度，SB——共生行为。

采用结构方程模型分析企业创新网络结构特征对共生行为的影响作用，将网络规模、网络异质性、网络开放度和共生行为同时纳入结构方程模型中，模型拟合较佳，见图 7-8。

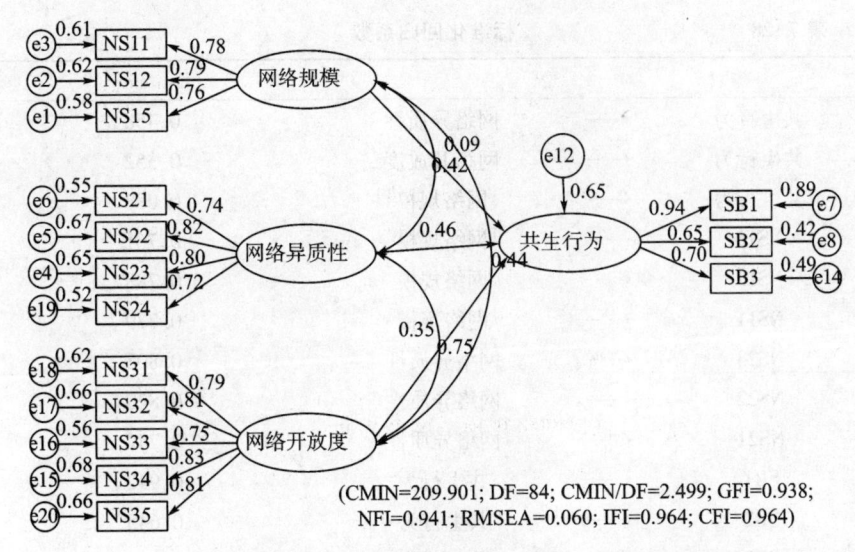

图 7-8 企业创新网络结构对共生行为的影响（标准化路径系数）

(CMIN=209.901; DF=84; CMIN/DF=2.499; GFI=0.938; NFI=0.941; RMSEA=0.060; IFI=0.964; CFI=0.964)

表 7-27　　　　　　　　　　非标准化回归系数

			Estimate	S.E.	C.R.	P
共生行为	←	网络异质性	0.389	0.059	6.640	***
共生行为	←	网络开放度	0.313	0.059	5.265	***
共生行为	←	网络规模	0.071	0.037	1.933	0.053
NS15	←	网络规模	1.000			
NS12	←	网络规模	1.085	0.077	14.115	***
NS11	←	网络规模	0.970	0.069	14.050	***
NS23	←	网络异质性	1.000			
NS22	←	网络异质性	0.963	0.054	17.838	***
NS21	←	网络异质性	0.968	0.061	15.841	***
SB1	←	共生行为	1.000			
SB2	←	共生行为	0.636	0.044	14.459	***
SB3	←	共生行为	0.785	0.049	16.085	***
NS34	←	网络开放度	1.000			
NS33	←	网络开放度	0.914	0.054	16.981	***
NS32	←	网络开放度	1.056	0.055	19.071	***
NS31	←	网络开放度	1.050	0.057	18.320	***
NS24	←	网络异质性	0.850	0.056	15.257	***
NS35	←	网络开放度	1.067	0.056	19.140	***

注：***，$p<0.001$。

表 7-28　　　　　　　　　　　　标准化回归系数

			Estimate
共生行为	←	网络异质性	0.458
共生行为	←	网络开放度	0.352
共生行为	←	网络规模	0.088
NS15	←	网络规模	0.761
NS12	←	网络规模	0.788
NS11	←	网络规模	0.779
NS23	←	网络异质性	0.803
NS22	←	网络异质性	0.820
NS21	←	网络异质性	0.742
SB1	←	共生行为	0.942
SB2	←	共生行为	0.645
SB3	←	共生行为	0.699
NS34	←	网络开放度	0.826
NS33	←	网络开放度	0.748
NS32	←	网络开放度	0.813
NS31	←	网络开放度	0.790
NS24	←	网络异质性	0.720
NS35	←	网络开放度	0.815

从上述分析结果可见，网络规模对共生行为不具有显著的正向影响作用，其标准化回归系数为 $\beta=0.07$（$p=0.053>0.05$）。网络异质性、网络开放度对共生行为均具有显著的正向影响作用，其标准化回归系数分别为 $\beta=0.46^{***}$、$\beta=0.35^{***}$（$p<0.001$），同时可见网络异质性对共生行为的影响作用较大。故，研究假设 H72 和 H73 得以验证，但研究假设 H71 没有得到支持，所以研究假设 H7 仅部分通过验证。

7.4.3 共生行为对技术创新绩效的影响分析

采用皮尔逊相关系数计算共生行为、共生界面扩展、共生能量分配与技术创新绩效之间的关系，具体结果如表 7-29 所示。结果表明，共生行为与技术创新绩效之间均存在显著的正向相关关系，相关系数为 $r=0.678^{**}$。并且，变量之间不存在多重共线性的问题。

表 7-29　共生行为与技术创新绩效间的皮尔逊相关系数表（$N=414$）

	均值	标准差	SB	IP
SB	3.222 4	0.621 12	1	
IP	3.219 0	0.880 44	0.678**	1

注：双尾检验，* $p<0.05$，** $p<0.01$，SB——共生行为，IP——技术创新绩效。

采用结构方程模型分析共生行为对技术创新绩效的影响作用，将共生行为和技术创新绩效同时纳入结构方程模型中，模型拟合较佳，见图 7-9 所示。

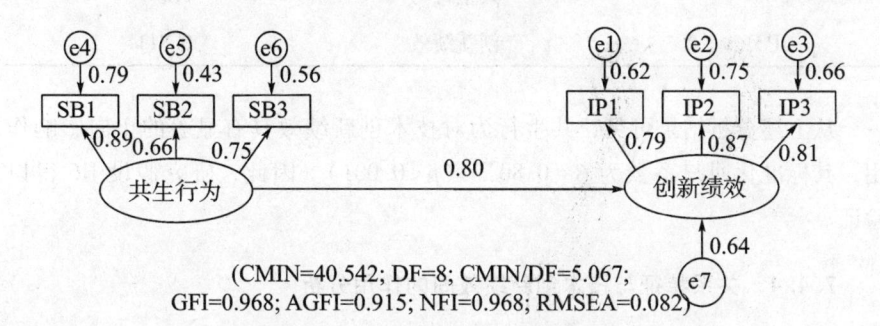

(CMIN=40.542; DF=8; CMIN/DF=5.067;
GFI=0.968; AGFI=0.915; NFI=0.968; RMSEA=0.082)

图 7-9　共生行为对技术创新绩效的影响（标准化路径系数）

表 7-30　　　　　　　　　非标准化回归系数

			Estimate	S.E.	C.R.	P
创新绩效	←	共生行为	0.976	0.070	13.867	***
IP1	←	创新绩效	1.000			
IP2	←	创新绩效	1.049	0.058	18.190	***
SB1	←	共生行为	1.000			
SB2	←	共生行为	0.685	0.049	13.958	***
SB3	←	共生行为	0.891	0.054	16.377	***
IP3	←	创新绩效	1.024	0.060	17.133	***

注：***，$p<0.001$。

表7-31 标准化回归系数

			Estimate
创新绩效	←	共生行为	0.799
IP1	←	创新绩效	0.787
IP2	←	创新绩效	0.865
SB1	←	共生行为	0.888
SB2	←	共生行为	0.655
SB3	←	共生行为	0.749
IP3	←	创新绩效	0.811

从上述分析结果可见，共生行为对技术创新绩效具有显著的正向影响作用，其标准化回归系数为 $\beta = 0.80^{***}$（$p < 0.001$）。因此，研究假设 H6 得以验证。

7.4.4 关系特征与技术创新绩效间的作用分析

采用皮尔逊相关系数计算关系强度、关系久度、关系质量与技术创新绩效之间的关系，具体结果如表 7-32 所示。结果表明，关系强度、关系久度、关系质量与技术创新绩效之间均存在显著的正向相关关系，分别为 $r = 0.648^{**}$、$r = 0.674^{**}$、$r = 0.668^{**}$。并且，各变量之间不存在多重共线性问题。

表7-32 共生行为与技术创新绩效间的皮尔逊相关系数表（$N = 414$）

	均值	标准差	NR1	NR2	NR3	IP
NR1	3.4899	0.79456	1			
NR2	3.5879	0.85010	0.732**	1		
NR3	3.3700	0.78365	0.655**	0.693**	1	
IP	3.2190	0.88044	0.648**	0.674**	0.668**	1

注：双尾检验，* $p < 0.05$，** $p < 0.01$，NR1——关系强度，NR2——关系久度，NR3——关系质量，IP——技术创新绩效。

采用结构方程模型分析关系强度、关系久度、关系质量对技术创新绩效的影响作用，将关系强度、关系久度、关系质量和技术创新绩效同时纳入结构方程模型中，模型拟合较佳，见图 7-10。

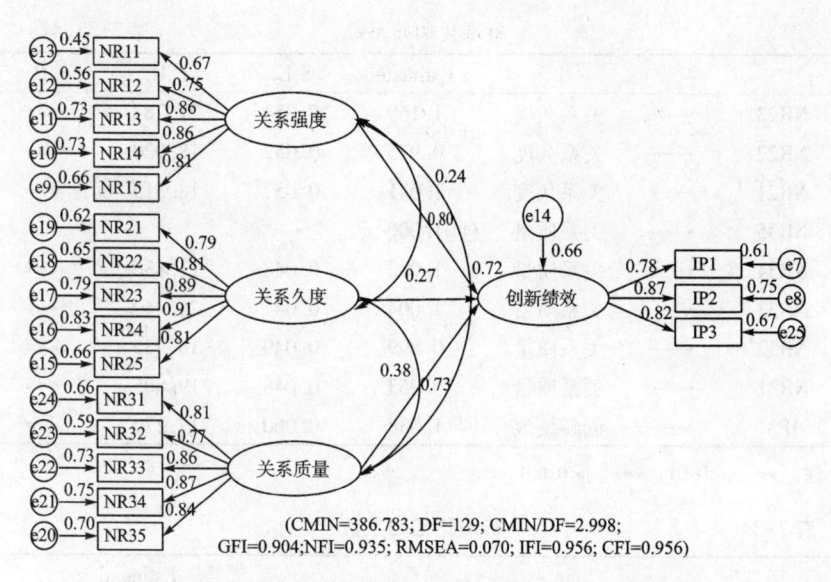

图 7-10 企业创新网络关系对技术创新绩效的影响（标准化路径系数）

(CMIN=386.783; DF=129; CMIN/DF=2.998;
GFI=0.904; NFI=0.935; RMSEA=0.070; IFI=0.956; CFI=0.956)

从图 7-10、表 7-33 和表 7-34 的结果可见，关系强度、关系久度、关系质量对技术创新绩效均具有显著的正向影响作用，其标准化回归系数分别为 $\beta=0.24^{**}$、$\beta=0.27^{***}$、$\beta=0.38^{***}$，同时可见关系质量对技术创新绩效的影响作用较大，而关系强度对技术创新绩效的影响作用较小。据此，研究假设 H4、H41、H42 及 H43 均得以验证。

表 7-33　　　　　　　　　　非标准化回归系数

			Estimate	S.E.	C.R.	P
创新绩效	←	关系强度	0.258	0.082	3.156	0.002
创新绩效	←	关系久度	0.280	0.079	3.557	***
创新绩效	←	关系质量	0.391	0.068	5.739	***
IP1	←	创新绩效	1.000			
IP2	←	创新绩效	1.059	0.058	18.360	***
NR15	←	关系强度	1.000			
NR14	←	关系强度	1.152	0.057	20.243	***
NR13	←	关系强度	1.135	0.056	20.249	***
NR12	←	关系强度	0.896	0.053	16.860	***
NR11	←	关系强度	0.902	0.062	14.658	***
NR25	←	关系久度	1.000			
NR24	←	关系久度	1.172	0.052	22.709	***

表7-33(续)

			Estimate	S.E.	C.R.	P
NR23	←	关系久度	1.169	0.054	21.783	***
NR22	←	关系久度	0.975	0.052	18.920	***
NR21	←	关系久度	1.041	0.057	18.315	***
NR35	←	关系质量	1.000			
NR34	←	关系质量	1.052	0.048	21.836	***
NR33	←	关系质量	1.004	0.047	21.440	***
NR32	←	关系质量	0.899	0.049	18.235	***
NR31	←	关系质量	0.953	0.048	19.805	***
IP3	←	创新绩效	1.038	0.060	17.270	***

注：**，$p<0.01$；***，$p<0.001$。

表7-34　　标准化回归系数

			Estimate
创新绩效	←	关系强度	0.240
创新绩效	←	关系久度	0.270
创新绩效	←	关系质量	0.377
IP1	←	创新绩效	0.781
IP2	←	创新绩效	0.867
NR15	←	关系强度	0.813
NR14	←	关系强度	0.855
NR13	←	关系强度	0.855
NR12	←	关系强度	0.748
NR11	←	关系强度	0.671
NR25	←	关系久度	0.810
NR24	←	关系久度	0.912
NR23	←	关系久度	0.887
NR22	←	关系久度	0.805
NR21	←	关系久度	0.787
NR35	←	关系质量	0.836
NR34	←	关系质量	0.865
NR33	←	关系质量	0.855
NR32	←	关系质量	0.769
NR31	←	关系质量	0.813
IP3	←	创新绩效	0.816

7.4.5 关系特征与共生行为间的作用探析

采用皮尔逊相关系数计算关系强度、关系久度、关系质量与共生行为之间的关系，具体结果如表 7-35 所示。结果表明，关系强度、关系久度、关系质量与共生行为之间均存在显著的正向相关关系，分别为 $r=0.651^{**}$、$r=0.692^{**}$、$r=0.705^{**}$。并且，各变量之间不存在多重共线性问题。

表 7-35 企业创新网络关系与共生行为间的皮尔逊相关系数表

	均值	标准差	NR1	NR2	NR3	SB
NR1	3.489 9	0.794 56	1			
NR2	3.587 9	0.850 10	0.732**	1		
NR3	3.370 0	0.783 65	0.655**	0.693**	1	
SB	3.222 4	0.621 12	0.651**	0.692**	0.705**	1

注：* $p<0.05$，** $p<0.01$，NR1——关系强度，NR2——关系久度，NR3——关系质量，SB——共生行为。

采用结构方程模型分析关系强度、关系久度、关系质量对共生行为的影响作用，将关系强度、关系久度、关系质量和共生行为同时纳入结构方程模型中，模型拟合较佳，见图 7-11。

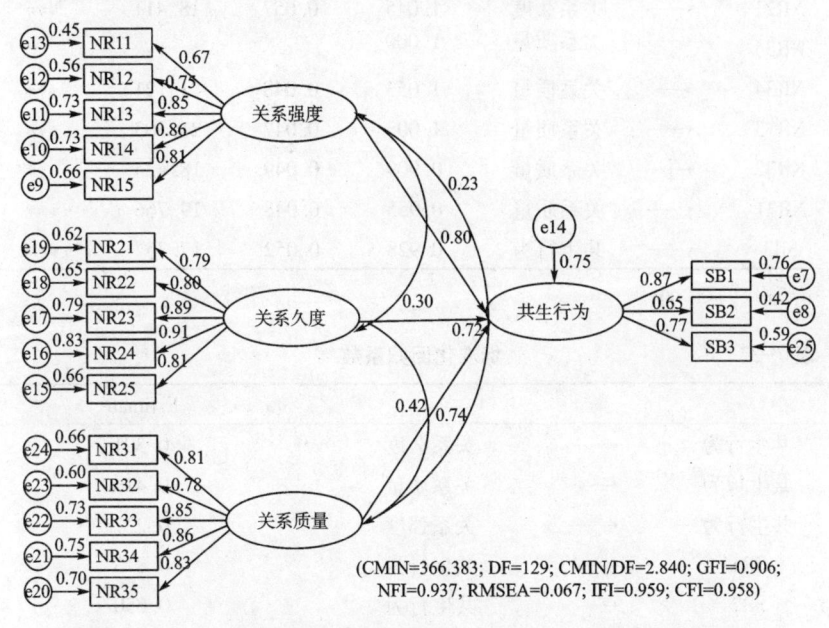

(CMIN=366.383; DF=129; CMIN/DF=2.840; GFI=0.906; NFI=0.937; RMSEA=0.067; IFI=0.959; CFI=0.958)

图 7-11 企业创新网络关系对共生行为的影响（标准化路径系数）

从图 7-11 可知，各项模型拟合指标均达到参考值，说明模型拟合适度，可以用于理论讨论。

表 7-36　　　　　　　　　　非标准化回归系数

			Estimate	S.E.	C.R.	P
共生行为	←	关系久度	0.253	0.061	4.179	***
共生行为	←	关系质量	0.351	0.052	6.731	***
共生行为	←	关系强度	0.198	0.063	3.160	0.002
SB1	←	共生行为	1.000			
SB2	←	共生行为	0.691	0.049	14.234	***
NR15	←	关系强度	1.000			
NR14	←	关系强度	1.152	0.057	20.295	***
NR13	←	关系强度	1.133	0.056	20.253	***
NR12	←	关系强度	0.895	0.053	16.851	***
NR11	←	关系强度	0.901	0.061	14.648	***
NR25	←	关系久度	1.000			
NR24	←	关系久度	1.169	0.052	22.619	***
NR23	←	关系久度	1.170	0.054	21.830	***
NR22	←	关系久度	0.974	0.052	18.898	***
NR21	←	关系久度	1.045	0.057	18.411	***
NR35	←	关系质量	1.000			
NR34	←	关系质量	1.053	0.048	21.721	***
NR33	←	关系质量	1.003	0.047	21.303	***
NR32	←	关系质量	0.909	0.049	18.424	***
NR31	←	关系质量	0.955	0.048	19.766	***
SB3	←	共生行为	0.928	0.052	17.757	***

注：***，$p<0.001$。

表 7-37　　　　　　　　　　标准化回归系数

			Estimate
共生行为	←	关系久度	0.301
共生行为	←	关系质量	0.416
共生行为	←	关系强度	0.227
SB1	←	共生行为	0.873
SB2	←	共生行为	0.650
NR15	←	关系强度	0.813

表7-37(续)

			Estimate
NR14	←	关系强度	0.856
NR13	←	关系强度	0.855
NR12	←	关系强度	0.748
NR11	←	关系强度	0.671
NR25	←	关系久度	0.810
NR24	←	关系久度	0.909
NR23	←	关系久度	0.888
NR22	←	关系久度	0.805
NR21	←	关系久度	0.790
NR35	←	关系质量	0.834
NR34	←	关系质量	0.864
NR33	←	关系质量	0.853
NR32	←	关系质量	0.775
NR31	←	关系质量	0.813
SB3	←	共生行为	0.766

从上述分析结果可见，关系强度、关系久度、关系质量对共生行为均具有显著的正向影响作用，其标准化回归系数分别为 $\beta=0.23^{**}$、$\beta=0.30^{***}$、$\beta=0.42^{***}$，说明同时可见关系质量对共生行为的影响作用较大，而关系强度对共生行为的影响作用较小。因此，研究假设 H8、H81、H82 及 H83 均得以验证。

7.4.6 共生行为在结构特征与技术创新绩效间的中介作用

基于前文的分析，各变量之间的相关关系得到了检验，包括：第一，自变量与结果变量间有显著的相关关系；第二，自变量与中介变量间有显著的相关关系；第三，中介变量与结果变量间有显著的相关关系。前文的分析结果已经完成了中介作用检验的前提条件，表明数据具备了中介作用检验的条件，接下来本书将采用结构方程中的 Boostrap 法检验共生行为在企业创新网络与创新绩效之间的中介作用。Bootstrap 法是非参数统计中一种重要的依据估计统计量方差而进行区间估计的统计方法，也称为自助法。Bootstrapping 统计分析不受抽样分布形态的限制，其间接效果值 ($a \times b$) 的 Bootstrapping 方法原理很简单，其 Bootstrap 抽样分布以及 $a \times b$ 的估计值，其核心思想和基本步骤如下：①使用原始数据作为抽样的总体，用"放回抽样法"从总体中随机抽取 N 个 Bootstrap 样本点，建立一个 Bootstrap 样本；②计算这个 Bootstrap 的 $a \times b$ 值，并将之存文件；③重复步骤 1~2 若干次（如 1 000 次，一般大于 1 000）；④利用这些 Bootstrap 所得 $a \times b$ 值，建立 $a \times b$ 的抽样分布，并计算 $(a/2) \times 100\%$ 与 $(1-a/2) \times 100\%$ 的百分位数与该 Bootstrap 抽样的平均数、标准差（李茂能，2011）。在本研究利用原始数据进行中介作用的检验，Bootstrap 样本数设为 1 000，区间的置信区间水平设定为 0.95（适用于本章中所有中介效应检验）。

将网络异质性、网络开放度、共生行为、技术创新绩效纳入结构方程模型中，得到路径分析图，如图 7-12 所示。

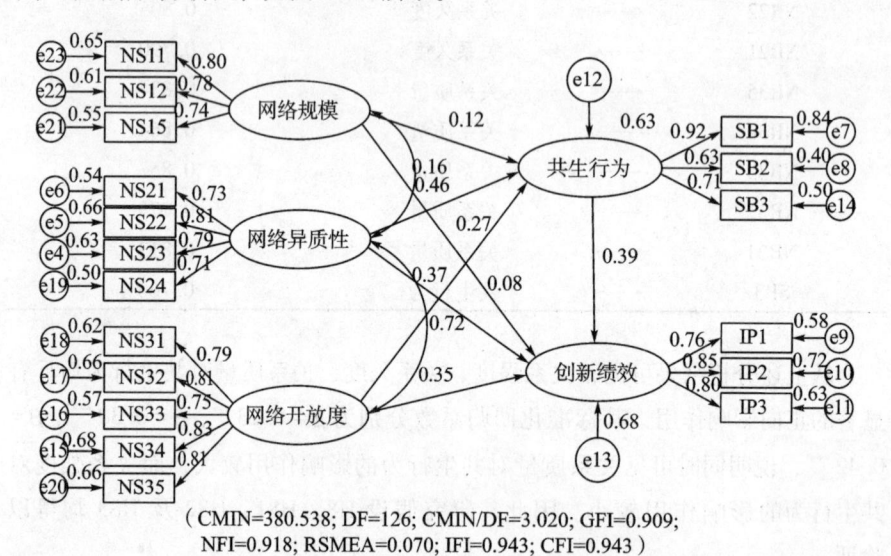

（CMIN=380.538; DF=126; CMIN/DF=3.020; GFI=0.909;
NFI=0.918; RSMEA=0.070; IFI=0.943; CFI=0.943）

图 7-12 共生行为在企业创新网络结构与技术创新绩效之间的中介作用

从图 7-12 可知，各项模型拟合指标均达到参考值，说明模型拟合适度，可以用于理论讨论。

表 7-38　　　　　　　　非标准化回归系数

			Estimate	S.E.	C.R.	P
共生行为	←	网络规模	0.094	0.034	2.786	0.005
共生行为	←	网络异质性	0.381	0.059	6.506	***
共生行为	←	网络开放度	0.311	0.056	5.568	***
创新绩效	←	网络规模	0.241	0.041	5.869	***
创新绩效	←	网络异质性	0.073	0.073	1.000	0.318

表7-38(续)

			Estimate	S.E.	C.R.	P
创新绩效	←	共生行为	0.445	0.091	4.893	***
创新绩效	←	网络开放度	0.328	0.068	4.812	***
NS15	←	网络规模	1.000			
NS12	←	网络规模	1.105	0.080	13.784	***
NS11	←	网络规模	1.029	0.074	13.921	***
NS23	←	网络异质性	1.000			
NS22	←	网络异质性	0.962	0.056	17.057	***
NS21	←	网络异质性	0.972	0.064	15.250	***
SB1	←	共生行为	1.000			
SB2	←	共生行为	0.649	0.047	13.786	***
IP1	←	创新绩效	1.000			
IP2	←	创新绩效	1.056	0.062	16.957	***
IP3	←	创新绩效	1.036	0.065	15.961	***
SB3	←	共生行为	0.824	0.052	15.984	***
NS34	←	网络开放度	1.000			
NS33	←	网络开放度	0.920	0.054	17.191	***
NS32	←	网络开放度	1.056	0.055	19.156	***
NS31	←	网络开放度	1.043	0.057	18.222	***
NS24	←	网络异质性	0.849	0.058	14.608	***
NS35	←	网络开放度	1.062	0.056	19.094	***

注：***，$p<0.001$。

上表是以极大似然法估计各回归系数的结果，除五个参照指标值设为1不估计外，其余回归加权值均达显著，结构方程模型中七条回归加权值均达显著，其估计标准误介于0.034到0.091之间。五个因子下的各题项对该因子的回归系数值也均达显著。模型中所估计的回归加权值均达显著，表示模型的内在质量佳。所谓参照指标是指潜在变量有两个以上的指标变量时，限制其中一个观察变量与潜在变量的关系为1，即将回归权重值设定为1，以方便企业参数的估计。估计参数的标准误（S.E.）除可计算出参数估计值的临界比值（C.R.）外，也可作为预设模型是否违反识别规则的依据（吴明隆，2009）。

表 7-39　　　　　　　　　标准化回归系数

			Estimate
共生行为	←	网络规模	0.120
共生行为	←	网络异质性	0.460
共生行为	←	网络开放度	0.373
创新绩效	←	网络规模	0.272
创新绩效	←	网络异质性	0.078
创新绩效	←	共生行为	0.393
创新绩效	←	网络开放度	0.348
NS15	←	网络规模	0.741
NS12	←	网络规模	0.781
NS11	←	网络规模	0.805
NS23	←	网络异质性	0.792
NS22	←	网络异质性	0.810
NS21	←	网络异质性	0.733
SB1	←	共生行为	0.918
SB2	←	共生行为	0.629
IP1	←	创新绩效	0.759
IP2	←	创新绩效	0.849
IP3	←	创新绩效	0.795
SB3	←	共生行为	0.706
NS34	←	网络开放度	0.827
NS33	←	网络开放度	0.753
NS32	←	网络开放度	0.814
NS31	←	网络开放度	0.786
NS24	←	网络异质性	0.707
NS35	←	网络开放度	0.812

表 7-39 为标准化回归加权值即标准化回归系数值，潜在变量间的标准化回归系数值即潜在变量间的直接效果值或潜在变量间的路径系数。潜在变量对指标变量的标准化回归系数为因素负荷量，因素负荷量的平方（R^2）为潜在变量对指标的解释变异量，R^2 的数值若是大于 0.5（因素负荷量至少在 0.71 以上），表示潜在变量的观察变量的个别信度佳（吴明隆，2009）。

表 7-40　　　　　　　　预设模型各变量的方差

	Estimate	S.E.	C.R.	P
网络规模	0.692	0.087	7.976	***
网络异质性	0.619	0.067	9.235	***
网络开放度	0.610	0.061	10.023	***
e12	0.157	0.020	7.727	***
e13	0.174	0.025	6.817	***
e1	0.569	0.054	10.461	***
e2	0.541	0.059	9.236	***
e3	0.399	0.048	8.383	***
e4	0.367	0.034	10.927	***
e5	0.301	0.029	10.481	***
e6	0.503	0.042	12.018	***
e7	0.080	0.016	5.017	***
e8	0.272	0.021	13.179	***
e9	0.400	0.034	11.615	***
e10	0.235	0.026	9.067	***
e11	0.340	0.031	10.850	***
e14	0.291	0.023	12.473	***
e15	0.282	0.025	11.347	***
e16	0.394	0.031	12.548	***
e17	0.346	0.030	11.627	***
e18	0.411	0.034	12.123	***
e19	0.448	0.036	12.363	***
e20	0.355	0.030	11.665	***

注：***，$p<0.001$。

表 7-40 中，所有外因变量的方差均为正数，均达到显著，误差项及残差项没有出现负的误差方差，表示未违反模型基本适配度检验标准。以上所估计参数均达显著水平，估计参数的估计标准误数值均很小，表示模型内在适配度的质量理想（吴明隆，2009）。

由上述分析可知，当共生行为加入企业创新网络结构特征与技术创新绩效之间后，网络异质性与技术创新绩效之间的相关关系由显著正相关变得不显著相关（$\beta=0.078$，$P=0.430>0.05$），这说明共生行为在两者之间充当了完全中介的作用，其中介效应值 = $a \times b = 0.18^{***}$。网络规模、网络开放度与技术创新绩效之间的相关程度变小但仍然显著，分别为（$\beta=0.28^{***}$，$\beta=0.37^{***}$，$P<0.001$），这说明网络规模、网络开放度对技术创新绩效的影响一方面会通过共生行为而间接影响技术创新绩效，另一方面也会直接影响技术创新绩效，即共生行为在网络规模与技术创新绩效间、网络开放度与技术创新绩效间起到部分中介作用，其中介效应值$=a\times b$，分别为0.05、0.15，总效应$=a\times b+c$，分别为0.33、0.50，中介效应占总效应的比值约15%、30%。据此，研究假设H91、H92和H93均得到支持，即共生行为在网络规模、网络异质性、网络开放度与技术创新绩效中间起到中介作用。

7.4.7 共生行为在关系特征与技术创新绩效间的中介作用

采用结构方程模型分析共生行为在企业创新网络关系特征与技术创新绩效之间的中介作用，将关系强度、关系久度、关系质量、共生行为和技术创新绩效同时纳入结构方程模型中，见图7-13。

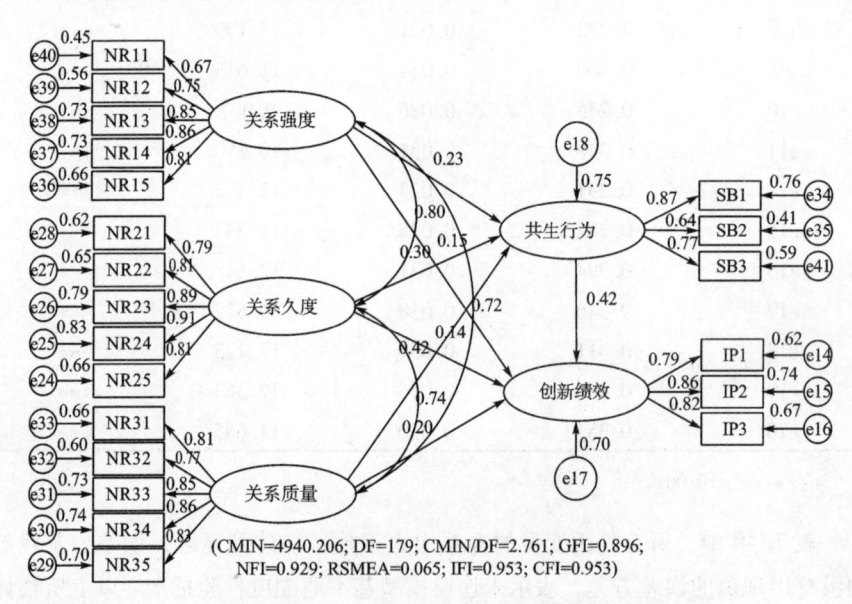

图7-13 共生行为在企业创新网络关系与创新绩效之间的中介作用

从图7-13可知，各项模型拟合指标均达到参考值，说明模型拟合适度，可以用于理论讨论。

表7-41给出了预设模型中各变量之间的未标准化的回归系数估计值、临界比以及各路径关系系数的显著性检验结果。

表 7-41　　　　　　　　　　　非标准化回归系数

			Estimate	S.E.	C.R.	P
共生行为	←	关系质量	0.241	0.038	6.325	***
共生行为	←	关系久度	0.174	0.043	4.088	***
共生行为	←	关系强度	0.135	0.044	3.102	0.002
创新绩效	←	共生行为	0.786	0.187	4.199	***
创新绩效	←	关系久度	0.156	0.084	1.846	0.065
创新绩效	←	关系质量	0.216	0.081	2.663	0.008
创新绩效	←	关系强度	0.162	0.085	1.899	0.058
IP1	←	创新绩效	0.971	0.055	17.497	***
IP2	←	创新绩效	1.015	0.052	19.551	***
IP3	←	创新绩效	1.000			
NR25	←	关系久度	1.000			
NR24	←	关系久度	1.169	0.052	22.626	***
NR23	←	关系久度	1.171	0.054	21.850	***
NR22	←	关系久度	0.976	0.051	18.948	***
NR21	←	关系久度	1.043	0.057	18.372	***
NR35	←	关系质量	1.000			
NR34	←	关系质量	1.051	0.048	21.727	***
NR33	←	关系质量	1.004	0.047	21.376	***
NR32	←	关系质量	0.907	0.049	18.401	***
NR31	←	关系质量	0.956	0.048	19.830	***
SB1	←	共生行为	1.457	0.103	14.173	***
SB2	←	共生行为	1.000			
NR15	←	关系强度	1.000			
NR14	←	关系强度	1.152	0.057	20.301	***
NR13	←	关系强度	1.131	0.056	20.220	***
NR12	←	关系强度	0.897	0.053	16.911	***
NR11	←	关系强度	0.902	0.061	14.693	***
SB3	←	共生行为	1.363	0.104	13.061	***

表 7-41 是以极大似然法估计各回归系数的结果，除五个参照指标值设为 1 不估计外，其余回归加权值均达显著，结构方程模型中五条回归加权值均达显著。五个因子下的各题项对该因子的回归系数值也均达显著。模型中所估计的回归加权值均达显著，表示模型的内在质量佳。

表 7-42 为标准化回归加权值即标准化回归系数值,潜在变量间的标准化回归系数值即潜在变量间的直接效果值或潜在变量间的路径系数。潜在变量对指标变量的标准化回归系数为因素负荷量,因素负荷量的平方(R^2)为潜在变量对指标的解释变异量,R^2的数值若是大于 0.5(因素负荷量至少在 0.71 以上),表示潜在变量的观察变量的个别信度佳(吴明隆,2009)。

表 7-42　　　　　　　　标准化回归系数

			Estimate
共生行为	←	关系质量	0.417
共生行为	←	关系久度	0.302
共生行为	←	关系强度	0.226
创新绩效	←	共生行为	0.421
创新绩效	←	关系久度	0.145
创新绩效	←	关系质量	0.200
创新绩效	←	关系强度	0.145
IP1	←	创新绩效	0.786
IP2	←	创新绩效	0.861
IP3	←	创新绩效	0.815
NR25	←	关系久度	0.810
NR24	←	关系久度	0.909
NR23	←	关系久度	0.888
NR22	←	关系久度	0.806
NR21	←	关系久度	0.788
NR35	←	关系质量	0.834
NR34	←	关系质量	0.863
NR33	←	关系质量	0.854
NR32	←	关系质量	0.774
NR31	←	关系质量	0.814
SB1	←	共生行为	0.872
SB2	←	共生行为	0.644
NR15	←	关系强度	0.814
NR14	←	关系强度	0.856
NR13	←	关系强度	0.853
NR12	←	关系强度	0.749
NR11	←	关系强度	0.672
SB3	←	共生行为	0.771

表 7-43 中，所有外因变量的方差均为正数，均达到显著，误差项及残差项没有出现负的误差方差，表示未违反模型基本适配度检验标准。以上所估计参数均达显著水平，估计参数的估计标准误数值均很小，表示模型内在适配度的质量理想（吴明隆，2009）。

表 7-43　　　　　　　　　　预设模型各变量的方差

	Estimate	S.E.	C.R.	P
关系久度	0.582	0.059	9.847	***
关系质量	0.581	0.057	10.260	***
关系强度	0.542	0.055	9.819	***
e18	0.049	0.009	5.618	***
e17	0.200	0.027	7.431	***
e14	0.393	0.034	11.533	***
e15	0.241	0.026	9.258	***
e16	0.340	0.031	10.853	***
e24	0.305	0.024	12.649	***
e25	0.167	0.017	10.009	***
e26	0.214	0.020	10.943	***
e27	0.299	0.024	12.698	***
e28	0.386	0.030	12.891	***
e29	0.253	0.021	11.845	***
e30	0.220	0.020	11.153	***
e31	0.217	0.019	11.397	***
e32	0.319	0.025	12.735	***
e33	0.271	0.022	12.217	***
e34	0.130	0.016	8.367	***
e35	0.273	0.021	13.132	***
e36	0.277	0.023	11.895	***
e37	0.263	0.024	10.895	***
e38	0.259	0.024	10.968	***
e39	0.341	0.027	12.763	***
e40	0.536	0.040	13.342	***
e41	0.245	0.021	11.726	***

由上述分析可知，当共生行为加入企业创新网络关系特征与创新绩效之间后，关系强度与创新绩效之间的相关关系由显著正相关变得不显著相关（$\beta=0.131$，$P=0.085>0.05$），这说明关系强度对技术创新绩效的影响完全通过共生行为得以实现，其中介效应值 $= a \times b = 0.11$。关系久度与技术创新绩效之间的相关关系由显著变得不显著（$\beta=0.104$，$P=0.194>0.05$），这说明关系久度对技术创新绩效的影响完全通过共生行为得以实现，其中介效应值 $= a \times b = 0.155$。关系质量与技术创新绩效之间的相关程度变小，但仍然显著（$\beta=$

0.20^{**},$P<0.01$),这说明关系质量对技术创新绩效的影响一方面会通过共生行为而间接影响技术创新绩效,另一方面也会直接影响技术创新绩效,即共生行为在关系质量与技术创新绩效间起到部分中介作用,其中介效应值 $=a\times b=0.19$,总效应 $=a\times b+c=0.39$,中介效应占总效应的约 48.72%。因此,研究假设 H10、H101、H102 及 H103 均通过验证。

7.5 实证结果与讨论

7.5.1 理论模型修正

通过探索性因子分析和结构方程竞争模型对共生行为量表进行提纯,结果发现,共生行为可由三个维度构成,为保证本研究数据的整体性和可信度,放弃了理论推导的两个维度,采用了三个维度作为共生行为的测量。因此,本研究理论模型需要进行修正,如图 7-14 所示。

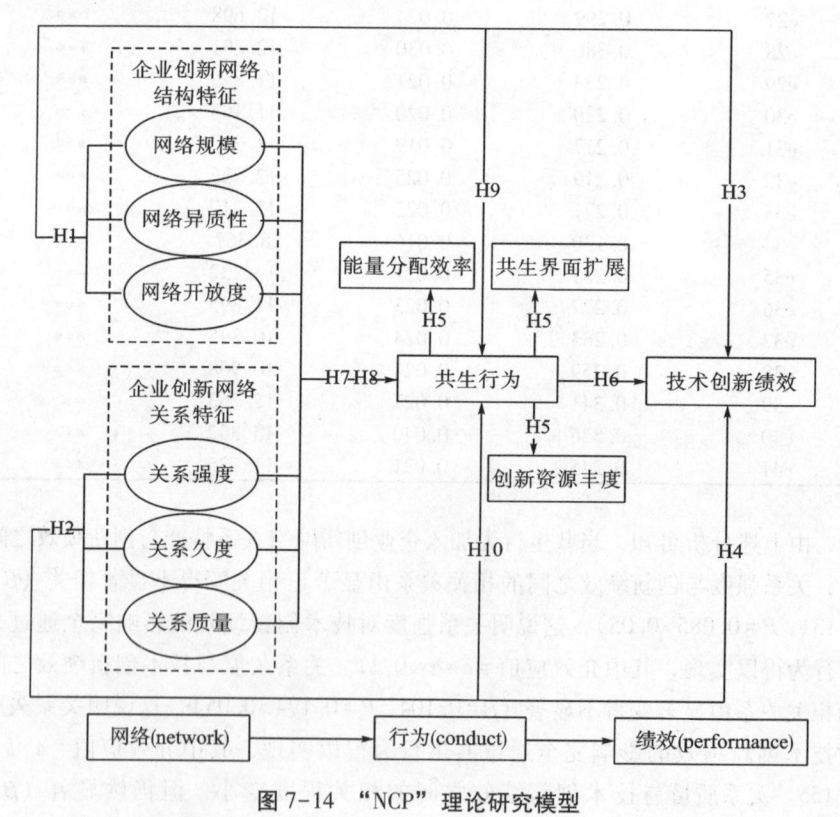

图 7-14 "NCP"理论研究模型

7.5.2 研究假设验证结果汇总

表 7-44 中对所有研究假设检验结果进行汇总后发现：本研究提出的关于共生行为在企业创新网络结构特征、关系特征与技术创新绩效之间起中介作用的研究假设绝大部分得到验证与支持，仅有少数研究假设未得到研究数据的支持。这说明本研究的研究假设在设计上较为科学，收集的数据也较为可靠，从而保证了研究结果的可靠性。

表 7-44　　　　　　　　　研究假设验证结果汇总

研究假设	研究假设内容	假设验证
H_1	企业创新网络结构特征可由网络规模、网络异质性和网络开放度三个维度构成	支持
H_2	企业创新网络关系特征可由关系强度、关系久度和关系质量三个维度构成	支持
H_3	企业创新网络结构特征对技术创新绩效具有显著正向影响	支持
H_{31}	网络规模对技术创新绩效具有显著正向影响	支持
H_{32}	网络开放度对技术创新绩效具有显著正向影响	支持
H_{33}	网络异质性对技术创新绩效具有显著正向影响	支持
H_4	企业创新网络关系特征对技术创新绩效具有显著正向影响	支持
H_{41}	关系强度对技术创新绩效有显著正向影响	支持
H_{42}	关系久度对技术创新绩效有显著正向影响	支持
H_{43}	关系质量对技术创新绩效有显著正向影响	支持
H_5	共生行为可由共生界面扩展、能量分配效率和创新资源分配三个维度构成	基本支持
H_6	共生行为对技术创新绩效具有显著正向影响	支持
H_7	企业创新网络结构特征对共生行为有显著正向影响	部分支持
H_{71}	网络规模对共生行为有显著正向影响	不支持
H_{72}	网络异质性对共生行为有显著正向影响	支持
H_{73}	网络开放度对共生行为有显著正向影响	支持
H_8	企业创新网络关系特征对共生行为有显著正向影响	支持
H_{81}	关系强度对共生行为有显著正向影响	支持
H_{82}	关系久度对共生行为有显著正向影响	支持
H_{83}	关系质量对共生行为有显著正向影响	支持

表7-44(续)

研究假设	研究假设内容	假设验证
H_9	共生行为在企业创新网络结构与技术创新绩效之间具有中介作用	支持
H_{91}	共生行为在网络规模与技术创新绩效之间具有中介作用	支持
H_{92}	共生行为在网络异质性与技术创新绩效之间具有中介作用	支持
H_{93}	共生行为在网络开放度与技术创新绩效之间具有中介作用	支持
H_{10}	共生行为在企业创新网络关系与技术创新绩效之间具有中介作用	支持
H_{101}	共生行为在关系强度与技术创新绩效之间具有中介作用	支持
H_{102}	共生行为在关系久度与技术创新绩效之间具有中介作用	支持
H_{103}	共生行为在关系质量与技术创新绩效之间具有中介作用	支持

7.5.3 结构特征与技术创新绩效间关系的研究结论

从本章的实证研究结果来看，企业创新网络结构特征可由网络规模、网络异质性和网络开放度三个维度构成，本书采用414份调查问卷，分析了企业创新网络结构特征与技术创新绩效之间的关系，实证结果发现：企业创新网络结构特征对技术创新绩效存在显著正向影响，具体可从以下几个方面进行解释。

（1）网络规模对技术创新绩效存在显著正向影响。这可能是因为企业搭建的创新网络规模越大，拥有合作伙伴数量和种类也相对较多，可以获取更加丰富的创新资源，充当各个企业之间的桥梁作用，所以网络规模间接影响着企业掌握创新资源的数量和种类，为技术创新提供了源源不断的支持。从一些实证研究结果来看，部分学者也支持了这一观点。例如，Roberts 和 Hauptman (1986)、Baum 等（2000）发现与更多组织建立联结的企业，越有可能获取价值信息和资源，对技术创新绩效有显著积极影响。国内学者陈学光（2007）、池仁勇（2007）、韦影（2005）等也论证了这一观点。

（2）网络异质性对技术创新绩效存在显著正向影响。这是因为与企业建立交往的成员具有越大的差异性，代表企业获取资源的种类越丰富，并且非冗余资源越多，越能促进技术创新绩效的提高。这一观点得到了 Beckman 等（2002）、Liming 等（1995）、Cummings（2004）、Franke（2005）、陈学光（2007）等学者的认同。他们认为，参与到创新网络中的行为主体越具有差异性，表示企业所能掌握的资源越多样，越能够利用互补性资源来提高自身竞争优势地位，及时提供大量信息和新知识，与企业既有知识进行有效整合，能够在促进产品开发和创造市场知识中具有获得更广泛范围的信息和资源的优势，从而改善企业的内部资源，有利于提升企业的技术创新能力。

（3）网络开放度对技术创新绩效存在显著正向影响。这是因为企业创新网络就是一个典型的有多个组织参与的开放式合作创新组织，创新活动中彼此提供的共享资源越多，网络平台开放程度越高，合作者越能获取丰富的创新资源数量和种类，创新绩效越好。West 和 Gallagher（2006）、James T. C. Teng（2007）、韵江（2012）等学者也支持了这一观点，他们认为适当开放的网络结构有利于企业的创新产出。

7.5.4 关系特征与技术创新绩效间关系的研究结论

从本章的实证研究结果来看，企业创新网络关系特征可由关系强度、关系久度和关系质量三个维度构成，本书采用 414 份调查问卷，探讨了企业创新网络关系特征对技术创新绩效的影响作用，结果发现：企业创新网络关系特征对技术创新绩效存在显著正向影响，具体可从以下几个方面进行解释。

（1）关系强度对技术创新绩效存在显著正向影响。这是因为企业间交流频率会影响显性和隐性知识的获取，在频繁互动中知识交流更加充分，确保新知识更能够被理解和掌握。从一些实证研究结果来看，Hansen（1999），Larson（1992），Bell、Tracey 和 Heide（2009），Fritsch 和 Kauffeld - Monz（2010），国内学者钱锡红等（2010）、任胜钢等（2011）也论证了这一观点，他们认为强联系会给企业带来以下作用：行为者具有更高的默契程度，在遇到问题时更能站在对方利益角度进行考虑，有利于更多创新资源的自由流动，应对外部环境所带来的冲击和阻碍，保持交流与合作关系的稳定性，促进创新成功的实现。

（2）关系久度对技术创新绩效存在显著正向影响。这是因为企业之间保持着持久合作关系，将会增加企业之间的信任感与默契，降低监督成本和不确定性事件的发生率，缩短产品开发周期，提高产品推向市场的速度，并且容易转移和传递关于市场需求、经营策略等深度信息，从而有助于技术创新绩效的提高。这一观点也得到了 Powell 等（1996）、Uzzi（1997）、Kogut 和 Walker（2001）、王晓娟（2007）及嵇登科（2006）的论证，他们认为在持久和稳定的合作关系中，企业容易建立对彼此的信任感，这会使企业对合作伙伴更加公开和透明，能有效促进信息和知识共享，使合作方共同解决问题，从而实现技术创新能力的提升。

（3）关系质量对技术创新绩效存在显著正向影响。这是因为企业成员间信任程度越高，企业越愿意共享信息和资源，积极地兑现承诺，越容易预测其他主体的行为，避免联系中问题的产生，从而实现技术创新绩效的提高。Kaufman等（2000）、贾生华（2007）、吕一博和苏敬勤（2010）等学者也支持这一观点，他们认为企业发展具有忠诚感、信任感和承诺特征的良好合作关系，其作用在于获取可靠的信息和知识，促进创新资源的有效整合，获取进入合作者市场的渠道，帮助实现企业技术创新成果顺利转化，并且能够合理解决冲突，降低监督成本等。

7.5.5 共生行为与技术创新绩效间关系的研究结论

从本章的实证研究结果来看，共生行为主要包括共生界面扩展、创新资源丰度、能量分配效率三个重要维度，本书采用414份调查问卷，探讨了共生行为对技术创新绩效的影响作用，结果发现：共生行为对技术创新绩效存在显著影响，这一结论可以从以下三个方面进行解释。

首先，如果企业对创新资源共享与创造平台进行合理的搭建、维护和优化，可能会产生如下作用：清晰的平台意识促进企业创新网络实现共同演化；种类丰富的共生介质提供了多样化的创新资源；较小的共生阻力利于企业之间的沟通，提高创新资源的传递效率，等等。可以说，共生界面扩展度越高，共生界面上共生介质越多样，平台意识越清晰越大，共生阻力越小。这一论点印证了张红等（2011）的观点，他们采用案例研究的方法，发现盟主企业的共生界面选择机制为有效构建供应链联盟界面关系，提高联盟成员企业间物质、信息或能量双向交流的动力并降低其阻力提供了重要保障，为成员间共享和传递更多的共生能量创造了新方向。该案例中，加盟企业与盟主企业合作愿景的兼容性对供应链联盟互惠共生对象选择机制的形成起到关键作用。

其次，创新资源的多样化有助于企业开拓创新思维，可以说，创新资源种类越丰富，越有益于企业获取和整合多样化的信息、技术和知识，开拓创新思维，产生新的创新点子。池仁勇（2005）、陈劲（2008）等学者的研究成果也支持了该观点，他们认为在创新网络管理模式中，企业应当注重与利益相关者间的资源共享与传递，特别是异质资源的互补和共享，以避免资源的重复开发，实现技术创新过程各个阶段中的资源得到优化配置，优势互补。

最后，如果企业对技术、知识和信息等创新资源进行有效的优化配置，可能会产生如下作用：资源传递、整合效率越高，使得知识和信息在企业之间的均匀分配将有助于共生关系的互惠和均衡，可以说，共生能量分配越均匀，共生能量分配效率越高，共生关系越高级，越可能接近于协同型技术创新管理模式，企业技术创新绩效越好。魏江（2006）、彭正龙（2011）等的研究结果也支持了这一观点，他们认为不同层面的知识交流和共享，为技术创新能力的提升积累和增加知识基础。

可见，企业创新网络是一个复杂的系统，网络中各要素之间存在非线性的相互作用，在其作用过程中伴随着隐性知识和显性知识的传递、扩散和融合，高新技术企业利用共生行为可有效获取和整合创新网络的资源。共生行为促进了知识扩散和知识创造，从而使得处于创新网络中的企业较其他企业具有更强的技术创新优势。因此，共生行为表现更好的企业，比那些没有与其他企业或者研究机构发生联系的企业显示出更好的经济绩效，更能充分利用企业创新网络的资源，提高企业创新绩效。为提高企业创新绩效，企业应从共生界面扩展和共生能量分配两个方面注重培养共生行为。为缩小共生界面上的知识流动阻力，企业应将被动接受的抽象或过于庞大的知识体系进行拆分，分为不同的独立模块，再进行重构组成相互关联的解决方案，并采用测量指标不断考核知识的吸收和内化程度，这样，可以有效缩短知识与企业融合的时间，使得企业顺利完成"知识接受—知识学习—知识内化"过程。同时，当组织中全部为双向实线连接时，知识传播最快；组织密度越大，组织结构对知识传播的影响越小，而知识传播效率越高；组织中单向交流多时，知识方差大，即知识传播越难兼顾公平；相反，组织中双向交流多时，个体间知识储量差距越小。

7.5.6 结构特征与共生行为间关系的研究结论

本书采用414份调查问卷，探讨了企业创新网络结构特征对共生行为的影响作用，结果发现：网络结构对共生行为存在显著正向影响的研究假设只有部分得到支持，具体结果如下。

（1）网络规模对共生行为不存在显著正向影响。这可能是因为网络规模对共生行为的影响需要分为两个方面来看，一方面是当网络规模过小时，创新资源单一化、资源传递效率低下、共生阻力较大，企业无法利用共生行为来发挥构建和优化共生界面，增加创新资源丰富度，提高共生能量传递效率等作用。而当网络规模过于大时，企业将会获取繁杂多样的创新资源，忙于吸收和处理各种显性和隐性知识，企业面临的吸收问题、注意力问题和资源配置问题也就越多，这将会导致资源配置效率低下或资源管理成本过高，企业仍无法发挥共生行为的最大效用。于是，对企业而言，网络规模并不是越大或者越小就表示越有利于企业采取某种共生行为，企业共生行为需要在适度的网络规模中才能得以发挥作用，企业共生行为应当与适当的网络规模配合到一起。如果企业创新网络规模合理，可以为企业创造信息、知识流动和传递的学习平台，如果企业创新网络规模不合理，导致企业创新活动缺乏与其他成员及时有效的沟通，其信息流动比较简单，其创新活动是孤立而分散的。

（2）网络异质性对共生行为存在显著正向影响。这是因为组织间的资源交换行为受到成员掌握和输出资源数量和种类的影响。当参与到创新活动中的行为主体来自不同地域、不同专业技术领域、掌握不同资源种类，可以弥补企业创新活动中的局限性，通过共享技术资源和多方位的整合知识资源，实现共生能量的传递和整合，提高企业绩效。

（3）网络开放度对共生行为存在显著正向影响。这是因为网络开放度从一定程度上保证了网络异质性，企业对网络外部成员的接纳程度越高，表示企业建立的联结越多样化，异质性和互补性的信息越多，越有利于发掘新的市场机会，在动荡环境中更能发现和避免威胁。这表明处于不同发展阶段，企业需求也会有所不同，当企业处于网络规模较小、需要拓展与外部组织间联系的时候，应当利用共生界面扩展，增加网络成员种类和数量，采取多种共生介质来提高网络开放广度，因此应重点培育共生界面扩展属性；而当企业处于巩固与合作者关系的阶段时，应当利用共生能量分配来提高网络开放深度，实现资源的双向配置和均衡分配，充分整合网络资源，将其化为自用，提高资源利用效率，实现共生能量的最大增殖，因此应重点发展共生能量分配属性。

7.5.7 关系特征与共生行为间关系的研究结论

本研究采用 414 份调查问卷，探讨了企业创新网络关系特征对共生行为的影响作用，结果发现：

（1）关系强度对共生行为存在显著正向影响。这是因为，企业间保持紧密的合作关系有利于进行知识流动与交互式学习，提高创新资源分配效率。张红等（2011）通过案例研究表明，金山化工通过与四平聚英建立紧密接触方式，向四平聚英输出和传递浆层纸生产的知识，从而获得了对四平聚英更多的控制和协调能力，奠定了金山化工在联盟中的核心地位。

（2）关系久度对共生行为存在显著正向影响。这是因为，企业间通过长期相处，投入大量的专项资本，建立了一定的信任感和默契，减小共生界面上的共生阻力，优化共生界面上的创新资源配置效率，使得资源要素间得以协调配合，更能发挥出共生行为的作用。

（3）关系质量对共生行为存在显著正向影响。这是因为，企业间基于良好的信任感、承诺程度、满意度等，更有利于维护和优化共生界面，采取多种共生介质接触方式，实现创新资源的多样化和高速的资源传递效率。张红等（2011）认为，企业间保持信任和持久的合作关系，有利于获得多样化的创新资源，实现企业资源整合，联盟成员间知识的互动和整合方式决定了供应链联盟共生介质接触方式选择的方向。

7.5.8 共生行为中介作用检验的研究结论

本研究采用 414 份调查问卷，探讨了共生行为在企业创新网络结构和关系特征与技术创新绩效之间的中介作用，结果表明：

（1）共生行为在关系强度、关系久度、网络异质性与技术创新绩效之间起到完全中介作用。对于这一研究结论的可能的解释是：首先，网络的强连接有助于组织间的深度互动，对技术创新能够产生正面的影响（Hsu，2001）。当企业处于巩固与创新伙伴良好合作关系的阶段时，共生能量分配对技术创新绩效的提高更明显，有助于维持创新伙伴稳定、紧密的合作关系，促进隐性知识的吸收和转化，故应重点发展共生能量分配行为。Hansen（1999）研究了强联系对于企业知识共享的态度和主张的影响机理，发现强联系的企业由于合作和交流频率较高，能够形成一种更为信赖并且互相依赖的关系，在这种关系中，知识能够有效地流动，从而促进共生能量增殖，为企业提供新的创新要素。Nooteboom（2000）指出深度沟通和开放性共享平台可以促进隐性知识的传递，这种知识根植于企业组织和文化中，不能从一般交流中显现出来，需要通过频繁、深层次的情感联结和利益联结机制才能进行传导，而企业要做的就是维持合作关系的持久性和良好的质量。因为，当合作双方建立的关系越持久，信任程度越高，企业间对彼此的依赖程度越高，越能够输出一些专业知识和关键性资源，越愿意提供更多的帮助。这表明企业间关系强度越高，企业越应注重发展共生能量分配行为。其次，企业间通过长期合作所建立的成熟的创新网络，使得企业间投入了大量专用性资产，培养起了信任感和默契，有利于企业与合作伙伴进行知识、信息等创新资源的传递，促进创新资源的有效整合，从而实现了技术创新绩效的提高。最后，当网络具有异质性程度较高时，企业与多样化的网络成员间进行接触需要采取多种手段和途径，这导致企业主动搭建和优化的共生界面，根据企业发展战略来选择战略兼容或资源互补的合作伙伴，采用了丰富的共生介质，更有利于构建一个资源种类多样化，互补资源更多的知识、信息共享与创造的平台，从而促进技术创新绩效的提高。

（2）共生行为在关系质量、网络规模、网络开放度与技术创新绩效之间起到部分中介作用。对于这一研究结论的可能的解释是：首先，当企业间建立了良好的信任感、承诺程度、满意度时，表示企业间经常积极地维护和优化共生界面，降低了共生界面上的共生阻力，不断尝试并成功地采取了多种共生介质接触方式，实现了创新资源的多样化和高速的资源传递效率，从而提高技术创新绩效。其次，企业创新网络本身就是一个典型的有多个组织参与的开放式合作创新组织，网络规模和网络开放度对企业间的合作效果有着直接的影响。由于合作伙伴达到一定的数量，企业便于搜寻到异质资源或者互补资源，并对资源进行优化配置。尤其是当企业处于增加创新伙伴种类和数目的阶段时，共生界面扩展对技术创新绩效的提高更加明显，有利于创新资源共享与创造平台的搭建、维护和优化，促进企业挖掘、整合外部创新资源，完成科研成果的顺利转化，故应重点发展共生界面扩展行为。合作过程中双方开放程度越高，联盟双方从联盟中获取的知识越多表明网络开放度越大，企业越应注重发展共生行为。

7.6 本章小结

本章通过统计分析软件对实证研究样本、假设模型进行了验证。首先，通过 SPSS 软件对 414 份有效问卷进行了描述性统计分析。在保证样本信度与效度的基础上，运用结构方程建模软件 AMOS17.0，引入"共生行为"做中介变量，对企业创新网络特征和创新绩效的影响路径进行实证分析，明晰了影响因素间的关系及影响程度。实证研究结果表明，企业创新网络结构特征、关系特征、共生行为与技术创新绩效之间存在着正相关关系，并且共生行为在企业创新网络结构特征、关系特征与技术创新绩效之间起到中介作用，这表明共生行为是影响企业技术创新绩效的关键，在企业技术创新管理中应当值得被重视。通过实证分析结果，我们发现企业可以借助共生行为测量量表来测量共生行为情况，并且根据共生界面扩展和共生能量分配维度的程度，判定自身的优劣势以及找准合适的管理模式，接着利用共生理论、社会网络理论等，深入企业与合作伙伴间的关系中去剖析企业间的能量、信息和资源分配过程，据此有助于企业探寻相应的管理策略和成长路径。

8 技术创新管理模式研究
——以高新技术企业为例

8.1 共生行为与技术创新管理

在自然生态系统中，两个物种间的共生行为经常表现得比较简单、直接、明了。而在经济系统内，共生单元间产生共生行为时，都是共生单元内的某一业务模块连接，实现物质、信息、能量在共生界面中的流动，联结程度如何我们一般很难观测，只能通过相关的指标来判断。根据共生原理，共生行为包括两个重要属性，即共生界面扩展和共生能量分配。共生界面是指由一组共生介质构成的共生单元相互作用的媒介或载体（袁纯清，1998）。而在创新活动中，共生界面是指企业之间构成了由一组共生介质组成的创新资源共享与创造平台。企业共生界面扩展是指企业对创新资源共享与创造平台的搭建和优化，它是共生行为的重要属性之一，从平台意识清晰性、共生介质丰度大小两个方面决定了共生体的融合性和稳定性。共生能量是共生单元之间通过共生界面相互作用所产生的结果，反映了共生系统的生存和繁殖能力（袁纯清，1998）。在创新活动中，共生能量主要是指企业与创新伙伴通过共生界面创造或共享物质和非物质成果，主要包括技术、知识和信息等创新资源。企业共生能量分配是指企业对技术、知识和信息等创新资源的优化配置行为，从资源丰度和传递效率两个方面决定了共生体的增殖性和效率性。

从创新网络理论和共生理论相结合的角度分析，高新技术企业与外部环境存在着物质、信息、知识和能量的交互作用，构成了纵向和横向的复杂创新网络，企业与网络主体通过共生能量分配，实现了企业间的优势互补和创新资源共享。在企业创新网络中，不同的共生单元为了实现信息交流、知识共享，需要共生能量的产生与分配，而这一切都离不开共生界面的媒介作用。之后，根据共生能量以及共生界面等要素的情况，共生单元会辨别是否需要进一步的共生，如果能提高共生能量的使用和分配的公平性、效率性，提高共生界面兼容性、稳定性，调整共生行为，那么共生单元之间将进一步交流，以便适应企业创新网络环境的转变。可见，共生能量分配和共生界面扩展这两种共生行为是任意二维共生体系建立共生关系的前提条件。据此，本研究将基于共生行为的两个维度构建技术创新管理模式。

8.2 传统技术创新管理模式的不足

随着技术创新管理对高新技术企业成长的重要性受到重视，国内学者对技术创新管理模式的研究与日俱增。刘颖等（2009）指出我国高新技术产业技术创新管理模式分为三种：自主创新管理模式、技术模仿管理模式和孵化器管理模式。童星等（2002）在研究国内外科技型企业技术创新管理模式的基础上，提出"哑铃型"和"铁锤型"技术创新管理模式适用于中国科技型中小企业。刘祥祺等（2008）通过比较台湾的高新技术企业与传统企业之间的差异，找到了技术活动中的关键影响因素，包括企业文化、技能管理等。他指出，企业应该从这几个方面着手来提高创新绩效，为技术创新管理模式提供了新的思路和视角。虽然现有文献从不同角度对技术创新管理模式进行解读，但在创新网络化发展趋势下，现有管理模式较少考虑到企业之间的共生关系，而共生行为正是制约企业技术创新的一个潜在因素（张小峰，2013）。为此，本书从共生视角出发，试图构建高新技术企业技术创新管理模式。

从传统的技术创新管理模式分析角度，我们能够观察到企业拥有的创新伙伴数量、创新伙伴多样性、与创新伙伴联系紧密程度等事实，但是却很难判断企业与创新伙伴之间潜在的合作方式、合作机制等问题。例如，该企业与合作伙伴之间合作方式单一或多样，交流阻力大或小，共享资源单一或多样，资源分配机制是单向或双向等，这些问题可以从共生行为角度来解读。在创新网络化发展趋势下，共生行为逐渐成为制约企业技术创新管理的一个潜在因素。为此，本书从共生视角出发，试图构建高新技术企业技术创新管理模式，能够从一个崭新的视角来解读不同高新技术企业技术创新管理的差异，为企业技术创新的"蓝海"战略提供指导。

8.3　基于共生行为的技术创新管理模式构建

企业共生行为发生在创新网络的背景之下，只有当企业与合作伙伴间发生了资源交换、能量分配、界面管理等行为，才具备讨论共生行为的必要性，否则没有资源交换关系，企业间不存在共生行为。所以说，共生行为是创新网络的重要产物，同时共生行为也是创新网络与创新绩效之间的中介。所以企业创新绩效的提高有赖于共生行为。基于此，本书认为基于共生行为的技术创新管理模式是指一系列反映企业与其他组织之间相互联结的紧密性和稳定性，体现企业之间创新资源（主要是技术、知识和信息）的分配方向和传递效率的主客体要素作用机理及其管理策略。从企业创新网络和共生理论的角度来看，高新技术企业创新网络由多个主体构成，包括供应商、客户、同行企业、政府、科研院校等。这些主体又被看作"共生单元"，他们之间不断利用共生行为，通过共生界面进行创新资源传递、交换，产生共生能量并使用，实现了企业间的优势互补和创新资源共享。由此，在创新网络化背景下，高新技术企业技术创新管理应具有共生能量分配和共生界面扩展两个维度，这两种维度构成了可以表达企业技术创新管理的一个二维空间，如图8-1所示。

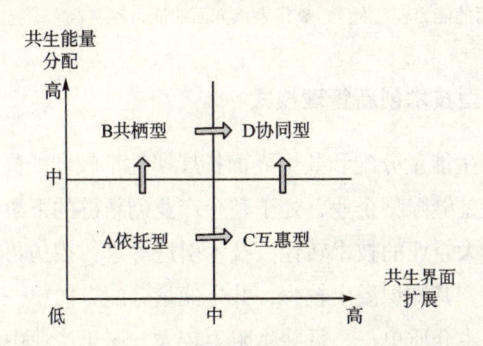

图 8-1　基于共生行为的技术创新管理模式解构

在该二维空间中，X轴表示共生能量分配维度，而Y轴表示共生界面扩展维度。由于X、Y轴可被大致划分为高、中、低三种程度，该二维空间可被划分为A、B、C、D四个不同区域，分别代表四种不同类型的技术创新管理模式。这四个区域之间的箭头用来反映企业技术创新管理的演化路径。基于共生理论的技术创新管理及其演化路径具有如下重要特征：一是共生行为的两个维度的提升非完全同步性，表示企业在同一时期技术创新管理过程中需要侧重的点，要么是共生能量分配，要么是共生界面扩展。因为同时关注"质"和"量"的提高会造成较高的企业成本和较低的资源配置效率。二是技术创新管理的演化路径并不是直线式的提升，而是曲折式的。由于先天资源禀赋和企业战略的不同，当企业认识到要提升技术创新管理能力时，后天努力的方向会有差异性，于是企业运用共生能量分配和共生界面扩展这两种共生行为的程度也不完全相同。

企业资源和能力的提高具有连续性，从而技术创新管理演化也具有连续性，这样技术创新管理模式将出现无限多种可能。考虑到研究的方便，本书对共生行为的两个维度进行抽象化处理，即将共生能量分配和共生界面扩展两个维度划分为较低和较高两种程度，这样技术创新管理模式就有 2×2=4 种，即依托型、共栖型、渔利型和协同型技术创新管理模式，如表 8-1 所示。

表 8-1　　　基于共生理论的技术创新管理模式分类

序号 \ 维度	共生能量分配	共生界面扩展	技术创新管理模式
Ⅰ	○	○	依托型
Ⅱ	●	○	共栖型
Ⅲ	○	●	渔利型
Ⅳ	●	●	协同型

注：○代表该方面的能力较"低"，●代表该方面的能力较"高"。

8.3.1　依托型技术创新管理模式

该模式是指共生能量分配和共生界面扩展属性都较弱的高新技术企业，实施该管理模式的一般是缝隙型企业，处于整个产业创新链的下游。该类企业自主创新较弱，基本依赖大企业的技术转让、技术引进等进行模仿再创新，作为创新资源的单方面接受者，其知识溢出较少，共生能量分配方向单一；同时该企业缺乏共生界面管理，共生介质单一，且共生阻力较大，属于产业中的缝隙型企业。

自主研发需要资金实力和科研队伍支撑，依托型企业往往引进先进技术而模仿创新，以降低成本和风险。该类企业的经营业务往往放在少数企业身上，擅长于改进现有大企业生产工艺或提高现有产品的附加价值。企业间非常注重与合作伙伴的沟通，常积极主动地与对方建立联系，但企业之间的合作更多关注的是关系和沟通，而非交易的过程，合作方式较单一，对合作伙伴的依赖性较强，关系在投入资源中所在比例过高。值得注意的是，企业对少数大企业的关系依赖程度较高，企业的生产经营过程全都围绕少数大企业而开展，因此对关系资源投入了大量资本。然而如果遇到突发状况，合作关系终止，这种投入就会变成成本，给资源关系投资企业造成沉重的负担。并且，引进技术会发生"效应延后"现象，不利于赢得市场竞争优势，过分注重短期行为，也不利于企业培养自主研发能力。类似地，胡晓鹏（2008）也支持了该观点，他认为寄生关系的共生能量最低，可能是由于企业集团具有强大的规模和权威控制偏好所造成的。比如，中国石油集团存在很多下属事业单位编制的二级企业或者是民营科技企业，这些企业为中国石油集团提供了技术服务。中国石油集团通过委托外包的形式，将不愿意自主研发的小技术分包给一些中小高新技术企业。这些企业长期与中石油进行合作，不仅仅能够获得盈利，还能够获得信息、知识等创新资源共享，不断提高自身技术创新能力，满足中石油发展的需求。这说明它们依靠中石油的业务得到生存与发展，过于注重与中石油维持良好的关系质量，对此投入了长期大量的专属性资源，而缺乏对其他市场的关注和资源投入，无法扩展创新资源共享平台和增加创新资源种类，获得新的创新点，难以实现突破式成长。

8.3.2 共栖型技术创新管理模式

该模式是指共生能量分配属性较强，而共生界面扩展属性较弱的高新技术企业。该类企业通常致力于专业化和差异化战略，处于整个产业创新链的中下游。与依托型企业截然不同的是，该类企业一般拥有较强的科研团队，自主研发能力较强，注重技术知识积累，知识吸收和知识溢出程度较高，共生能量分配方向均衡，但共生界面扩展能力较弱，共生介质单一，且共生阻力较大。

企业自主研发的科研成果可以转化为产品进行销售，也可以转让给其他企业。这类企业与合作伙伴的合作动力主要来自技术需求，是一种非常被动的适应，由于企业与合作伙伴之间更多的关注点在于技术交易的过程（把技术卖给别人，或者为别人提供技术咨询等），企业创新共生平台意识模糊；与政府、金融机构、新闻媒体等多种组织联系较松散，共生介质较单一，共生阻力较大，共生界面缺乏稳定性。例如，环能德美集团（以下简称"环能德美"[①]）成立于1990年，一直致力于水处理磁技术的研发与应用，开发了稀土磁盘分离净化废水设备，是一家在污水处理行业具有较强科研竞争力和较弱的多元化协同能力的现代民营高科技集团企业（见表8-2）。环能德美集团旗下共拥有4家公司，包括四川环美能科技有限责任公司、四川冶金环能工程有

---

① 资料来源：环能德美课题组、环能德美公司内部资料。

限责任公司、四川德美环境技术有限责任公司（国家高新技术企业）、北京环能工程技术有限公司，为客户提供环保和节能新技术整体解决方案。该集团以永磁技术为核心专注于水处理技术开发和应用，成功研究开发出"稀土磁盘分离成套技术设备""超磁分离水体净化成套技术"，具有净化效率高、运行成本低、自动化程度高、安全可靠等显著优势。该技术在工业水处理、矿产资源综合利用、市政水综合利用等领域有大规模应用，居于国内领先水平。

表 8-2　　　　　　　　　　公司竞争优劣势分析

资源或能力		举例	竞争优势
一级	二级		
有形资源	实物资源	厂房、设备等固定资产	★★★★☆
	财务资源	现有资金和可融资资源	★★★★☆
无形资源	组织资源	企业内部治理和组织结构、制度体系、采购、销售网络与资源	★★★☆☆
	技术资源	技术储备，如专利、商标等所必需的知识更新所需要的资源，如技术人员、研究条件	★★★★☆
	人力资源	企业管理者与员工的培训、经验、知识、洞察力、适应性、共识与忠诚等	★★★☆☆
	企业文化	企业形象、企业宗旨、价值观等	★★★★☆
职能领域能力	营销	敏锐的市场意识，健全市场信息管理渠道，准确的市场定位与恰当的促销手段，有效的分销物流体系，完善的客户管理体系	★★★☆☆
	人力资源	持续的员工培训，有效的激励机制，完善的管理体系	★★★☆☆
	研究与开发	快速的产品革新，独到的工艺技术，较强的基础研发	★★★★☆
	制造	敏捷制造，精密制造，复杂制造	★★★☆☆
	财务	完善的财务管理岗位设置，健全的财务管理和监督制度，较强的融资和投资理财能力	★★★☆☆
	管理信息系统	完善的信息管理体系，较强的信息搜集和处理能力，商务电子化能力	★★☆☆☆
跨职能综合能力	学习能力	个人学习氛围，实践与理论的结合	★★★☆☆
	创新能力	鼓励创新的氛围，有效的创新方法	★★★☆☆
	战略能力	市场驱动、顾客和供应商的良好合作关系，建立战略联盟，有效的组织结构，健康的企业文化，掌握企业变革时机	★★★☆☆

资料来源：据本研究整理。

从环能德美集团的竞争优劣势分析结果可以看出，无形资源中的技术资源较强，而组织资源和人力资源较弱，另外，从职能领域能力来看，除了研发能力较强以外，制造、管理信息化、人力资源和营销能力都急需提高。这说明企业内部管理不够成熟，科研成果的推广效果不佳，内外部资源整合能力较弱，具体表现为：非钢市场开拓亟须加强、技术与市场匹配度不够强，技术的生化处理能力不强，应用范围有限，员工技术知识与经验尚待提高，总承包和托管运营业务支撑平台还较薄弱，品牌知名度不高，总部所在地不属于核心城市等问题。因此，企业应当加大市场开拓力度，加强售后服务和客户关系管理，迎合客户的需求，提高客户满意度和忠诚度，并且以技术为主要支撑，为非钢细分市场客户提供水处理整体解决方案，逐步形成非钢领域品牌优势。同时，进一步规范企业管理，逐步完善管理信息化平台，提高管理效率，提升内部管理能力，实现资源的优化配置。由于该企业缺乏构建创新资源共享平台的清晰意识，在创新成果转化和市场化运营方面的经验不足，应该加强共生界面扩展，积极搭建以自身为中心的创新价值共享与创造网络，提高外源协同能力。值得注意的是，独自承担科研任务导致较高的科研风险，一旦失败企业往往需要付出惨痛代价，企业应积极整合外源技术，分摊创新风险。此外，该类企业合作伙伴类型较单一，应该积极拓展合作伙伴类型，企业应通过搭建共生界面来整合外部市场资源，实现"借船出海"，将科研成果顺利转化。

8.3.3 渔利型技术创新管理模式

该模式是指共生界面扩展属性较高，而共生能量分配属性较弱的高新技术企业。该类型企业一般致力于专业化和差异化战略，处于整个产业创新链的中下游。与共栖型企业截然相反的是，该类企业一般自主研发能力较弱，技术知识积累较少，知识吸收和知识溢出程度较低，故共生能量分配方向不均衡，但与政府、金融机构、科研院校的联系较紧密，共生界面扩展能力较强，共生介质多样，且共生阻力较小。

虽然在规模和实力上处于劣势，但生存危机和竞争压力迫使渔利型企业更加关注市场机会，适应市场需求，具有较强的市场应变能力。该类企业擅长于通过本地搭建市场营销网络将科研成果推广到市场。在网络中，企业对待其他成员的态度是积极主动的，由于业务类型广泛，需要与各种机构建立关系。同时，渔利型企业具有较强的外源技术协同能力，即整合外部技术资源来弥补自主研发能力的不足。Karim 和 Mitchell（2000）认为积极搜寻外部技术，对企业技术资源进行重新配置的企业比那些仅专注于内部研发的企业更具有活力，更能在复杂的竞争环境中生存下去。无论是通过委托开发、直接购买或是项目合作的方式，产学研合作可以通过科研院校的研发能力弥补渔利型企业自主研发的薄弱。万安石斛公司就是一个典型例子。

四川万安石斛产业开发有限公司（简称"万安石斛"①）是一家由四川省科技厅认定的高新技术企业，是由国家级农业龙头企业四川通丰科技有限公司与中国科学院四川分院生物研究所联合控股，主要从事微量元素水溶肥料、有机水溶肥料生产销售，农业新技术新产品研究开发。该公司投资开发了万安石斛产业科技园，自筹资金开展生产活动，并招商引进其他附属产业，是以企业为主导，集成"引进—示范—推广"技术为一体的产业园区，该园区现已规划土地面积1 136亩（1亩≈666.67平方米），共分为三大功能模块（见图8-2）：石斛种苗繁育区、工厂化规范种植区、新产品研发区。

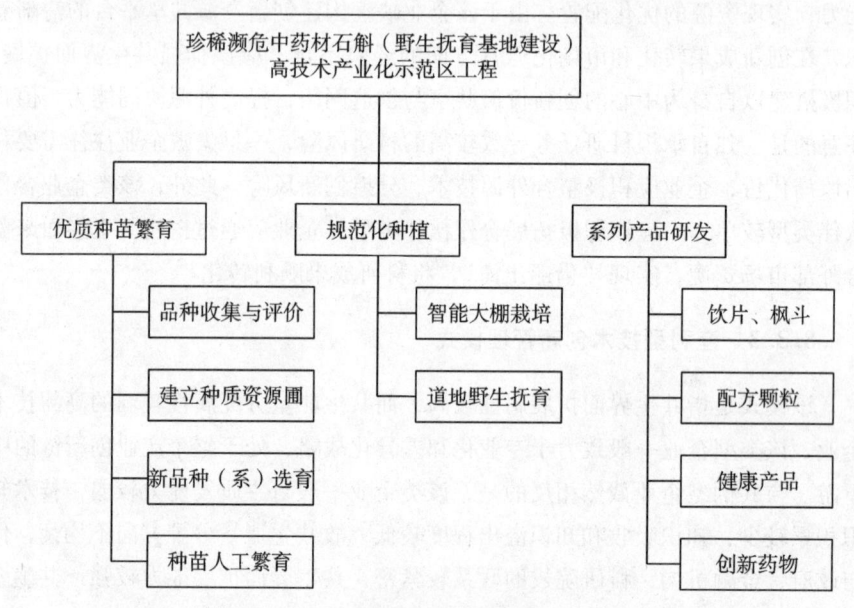

```
              珍稀濒危中药材石斛（野生抚育基地建设）
                   高技术产业化示范区工程
         ┌──────────────┼──────────────┐
     优质种苗繁育      规范化种植      系列产品研发
         │                │                │
     品种收集与评价    智能大棚栽培      饮片、枫斗
         │                │                │
     建立种质资源圃    道地野生抚育      配方颗粒
         │                                 │
     新品种（系）选育                    健康产品
         │                                 │
     种苗人工繁育                        创新药物
```

图8-2　万安石斛科技产业园区建设项目

资料来源：据本研究整理。

万安石斛公司一贯秉承市场需求导向的理念，以政策支持为动力，以技术创新为支撑，采用现代高科技种植和养殖名贵濒危中药资源，打造知名药业品牌，整合城乡资源，开发国内国际市场。在四川省政府打造"川药"优势特色资源发展规划的背景下，该公司开发和运营了万安石斛产业科技园。万安石

---

① 资料来源：农业科技企业技术创新管理课题组、万安石斛公司内部资料。

斛产业科技园是双流区政府规划建设 20 个现代农业园中首批引进的高科技农业园，以石斛为主要产品的中药种苗繁育及深加工为主，向农民宣传、展示农业新技术、新成果的推广形式，通过培训农民、传递市场信息、扩大技术辐射面来提高农民的技术水平和加快新技术的推广应用。通过万安石斛产业园区，万安石斛公司进一步扩大其整合外界资源的先天优势，与顾客、科研院所、同行企业等建立起了密切的合作关系。由于公司目前的自主研发力量不足，公司主要以外源技术协同为主，自主创新为辅，十分重视与外部高校、科技机构的合作，企业往往采用委托开发、直接购买、战略联盟、技术依托、项目合作等方式来获得外界的技术支持。比如，万安石斛与成都中医药大学、北京中医药大学、四川农科院等科研院校建立了紧密联系，通过与科研院所组建虚拟研发组织，把外界的研发力量聚集在一起，整合资金优势、市场化优势、科技成果转化优势和科研院所技术优势，弥补自身科研能力的不足。除外，企业技术创新包括两大部分，技术创新成果的获取与转化，万安石斛公司依靠比较健全的营销网络体系来实现科技成果的转化。而公司的技术成果转化的主要活动是农作物种植加工与产品营销。公司的种植主要是与参股成立专业农业合作社以及家庭农场合作，公司为其提供种苗、技术培训和服务等，并统一回收专业农业合作社以及家庭农场种植的成熟农作物，进行深加工，形成高价值产品提供给市场和顾客。在种植过程中，公司向农户提供优质的种苗，并为其提供技术培训与服务，以保证其做到科学种植。在加工过程中，公司严把质量关，确保产品质量，并重视成本的合理控制，同时保障生产加工全过程的安全。在营销中，公司特别注重与其他企业和单位建立长期合作关系，重视关系营销，并大力推进品牌建设，同时着力推动公司营销网络和体系建设，包括销售渠道、营销团队、营销策略等方面。在技术成果转化的过程中，公司种植加工和营销活动都是围绕市场和需求而进行的，而市场也会为两个环节活动不断地提供反馈信息。

虽然该企业市场运作能力较强，拥有多样化的共生介质，具有较强的科研成果转化能力，但由于该企业并没有注重打造自身科研队伍的实力，自主研发能力较弱，无法与同行交流行业前沿信息和隐性知识，为合作伙伴传递较少的知识溢出，与其他企业所交换的创新资源种类较为单一，并没有逐渐巩固自身在产业中核心企业的地位，无法担负起产业技术创新和行业标准制定的重大任务，不利于企业可持续发展。而且值得注意的是，由于与很多企业建立合作关系，企业承诺度较低，如果为了拓展业务或其他需求，有必要更换合作企业，只需要付出较低的成本就可以迅速地达到目的，但同时也降低了企业信誉度，增加了企业知识产权泄露的风险。同时,过分注重科研成果的转化,而忽视了自主创新能力的提高,企业应当加强共生能量分配,培养一支具有自主研发实力的科研队伍,以保证企业持续健康的发展。

8.3.4 协同型技术创新管理模式

该模式是指共生能量分配和共生界面扩展属性都较强的企业。该类型企业拥有较强的科研实力和外源协同能力,一般实施多元化经营战略,处于产业创新链的上、中游。该类企业关注于搭建企业创新网络的共生平台,以便更好地整合利用外部资源。故共生界面扩展较强,并且该类企业与合作伙伴之间存在双向知识分配机制,知识吸收和知识溢出较大,故共生能量分配较强。

该类企业的合作伙伴较多,常利用现代信息技术,加强与合作伙伴在知识、信息等方面的沟通与交流,与各种机构建立了良好关系,形成动态网络。在与合作伙伴的关系建立和维护过程中,企业与合作伙伴双方一旦形成一种信任的、稳定的、可以更深层次交流的关系,企业与合作伙伴的关系将不仅局限于技术交易过程,而是可以共同解决问题、共同进行技术创新。虽然企业能够凭自身实力完成技术创新,获得技术在市场的垄断地位,提高企业的竞争力,但与此同时也意味着企业需要独自承担技术创新所带来的风险。相反,如果企业通过创新网络,采取创新的形式,不仅能有效地降低成本、控制风险,还能缩短技术创新所需的时间,提前占领市场(Karim,Mitchell,2000)。因此,通过建立内外部资源共享与创造的共生平台,获取共生界面上共生能量的增殖,能为企业可持续发展提供不竭动力。曾被誉为中国电力高科技第一股的"国电南自"就是搭建了良好的企业创新网络,培育了较强的共生行为,来实现企业价值的共享与创造。

国电南京自动化股份有限公司(以下简称"国电南自"[①])始建于1940年,是1999年上证交易所上市的国家电力系统首家高技术上市公司。国电南自率先研发出中国前两代静态继电保护产品,并创造了多个全国第一,被誉为中国电力自动化现代产品的开山鼻祖。该公司是南京市工业50强企业、国家火炬计划重点高新技术企业、十佳创新型杰出企业、国家电力自动化产业基地骨干企业。公司主要经营业务有:电网自动化、电厂自动化、水电自动化、轨道交通自动化、工业自动化、信息与安防监控系统、新能源与节能减排、智能一次设备等。1985—1990年,在具备一定研发人员的基础上,工厂组建了

---

① 资料来源:国电南自课题组。

"南京电力自动化设备设计研究所",成立了7个专业设计室。同时,工厂还与国内19所高校、6个设计院、7个研究所建立了科技合作关系,并成立南自技术顾问委员会。这些研发力量,为工厂提供了有关科技动向、市场信息、科研立项、产品质量等方面的宝贵建议,也为日后参与电力自动化高科技领域的激烈竞争奠定了内部科研人员和外源技术资源的基础。2001年成立博士后科研工作站,着力培养高级科技和管理复合型人才,同时研究院还与电力设计院、电科所、电力公司等科研生产部门紧密合作,共同进行课题研究、项目开发、方案设计、集成测试等工作,形成一个良好互动的科研体系。

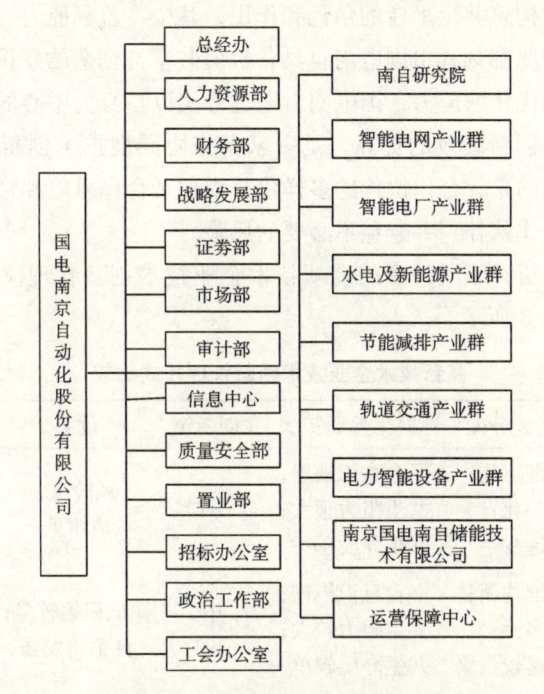

图 8-3　国电南自组织结构图

资料来源:国电南自课题组。

国电南自成立至今拥有强大的自主研发能力,掌握了电力自动化、电网自动化、水电自动化、轨道交通自动化、安防信息自动化、智能电网、节能减排等几大领域的技术优势,已经成为我国电力系统解决方案的大型供应商,已为全球100多个国家和地区的企业提供电力系统自动化整套解决方案。国电南自不但独立承担了多项技术研发项目,还针对生产急需项目和重大项目开展联合攻关,是一家拥有较强的科研实力和外源协同能力的高新技术企业。该公司为适应战略转型时期,提出了"两轮驱动、三足鼎立、创新管理、跨越式发展"

发展战略，谋划实施电力自动化业务、新能源及节能减排业务、智能一次设备业务"三足鼎立"战略，规划建设中国（南京）电力自动化工业园、国电南自（江宁）高新科技园、国电南自（浦口）高新科技园、国电南自（扬州）智能电网产业园"四大园区"布局，构筑搭建电网、电力、新能源、轨道交通、信息、水电、电气、智能设备"八大专业"板块（见表6-3）。从其运营布局可以看出，已构筑了广阔深厚的创新资源共生平台。并且，与国内同行企业相比，该公司具有更大的"溢出"效应，长期致力于创新资源共生平台的构筑，逐渐巩固了其在电力自动化产业中的主导企业角色。该公司在电力自动化产业中扮演了构筑共生平台的角色和作用，其中，盈利能力、知识溢出、运营网络规模等情况都刻画出国电南自具备价值共享与创造的意识和能力，具备价值平台搭建和优化的能力，国电南自通过夯实以自身为中心的共生平台，也实现了企业技术创新绩效的提高，是一家实施协同型技术创新管理模式的企业。但值得注意的是，合作伙伴的多样化，增加了合作风险和管理成本，企业应该谨慎选择合作伙伴，并避免不必要的风险。

基于上述分析，不同类型的高新技术企业技术创新管理模式具有不同特征，具体如表8-3所示。

表8-3　　　　　高新技术企业技术创新管理模式比较

模式	共生能量分配	共生界面扩展	创新链	优势	劣势
依托型	资源分配不均；资源单一化；资源传递少	平台意识缺乏；共生阻力很大；共生介质单一	下游	风险低；成本低	依赖性；效应延后；短期行为
共栖型	资源分配均衡；资源较多元；资源传递较频繁	平台意识模糊；共生阻力较大；共生介质较单一	中、下游	知识积累较多；自主研发强	被动性；创新风险高；成果转化率低
渔利型	资源分配不均；资源较单一；资源传递较少	平台意识较清晰；共生阻力较小；共生介质较多样	中、下游	主动性；科研成果转化率高	知识积累较少；自主研发弱；短期行为
协同型	资源分配均衡；资源多元化；资源传递频繁	平台意识清晰；共生阻力小；共生介质多样化	上、中游	分摊风险；资源共享；共赢模式	主体多元化；管理复杂化；长期行为

资料来源：据本研究整理。

8.4 本章小结

从我国高新技术企业发展历程来看，高新技术企业是我国技术创新的主力军，受到政府和企业家的高度重视，已建立多个高新技术产业园区，颁布多项划定和扶持高新技术企业的政策。目前，有利于高新技术企业的创新网络环境和共生环境已逐步形成。基于此，本书认为高新技术企业快速发展的关键就在于：在产学研府民的企业创新网络环境中，通过共生行为有效地整合科研院校、同行竞争者、政府、供应商、顾客等各类利益相关者的创新资源，挖掘自身技术创新管理优劣势，并进行提升和优化。

基于共生行为，本书提出了四种高新技术企业技术创新管理模式，并分析了各自的内涵与优劣势，分析结果表明：①共生行为对技术创新有重要作用，企业应注重共生行为的培养。实力弱小的高新技术企业应搭建共生界面进行技术、信息和知识的交流，优化配置共生能量，实现企业之间创新资源的共享与创造，从而提高创新绩效。②现有技术创新管理模式之间存在演化路径，实力不足的高新技术企业提高创新能力，应该走的路径有两种，一是先天具备科研实力的企业，侧重于发展共生界面扩展行为，实现"借船出海"，如科研转制科技企业；二是先天具备市场转化的企业，应侧重于发展共生能量分配行为，实现自主研发能力的提高，如多元投资主体的科技企业。

9 技术创新能力的成长特征研究
——以农业科技企业为例

技术创新能力是影响企业创新绩效的直接动力和关键因素（杜跃平，方韵然，2014），历来是理论界和企业界所关注的重要问题之一。早期有关技术创新能力与企业成长的研究，侧重于将技术创新视为内部化技术来源，而忽视对企业外部技术来源的技术创新能力进行研究。20世纪90年代以来，学术界掀起了企业创新网络的研究热潮，人们对技术创新能力的关注逐渐从内部转向外部，从单一转向多元，因此一些研究者开始对外部技术获取能力的问题进行研究。Karim和Mitchell（2000）认为，积极搜寻外部技术、对企业技术资源进行重新配置的企业比那些仅专注于内部研发的企业更具有活力，更能在复杂的竞争环境中生存下去。赵晓庆（2001）将技术能力定义为企业在技术资源和技术活动方面的知识与技能的总和，技术活动主要包括企业对内部和外部技术资源的整合与协调，以及对技术的战略管理。而且，部分学者对企业创新网络特征对技术创新能力的影响展开研究。如Rodan和Galunic（2004）等研究了网络结构异质性对于企业创新能力的影响。肖冬平、彭雪红（2011）对知识网络的结构特征与创新能力的关系进行了实证研究。黄昱方、柯希正（2013）研究了社会网络结构洞嵌入对创新能力的影响。刘雪锋等（2015）认为网络结构嵌入性能够影响企业创新行为，进而影响企业的创新能力。虽然，技术创新能力与企业的研究成果丰硕，但有关技术创新能力与农业科技企业可持续发展的研究甚少。

可持续发展对农业科技企业的意义非常重大，目前"单腿走路"的问题现已成为我国农业科技企业可持续发展的严重阻碍。在创业初期，我国农业科技企业由于自身拥有的资源有限，整合资源的能力不足，不得不偏重于一种发展途径，以求生存和发展。因而，部分农业科技企业借助较强的自主创新优势，继续加强内部化技术创新能力，在市场竞争中以技术制胜；而部分农业科技企业却凭借较强的外部资源整合能力，采取市场制胜的办法，也能在市场竞争中立足。长远来看，农业科技企业只靠"单腿走路"是走不远的。由此，本书基于共生的视角，认为有的企业擅长共生能量传递，而有的企业擅长共生界面扩展；进一步结合农业科技企业的成长背景，提出技术创新能力的结构性成长特征，并探讨了农业科技企业技术创新能力的可持续成长路径。

9.1 技术创新能力的结构性成长特征

在一些经济学和管理学理论中（如知识产权理论、核心竞争能力理论等），出现了新技术研发应当源于企业内部（通过投资于内部研发活动）还是源于外部（通过外部新技术的获取活动）的争论，即研发和购买的争论。在与核心竞争能力理论相关的研究中，多数研究者认为企业应当将与核心能力相关的新技术研发活动集中在企业内部。但后来的一些研究反映出一种新的趋势，Larry B（2001）认为在与企业核心竞争力相关的领域内，内部技术来源并非唯一的选择，也可以通过整合外部技术资源获取科研成果。赵晓庆、许庆瑞（2006）从技术能力演化的轨迹和技术能力积累的机制出发，研究内部途径和外源途径在技术能力演化中的互补作用，提出技术能力形成的内外途径交替的螺旋运动模式。温珂等（2014）通过调查中国101家公立研究院所，指导科研机构如何加强协调创新能力。饶杨德（2007）将企业技术能力成长的资源整合模式定义为企业以市场需求为出发点，对企业内外资源尤其是技术知识资源进行选择、汲取并予以激活、融合，创造与市场相匹配的新的技术资源，设计符合市场需求的产品制造流程，从而促进企业技术能力不断跃上新的台阶。徐建中（2015）探究了企业协同创新能力对技术创新绩效的影响机理。开放型网络能够创造更多的机会，使彼此间不联系的企业建立联系，获取资源优势（Marco & Krackhardt, 2010）。

实际上，企业获得新技术主要是通过内部研发和外部获取（包括合作研发）两条途径完成的。企业应当通过自主创新还是整合外部技术资源的途径来获取新技术，这种争论的核心在于对技术获取途径的选择，而归根究底是由于企业的技术创新能力具有结构性成长特征。由此，本书基于技术获取途径的研究，并结合农业科技企业的发展历程，界定技术创新能力的结构性成长特征，以便做进一步的研究。

9.1.1 产生背景

从农业科技企业的发展历程来看，其技术创新能力出现结构性成长特征的主要原因如下。

9.1.1.1 企业性质

由于企业性质不同，农业科技企业具有不同的"先天优势"。这种先天优势主要表现在，科研院所改制的农业科技企业具有深厚的技术积累，拥有较强的自主创新能力，往往凭借企业内部研发机构获得科技成果。例如，中国农机院、中国农科院蔬菜所、湖南农业科技辣椒所、隆平高科、江苏明天瑞丰科技有限公司等是科研单位、院校创办科技企业的典型样板，这些农业科技企业的发展拥有源源不断的技术支撑。而多元化社会资本投资的农业产业化龙头企业具有较强的外部资源整合能力，往往采取外源技术协同的方式来获取科技成果。目前，我国已涌现出一大批多元化社会资本投资的农业产业化龙头企业，如，上海祥欣畜禽有限公司、北京德青源农业科技股份有限公司、四川万安石斛产业开发有限公司等。这种先天优势会促使技术创新能力在成长过程中出现结构性演变。

9.1.1.2 资源配置能力

从企业的可控资源看，对于任何一个企业而言，能够支配和控制的资源和条件是有限的，这就要求企业在一定的约束条件下对相对稀缺资源进行合理配置和利用。在以农业科技企业为主体，以政府、科研机构、农户和其他企业为客体的技术创新系统中，企业的可控资源也是有限的。在不同的资源配置能力下，技术创新能力发生了结构性转变。科研机构转制的农业科技企业指导企业充分发挥自主创新的力量，以技术制胜来抢占市场。而多元化社会资本投资的农业产业化龙头企业指导企业要积极发挥外部技术协同能力，弥补自身科研能力不足的缺陷，在竞争中以市场制胜。

在面对同样的竞争环境和资源条件，由于企业资源配置能力的不同，农业科技企业在技术创新能力的演化过程中出现了结构性成长特征，即有的企业在自主创新能力方面的优势得到强化，有的企业在外部资源整合能力方面的优势日益增强。

9.1.2 内涵与实质

技术创新能力的结构性成长特征是指，在企业的发展过程中，企业由于自身性质和资源配置能力等不同而引起技术创新能力发生了结构性的变化，即自主创新能力和外源技术协同能力之间出现不均衡现象——企业或侧重于自主创新能力，或侧重于外源技术协同能力。这种结构性成长特征通常是长期、稳定的。

技术创新能力的结构性成长特征的实质就是企业自主创新能力和外源技术协同能力发展的不均衡。由于企业性质、资源配置能力等不同，以及技术创新趋势的变化，有的农业科技企业侧重于培育自主创新能力，而有的农业科技企业则侧重于培育外部资源整合能力。

9.2 结构性成长特征造成的影响

从技术创新能力的结构性成长特征来看，初创时期，我国农业科技企业由于自身性质不同和资源配置能力有限，不得不采取"单腿走路"，以求生存和发展。企业凭借自主创新或外源技术协同的竞争优势，在市场中迅速抢占市场，扩大企业规模，逐渐步入成长阶段。经过一定时期后，某些农业科技企业外部资源整合能力不足，难以充分调动外部资源，迅速掌握并满足市场需求；而某些农业科技企业自主创新能力薄弱，在内部研发上不具备核心竞争力。"单腿走路"促使企业技术创新能力发生了结构性转变，即自主创新能力和外源技术协同能力之间出现不均衡现象，这种不均衡现象给企业未来发展造成了深远影响。

（1）根据技术创新能力的结构性成长特征，农业科技企业可被分为两种类型：自主创新型和外源协同型农业科技企业。自主创新型农业科技企业，是指主要依靠内部技术获取途径（包括原始创新、集成创新和引进再创新等）来获取科技成果，实现经济效益的企业。其典型代表是科研机构转制的农业科技企业。外源协同型农业科技企业，是指主要依靠外部技术获取途径（包括技术引进、技术模仿和利用其他创新主体进行合作创新等）来获取科技成果，实现经济效益的企业。其典型代表是多元化社会资本投资的农业产业化龙头企业。

（2）技术创新能力的结构性转变导致农业科技企业产生出两种截然不同的发展路径（见图9-1）。一是以自主创新为主导的发展路径。比如，科研机构改制的农业科技企业具有自主创新的先天优势，具有技术知识积累和专业科研队伍，可通过自主创新手段来塑造核心竞争力。二是以外源协同为主导的发展路径。比如，多元化社会资本投资的农业产业化龙头企业的内部研发力量薄弱,但具有整合外部资源的先天优势,可通过整合外部技术资源的手段来弥补自主创新能力薄弱的劣势,快速响应市场需求,利用健全的营销渠道,如此也能顺利实现经济效益,在市场竞争中立足。

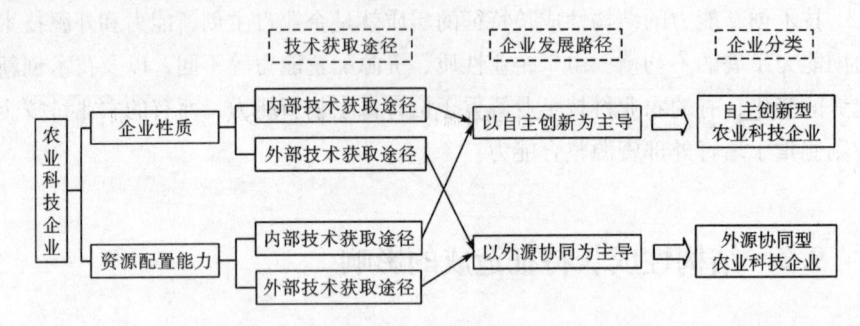

图 9-1 技术创新能力的结构性成长过程

综上,以自主创新为主导或以外源协同为主导的传统发展路径都存在一定的局限性。我国农业科技企业不能一味地追求片面的发展,而应尽量避免"单腿走路"的传统发展路径,注重技术创新能力的结构性均衡发展,通过培育核心竞争能力和扩大企业规模,农业科技企业的产品、技术和流程等关键环节才能在市场竞争中保持可持续的竞争力。

9.3 不同类型农业科技企业的可持续发展路径

可持续发展的本质,是打破传统发展路径带来的各种局限性,促进企业的成长壮大。吴应宇(2003)从企业可持续竞争力的角度认为,企业可持续发展是在协调企业量性发展与质性发展关系的基础上,达到企业在长时期内的稳定发展。从企业可持续竞争力的角度看,企业可持续发展是协调企业量性与质性的发展关系,即协调企业的发展速度增长和规模的扩张,与企业核心竞争能力的提高之间的发展关系,以达到企业在长时期内的稳定发展。

以自主创新为主导的发展路径的瓶颈在于过分追求自主研发,不重视结合市场需求,这种传统发展路径实质上阻碍了企业规模的扩大。而以外源协同为主导的发展路径主要局限于自主创新的底子薄,缺乏对企业内部研发能力的培育,实质上阻碍了企业核心竞争能力的提高。可见,农业科技企业的以上两种发展路径都有各自的瓶颈,制约着企业的成长壮大,农业科技企业有必要转变发展路径,从传统的发展路径过渡到可持续的发展路径(见图9-2)。

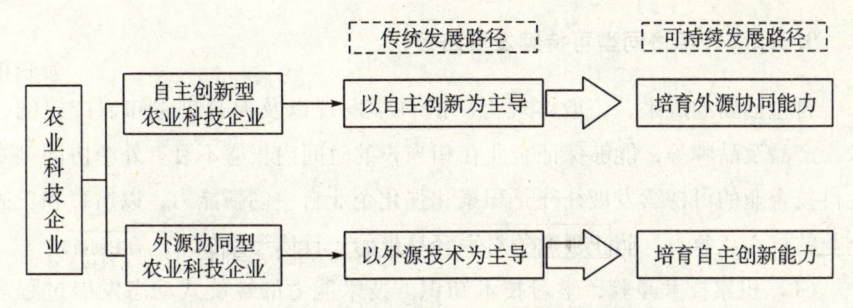

图 9-2 不同类型农业科技企业的可持续发展路径

9.3.1 自主创新型可持续发展路径

饶杨德（2007）指出资源整合尤其是技术资源整合，将有助于培育和提升企业技术能力，从而提高企业技术创新能力，增强企业持续竞争优势。自主创新型农业科技企业的可持续发展路径应打破传统发展路径的局限，着重培育企业外部资源整合能力，以促进企业的规模扩张。具体策略如下。

（1）加强外部技术与企业内部技术的整合。自主创新型农业科技企业应将外部技术与本企业的核心技术进行整合，提供新的农产品和服务来不断取得新的竞争优势。通过外部资源整合以促进企业技术能力成长，这就要求企业在构架自主产品整体概念的同时，洞察技术发展动态及趋势，挖掘和提升产品相关技术向其他产品领域扩展的能力、技术创新的频率。

（2）解决农业科研与农业生产脱节的问题。农业科研机构的前身是国家事业单位，其资金来源以政府财政拨款为主，主要任务是完成国家下达的科研课题，获取奖励及发论文，并作为调资、晋职的依据，其中的一些研究成果往往缺乏市场化、商品化、产业化导向，重研究轻应用、重成果轻转化。科研院所转制的农业科技企业应注重以市场为导向，使科研成果与市场需求相接轨，提高科研成果的转化效率；加强市场研究与开拓能力，加深对客户的了解程度，提升企业利用客户参与创新的能力；加强市场网络的建设，快速获得市场需求信息，抢占市场先机。

芮明杰、吴光飙（2001）认为，企业可持续发展是指在可预见的未来中，企业能在更大规模上支配资源，谋求更大的市场份额，从而取得良好的发展。通过将外部技术与本企业的核心技术进行整合，解决农业科研与农业生产脱节的问题等，自主创新型农业科技企业可以源源不断地获得多种竞争优势，如提高科研成果转化效率，抢占市场先机等。这些竞争优势最终都有利于增加市场份额，扩大企业规模，实现企业的可持续发展。

9.3.2 外源协同型可持续发展路径

自主创新的成果，一般体现为新的科学发现以及拥有自主知识产权的技术、产品及品牌等，能够保证企业在相当长的时间内长盛不衰。外源协同型农业科技企业的可持续发展往往是积累和强化企业自主创新能力，以培育和巩固企业的核心竞争力，防止被竞争对手轻易模仿。具体策略如下。

（1）积累技术经验，学习技术知识。技术能力的螺旋式动态发展过程表明，技术能力从外源到内部，购买或合作研发的方式，有利于企业积累技术经验，学习新的技术知识，逐渐内化为一种自身的技术能力。长期以来，我国农业科技投入过于分散，且农业技术创新力量主要集中分布在科研机构和高等院校，企业内部研发力量薄弱，难以依靠技术制胜。尽管外源协同型农业科技企业不具备先天的技术优势，但是通过合作创新与模仿创新的过程，企业可逐渐累积有助于进行自主创新的显性或隐性知识，提高自主创新能力。

（2）培育和提升技术选择和集成能力。企业采取以模仿创新为主的战略，关键是成功选择有价值的领先技术，在创新链的后阶段（工艺、批发生产、质量等）能否集成顺利，直接影响其产品创新（模仿）周期、性能、质量、价格等方面能否获得竞争优势。企业可根据变化的市场需求，不断提升"创新单元"，并可以此发展成技术创新骨干企业，逐步成为产业链条的龙头企业。

可见，外源协同型农业科技企业通过积累技术经验，学习技术知识，培育和提升技术选择和集成能力等途径，可弥补自主创新能力的不足，增强竞争优势。这些竞争优势最终将会转化为企业核心竞争能力，支撑企业的持续发展。

9.4 本章小结

我国农业科技企业不能一味地追求片面的发展，不论是自主创新型农业科技企业还是外源协同型农业科技企业，都应该注重自主创新能力和外部资源整合能力的均衡发展。

为提高我国农业科技企业的持续发展能力，不同类型的农业科技企业应该采取不同的可持续发展路径。自主创新型农业科技企业应着重培育企业外部资源整合能力，而外源协同型农业科技企业往往是积累和强化企业自主创新能力。这样，既能够将与核心竞争能力相关的技术研发活动集中在企业内部，又能够通过整合外部技术资源来获取新技术，及时掌握市场需求，顺利实现科技成果转化，从而保证企业核心竞争能力和企业规模成长的持续性，实现企业的可持续发展。

10 技术创新能力的评价研究
——以西部农业资源型企业为例

与其他企业相比，资源型企业最大特点是依靠自然资源的占有或独占，以自然资源的开采和初级加工为基本生产方式，依靠资源消耗实现企业价值增长。它往往具有资源依赖性大、地理根植性强、产品附加值低等特点。目前，多数西部农业资源型企业生产中的技术含量较低，或者长期采用固定的生产方式，导致了西部农业资源型产业发展缓慢。但部分西部农业资源型企业却实现了高成长发展，如枸杞产业的宁夏红公司，羊绒产业的鄂尔多斯集团，等等。这些企业实现高成长的原因各有不同。回顾我国农业资源型企业的发展历程，由于成长模式不同，不同类型的农业资源型企业赖以成长和发展的核心能力具有差异性。在创业初期，西部农业资源型企业由于自身拥有的资源有限，整合资源的能力不足，不得不偏重于一种发展途径，以求生存和发展。因而，部分农业资源型企业借助较强的自主创新优势，继续加强内部化技术创新能力，在市场竞争中以技术制胜；而部分农业资源型企业却凭借较强的外部资源整合能力，在市场营销和获取外部技术方面具有优势。

如何科学地评价农业资源型企业的技术创新能力，对于农业资源型企业制定创新战略，实现可持续发展具有重要意义。因此，本书基于技术创新能力的结构性成长特征这个理论框架，从自主研发能力、外源技术协同能力和科研成果转化能力三个维度构建评价指标体系，可避免"单腿走路"的现象，促进技术创新能力的可持续发展。本书以西部农业资源型企业为研究对象，构建了技术创新能力评价模型，并进行应用分析，更贴近于企业现实。

10.1 技术创新能力评价模型构建

企业技术创新能力具有层次结构，是一组能力要素的集合，由自主研发能力、外源技术协同能力和科研成果转化能力所构成，它们之间的协调一致就会形成企业的技术创新能力的现实表现。经调研发现，企业内部存在着相互独立的三种能力维度，对企业的总体技术创新能力有着重要的影响。其中，自主研发能力是指企业依靠自身力量开发出适应市场需要的新产品，或者是开发出降低成本的新工艺等，涵盖了 R&D 人员总体素质、企业技术知识积累程度、R&D 费用占销售收入的比例等要素。外源技术协同能力是指引进、吸收外部技术资源，提高企业技术创新能力，涵盖了对外源技术信息的搜集能力、对外源技术信息的处理和加工能力、与竞争对手技术合作和信息共享程度等要素。科研成果转化能力是指企业通过技术推广、成果转让等途径将科研成果转化为现实生产力，涵盖了内部各环节（研发—生产—销售）协调运行能力、产品推广人员能力等要素。通过对这三个能力维度的测评，可以反映农业资源型企业自主创新、外源协同、成果转化能力水平和总体技术创新水平。

根据西部农业资源型企业技术创新能力的实地调研情况，确定了我国西部农业资源型企业的技术创新能力评价指标体系（见图10-1），共分为综合层（A）、能力层（B）和要素层（C）三个层次。综合层表明西部农业资源型企业技术创新能力总体水平。能力层根据技术创新能力解构模型，将西部农业资源型企业技术创新能力划分为三个维度，即自主研发能力维度、外源技术协同能力维度和科研成果转化能力维度，分别表示企业的三种技术创新能力水平。

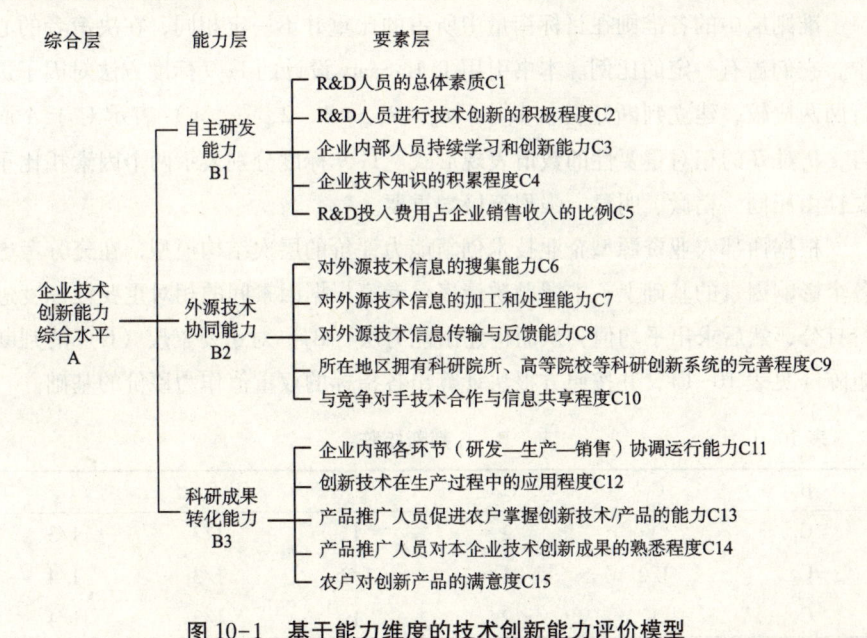

综合层　　能力层　　要素层

企业技术创新能力综合水平 A
- 自主研发能力 B1
  - R&D人员的总体素质 C1
  - R&D人员进行技术创新的积极程度 C2
  - 企业内部人员持续学习和创新能力 C3
  - 企业技术知识的积累程度 C4
  - R&D投入费用占企业销售收入的比例 C5
- 外源技术协同能力 B2
  - 对外源技术信息的搜集能力 C6
  - 对外源技术信息的加工和处理能力 C7
  - 对外源技术信息传输与反馈能力 C8
  - 所在地区拥有科研院所、高等院校等科研创新系统的完善程度 C9
  - 与竞争对手技术合作与信息共享程度 C10
- 科研成果转化能力 B3
  - 企业内部各环节（研发—生产—销售）协调运行能力 C11
  - 创新技术在生产过程中的应用程度 C12
  - 产品推广人员促进农户掌握创新技术/产品的能力 C13
  - 产品推广人员对本企业技术创新成果的熟悉程度 C14
  - 农户对创新产品的满意度 C15

图10-1　基于能力维度的技术创新能力评价模型

要素层是对能力层的具体化度量，选取具有代表性的、可观测的 15 个指标，构成了西部农业资源型企业技术创新能力评价要素，是整个评价体系的基础。

10.2 技术创新能力评价的实证分析

我国西部地区农业资源型企业数量众多，且分布广泛。本书将分别对西北、西南部地区选取具有代表性的农业资源型企业，进行实地调研，获取原始数据。其中，西北部选取了 11 家企业，西南部选取了 17 家企业，共计 28 家企业。这 28 家农业资源型企业有助于了解当前我国西部农业资源型企业的技术创新能力水平，以此了解企业在三个能力维度的技术创新能力水平差异及技术创新发展存在的问题。

下面以西部农业资源型企业为例，对基于能力维度的技术创新能力评价模型进行应用研究，并讨论西部农业资源型企业在技术创新发展中存在的问题及原因。

10.2.1 计算指标权重

10.2.1.1 构造判断矩阵

准则层中的各准则在目标衡量中所占的比重并不一定相同，在决策者的心中，它们占有一定的比例。本书引用 T. L. Saaty 设计的 1~9 标度方法对因子进行两两比较，建立判断矩阵。其中，b_{ij}（$i, j = 1, 2, \cdots, n$）表示对于 A 而言，B_i 对 B_j 的相对重要性的数值表现形式。1~9 标度分别表示两个因素相比重要性由相同、稍微、明显、强烈至极端重要。

根据西部农业资源型企业技术创新能力评价的层次结构模型，在充分考虑各个影响因素的基础上，本课题邀请多名专家根据因素间的相对重要性标度进行打分，然后求出平均值，从而构建出能力层（B_1）对于要素层（C）的判断矩阵（见表 10-1），并按照方根法计算出各指标的权重值作为评价的基础。

表 10-1 　　　　　　　　B_1-C 判断矩阵

B_1	C_1	C_2	C_3	C_4	C_5
C_1	1	2	1	1/3	1/3
C_2	1/2	1	1/2	1/3	1/4
C_3	1	2	1	1/2	1/4

表10-1(续)

B_1	C_1	C_2	C_3	C_4	C_5
C_4	3	3	2	1	1/2
C_5	3	4	4	2	1

10.2.1.2 特征向量和最大特征值 λ_{max} 计算

本书采用乘积方根法来计算判断矩阵最大特征值及其对应的特征向量。

① 先将判断矩阵 B_1-C 按行将各元素连乘并开 n 次方,即求各行元素的几何平均值

$$b_i = \left(\prod_{j=1}^{n} \delta\right)^{\frac{1}{n}} \quad (i = 1, 2, \cdots, n) \tag{式10-1}$$

② 再把 $b_i(i = 1, 2, \cdots, n)$ 归一化处理,即求得最大特征值所对应的特征向量

$$\omega_i = \frac{b_j}{\sum_{k=1}^{n} b_k} \quad (j = 1, 2, \cdots, n) \tag{式10-2}$$

$W = (0.1727, 0.1471, 0.1727, 0.2285, 0.2790)^T$

③ 计算判断矩阵的最大特征值 λ_{max}

由 $W = (\omega_1, \omega_2, \cdots, \omega_n)^T$,则判断矩阵 B_1-C 的最大特征值 λ_{max} 满足:$WB_1\text{-}C = W\lambda_{max}$,即得到

$$\sum_{j=1}^{n} \delta_{ij}\omega_j = \lambda_{max}\omega_j (j = 1, 2, \cdots, n) \tag{式10-3}$$

$$\lambda_{max} = \frac{1}{n}\sum_{i=1}^{n}\frac{\sum_{j=1}^{n}\delta_{ij}\omega_j}{\omega_i} \tag{式10-4}$$

由判断矩阵 B_1-C,(式4-1) 和 (式4-2) 得,

$$\lambda_{max} = 5.0096, \quad C.I._{B1} = \frac{\lambda_{max} - n}{n - 1} = \frac{5.0096 - 5}{5 - 1} = 0.0024$$

(3) 一致性检验

计算判断矩阵的随机一致性比率 C.R.,检验其一致性。

查表得 R.I. = 1.1185,所以

$$C.R._{B1} = \frac{C.I._{B1}}{R.I._{B1}} = \frac{0.0024}{1.1185} = 0.0021 < 0.1$$

判断矩阵 B_1-C 通过一致性检验。以此类推,同样地进行 A-B、B_2-C、B_3-C 判断矩阵的权重计算及一致性检验。由于篇幅有限,其余计算过程不再

逐一赘述，指标权重的计算结果如下（见表 10-3）。

表 10-3　　　　　企业技术创新能力层次分析权重计算

		A	B_1	B_2	B_3		W_A	
A-B	B_1	1	1	0.818 7			0.308 5	λ_{max} = 3.004 4
	B_2	1	1	0.670 3			0.288 6	$C.R._A$ = 0.004 3
	B_3	1.221 4	1.491 8	1			0.402 8	
		B_1	C_1	C_2	C_3	C_4	C_5	W_{B1}
	C_1	1	1.221 4	1	0.670 3	0.670 3	0.172 7	
B_1-C	C_2	0.818 7	1	0.818 7	0.670 3	0.548 8	0.147 1	λ_{max} = 5.009 6
	C_3	1	1.221 4	1	0.818 7	0.548 8	0.172 7	$C.R._{B1}$ = 0.002 1
	C_4	1.491 8	1.491 8	1.221 4	1	0.818 7	0.228 5	
	C_5	1.491 8	1.822 1	1.822 1	1.221 4	1	0.279	
		B_2	C_6	C_7	C_8	C_9	C_{10}	W_{B2}
	C_6	1	0.670 3	1.491 8	0.670 3	0.818 7	0.172 9	
B_2-C	C_7	1.491 8	1	1.491 8	0.670 3	0.818 7	0.202 9	λ_{max} = 5.025 7
	C_8	0.670 3	0.670 3	1	0.548 8	0.670 3	0.136	$C.R._{B2}$ = 0.005 7
	C_9	1.491 8	1.491 8	1.822 1	1	1.221 4	0.268 4	
	C_{10}	1.221 4	1.221 4	1.491 8	0.818 7	1	0.219 8	
		B_3	C_{11}	C_{12}	C_{13}	C_{14}	C_{15}	W_{B3}
	C_{11}	1	1.221 4	1.491 8	0.818 7	0.670 3	0.194 1	
B_3-C	C_{12}	0.818 7	1	1.221 4	0.670 3	0.548 8	0.158 9	λ_{max} = 5.006 4
	C_{13}	0.670 3	0.818 7	1	0.670 3	0.548 8	0.141	$C.R._{B3}$ = 0.001 4
	C_{14}	1.221 4	1.491 8	1.491 8	1	0.818 7	0.227 8	
	C_{15}	1.491 8	1.822 1	1.822 1	1.221 4	1	0.278 2	

10.2.2　计算得分及排名

根据指标权重计算结果，结合 28 家企业问卷调查数据，将问卷调查数据乘以其权重系数，算出每项能力的得分，最后算出每项能力排序及综合水平排序。问卷调查的 15 个问题（Q_1-Q_{15}）分别对应 15 个 C 层指标（C_1-C_{15}）。以 NY 企业为例，在问卷调查中 NY 企业对 Q_1-Q_5 问题的打分为 3, 3, 4, 4, 4, Q_6-Q_{10} 问题的打分为 4, 3, 2, 4, 4, Q_{11}-Q_{15} 问题的打分为 4, 4, 3, 4, 4, 则计算过程如下：

(1) 计算企业自主创新能力得分 Z_1

$Z_1 = W_{C1} \times Q_1 + W_{C2} \times Q_2 + W_{C3} \times Q_3 + W_{C4} \times Q_4 + W_{C5} \times Q_5$

$= 0.172\ 7 \times 3 + 0.147\ 1 \times 3 + 0.172\ 7 \times 4 + 0.228\ 5 \times 4 + 0.279 \times 4$

$= 3.68$

(2) 计算企业外源技术协同能力得分 Z_2

$Z_2 = W_{C6} \times Q_6 + W_{C7} \times Q_7 + W_{C8} \times Q_8 + W_{C9} \times Q_9 + W_{C10} \times Q_{10}$

$= 0.172\ 9 \times 4 + 0.202\ 9 \times 3 + 0.136 \times 2 + 0.268\ 4 \times 4 + 0.219\ 8 \times 4$

$= 3.53$

(3) 计算企业科研成果转化能力得分 Z_3

$Z_3 = W_{C11} \times Q_{11} + W_{C12} \times Q_{12} + W_{C13} \times Q_{13} + W_{C14} \times Q_{14} + W_{C15} \times Q_{15}$

$= 0.194\ 1 \times 4 + 0.158\ 9 \times 4 + 0.141 \times 3 + 0.227\ 8 \times 4 + 0.278\ 2 \times 4$

$= 3.86$

(4) 计算企业技术创新能力综合水平得分 Z

$Z = Q_1 \times W_{C1} \times W_{B1} + Q_2 \times W_{C2} \times W_{B1} + Q_3 \times W_{C3} \times W_{B1} + Q_4 \times W_{C4} \times W_{B1} + Q_5 \times W_{C5} \times W_{B1}$
$+ Q_6 \times W_{C6} \times W_{B2} + Q_7 \times W_{C7} \times W_{B2} + Q_8 \times W_{C8} \times W_{B2} + Q_9 \times W_{C9} \times W_{B2} + Q_{10} \times W_{C10} \times W_{B2} + Q_{11} \times W_{C11} \times W_{B3} + Q_{12} \times W_{C12} \times W_{B3} + Q_{13} \times W_{C13} \times W_{B3} + Q_{14} \times W_{C14} \times W_{B3} + Q_{15} \times W_{C15} \times W_{B3}$

$= 3 \times 0.172\ 7 \times 0.308\ 5 + 3 \times 0.147\ 1 \times 0.308\ 5 + 4 \times 0.172\ 7 \times 0.308\ 5 + 4 \times 0.228\ 5 \times 0.308\ 5 + 4 \times 0.279 \times 0.308\ 5 + 2 \times 0.172\ 9 \times 0.288\ 6 + 3 \times 0.202\ 9 \times 0.288\ 6 + 4 \times 0.136 \times 0.288\ 6 + 4 \times 0.268\ 4 \times 0.288\ 6 + 4 \times 0.219\ 8 \times 0.288\ 6 + 4 \times 0.194\ 1 \times 0.402\ 8 + 4 \times 0.158\ 9 \times 0.402\ 8 + 4 \times 0.141 \times 0.402\ 8 + 3 \times 0.227\ 8 \times 0.402\ 8 + 4 \times 0.278\ 2 \times 0.402\ 8$

$= 3.65$

以此类推,可计算出其余 27 家农业资源型企业的自主创新能力、外源技术协同能力和科研成果转化能力得分,以及总体技术创新能力水平得分,并进行排序(见表 10-4)。

表 10-4　　西部农业资源型企业技术创新能力的排序

企业名称	总体技术创新能力水平得分	技术创新能力综合水平排序	自主研发能力排序	外源技术协同能力排序	科研成果转化能力排序
NQ	4.25	1	1	3	1
NY	3.65	4	11	15	3
NZ	4.05	2	8	1	2
XTC	3.54	7	3	16	5

表10-4(续)

企业名称	总体技术创新能力水平得分	技术创新能力综合水平排序	自主研发能力排序	外源技术协同能力排序	科研成果转化能力排序
XB	3.53	8	13	21	4
SPA	3.28	18	13	22	17
SQ	2.83	28	27	26	6
SCJ	3.57	5	3	4	22
NL	3.41	11	2	24	23
YY	3.13	22	20	12	24
SCN	3.16	21	25	20	7
SPG	3.19	20	22	13	16
GL	3.05	24	12	23	28
SS	3.30	15	17	8	18
YL	3.29	16	17	18	8
XTK	3.43	10	9	8	18
XD	3.35	14	13	18	8
XGL	3.01	26	19	28	18
XX	3.01	25	27	6	8
XTY	3.55	6	3	13	8
GY	3.74	3	3	2	8
XGG	3.25	19	3	26	25
YJ	2.95	27	22	25	25
GD	3.36	13	9	17	18
XTL	3.41	12	21	5	8
ST	3.44	9	13	8	8
XK	3.28	17	22	8	8
XS	3.08	23	26	7	25

资料来源：据本研究整理。

10.2.3 结果分析

通过将排名前5名的企业都标记为红色，本书观察到西部农业资源型企业技术创新能力的内在规律。该结果验证了现实中存在三种类型农业资源型企业，并测算出每种类型企业所占比重，为西部农业资源型企业管理实践活动提供参考。

一是竞争优势型。自主研发能力、外源技术协同能力和科研成果转化能力三个能力都较强，如 NQ 企业、NZ 企业，三项能力水平和技术创新能力综合水平都位于前 5 位，该类企业比重约占调研企业总数的 0.11%，表明竞争优势型农业资源型企业在现实中是极少数。

二是单腿走路型。某些农业资源型企业的自主研发能力较强，但外源技术协同能力或科研成果转化能力较弱，其技术创新能力水平排名居中。如 NL 企业的自主研发能力位于第 2，但外源技术协同能力和科研成果转化能力分别位于第 23 和 24，其技术创新能力水平排名第 11。相反，某些农业资源型企业的外源技术协同能力较强，而自主研发能力或科研成果转化能力较弱，其技术创新能力水平排名居中。如 SS 企业的外源协同能力位于第 15，但自主研发能力和科研成果转化能力分别位于第 17 和 18，其技术创新能力水平排名第 11，该类企业比重约占调研企业总数的 0.68%，表明单腿走路型农业资源型企业在现实中占大多数。长远来看，无论哪种类型的农业资源型企业，在发展过程中仅仅依靠"单腿走路"是走不远的。

三是竞争劣势型。SQ 企业的自主研发能力、外源技术协同能力和科研成果转化能力三个能力都较弱，技术创新能力水平的排名落后。如 YJ 企业的自主研发能力、外源协同能力和科研成果转化能力分别位于第 22、25、25，其技术创新能力水平排名第 27，该类企业比重约占调研企业总数的 0.21%，表明竞争劣势型农业资源型企业在现实中的比重较少。

10.3 本章小结

将自主研发能力、外源技术协同能力和成果转化能力单独、综合地进行计算和分析，避免片面、孤立地研究农业资源型企业技术创新能力。研究结果表明，不同类型的农业资源型企业赖以生存和发展的技术创新能力具有差异性。某些农业资源型企业自主研发能力较强，但是外源技术协同能力和科研成果转化能力薄弱，其成长瓶颈在于企业与外界的信息沟通不畅，合作意识不强。该类企业要注重通过引进创新、合作创新等多种方式来获取新技术，并以市场需求为导向，才能在市场竞争中取胜。而外源技术协同能力较强的农业资源型企业，技术创新能力综合水平的排名落后，其成长瓶颈在于企业注重短期行为，自主创新动力不足，限制企业长期发展。该类企业应提高自主创新的意识，加强企业技术知识积累，以保证企业的可持续发展。

11 结束语

11.1 研究结论

本书基于技术创新管理理论、企业创新网络理论和共生理论，探究了我国高新技术企业、农业科技企业、西部农业资源型企业在技术创新管理过程中所面临的诸多问题；采用规范分析和实证分析相结合的方法，按照"发现问题—提出研究假设—实证分析—得出结论"的研究范式，以研究企业共生行为的定义与维度为切入点，主要依据袁纯清的共生原理，构建了本书"NCP"研究框架和相关研究假设，把共生行为量表及其在企业创新网络结构特征和关系特征与技术创新绩效之间的中介作用作为本书工作的难点和重点。在厘清了共生行为维度及其测量量表的基础上，借鉴国内外有关企业创新网络结构和关系特征、技术创新绩效的成熟量表，剖析了它们三者之间的影响路径。最后，基于共生行为的三个维度，提炼出四种高新技术企业技术创新管理模式，分析了技术创新能力的成长特征，构建了技术创新能力评价指标体系，可帮助企业判定技术创新管理模式，提升技术创新能力水平。通过梳理本研究思路后发现，可归纳出以下主要结论。

11.1.1 企业创新网络的重要特性——共生

依据共生理论及其相关研究的梳理，本书认为共生行为是指企业在发展过程中与其他组织所发生一系列互利合作、价值共享行为的集合。共生行为具有以下特征：竞争与合作特性、融合性、稳定性、增殖性和效率性。"共生单元"之间不断发生交互作用，实现了企业间的优势互补和创新资源共享。这些创新资源通过共生界面进行传递、交换，产生共生能量并使用。如果共生单元认为共生能量分配和共生界面扩展在可调整范围内，那么共生单元间将进行再谈判，通过共生能量分配来提高共生行为的增殖性和效率性，通过共生界面扩展来提高共生行为的兼容性和稳定性等，调整共生行为，以便适应企业创新网络环境的转变。

基于共生理论及实证分析结果，本书认为共生能量分配和共生界面扩展这两种共生行为是任意二维共生体系建立共生关系的前提条件，对于解释企业共生行为的差异性具有重要意义。本书将共生行为划分为共生能量分配和共生界面扩展两个维度，也对共生行为的量化研究奠定了基础。

11.1.2　企业创新网络对创新绩效的影响机理

本书运用了技术创新管理理论、共生理论以及创新网络理论等对创新网络特征、共生行为与技术创新绩效的内涵与特征进行了详细的阐述，并探讨了三者之间的作用机制。通过分析，本书发现企业技术创新活动主要存在着外部环境和内部环境两个方面的制约，即企业创新网络与共生行为，因此，企业应当从这两个方面来着手提高技术创新绩效。具体建议如下：一是从企业所处的外部环境来看，企业为达到较好的技术创新绩效，应构建稳定和高效的企业创新网络，实现资源的优化配置，与创新伙伴共享信息、知识等创新资源，共同提高技术创新能力。二是从企业所处的内部环境来看，企业所拥有的良好外部环境也需要通过自身能力和行为才能得到顺利的转化和吸收。这就是说外因通过内因才能起作用。技术创新绩效的大小不仅取决于企业创新网络特征，即网络规模大小、网络开放度、网络中各类创新资源的丰裕度等，更取决于各创新行为主体在相互作用中所采取的共生行为。前者是一种静态优势，主要是指企业发展初期，依赖企业既有的社会资源禀赋、技术能力和资金实力等要素的组合。后者是一种动态优势，主要是指企业进行创新活动过程中，扬长避短，优化资源配置模式，加强与其他行为主体的交流与合作，形成创新网络，提高知识、信息、能量在网络中流动的效率和速率，最终构建高度协同创新的技术创新模式。

11.1.3　企业创新网络的治理——管理模式、成长特征及能力评价

根据上述研究结论，本书主要从技术创新管理模式、技术创新能力成长路径、技术创新能力评价三个方面，并分别以高新技术企业、农业科技企业和西部农业资源型企业为研究对象，有针对性地提出有关企业创新网络治理的对策与建议。

从我国高新技术企业发展历程来看,作为我国技术创新的主力军,高新技术企业一直以来受到政府和企业家的高度重视,已建立多个高新技术产业园区,颁布多项划定和扶持高新技术企业的政策。目前,有利于高新技术企业的创新网络环境和共生环境已逐步形成。基于此,本书认为高新技术企业快速发展的关键就在于:在产学研府民的企业创新网络环境中,通过共生界面扩展、共生能量传递,有效地整合科研院校、同行竞争者、政府、供应商、顾客等各类利益相关者的创新资源,挖掘自身技术创新管理优劣势,并进行提升和优化。本书提出了四种高新技术企业技术创新管理模式,并分析了各自的内涵与优劣势。分析结果表明:共生行为对技术创新有重要作用,企业应注重共生行为的培养。实力弱小的高新技术企业应搭建共生界面进行技术、信息和知识的交流,优化配置共生能量,实现企业之间创新资源的共享与创造,从而提高技术创新绩效。

从农业科技企业成长背景来看,技术创新能力呈现结构性成长特征,然而越来越多的企业在技术创新活动中注重与外部组织发生联系,以便获取各种创新资源,企业不再将创新活动单单局限于企业内部。所以,农业科技企业为提高持续创新能力,可以走的路径有两条,一是先天具备科研实力的企业,侧重发展共生界面扩展行为,实现"借船出海",如科研转制科技企业;二是先天具备市场转化的企业,应侧重发展共生能量分配行为,实现自主研发能力的提高,如多元投资主体的科技企业。

从西部农业资源型企业的技术创新能力发展情况来看,部分企业存在"单腿走路"的现象,这是由于企业过度依赖先天自然资源禀赋而导致的。在技术创新过程从单一向多元化转变的背景下,本书基于企业创新网络理论、技术创新过程理论,从自主研发能力、外源技术协同能力和成果转化能力三个维度来构建技术创新能力评价指标体系,避免农业资源型企业片面、短期地追求技术创新能力,而限制企业长期发展,希冀为企业技术创新能力可持续发展提供更科学的指导。

11.2 研究展望

企业技术创新管理的理论体系包含了博大精深的内容,它既包含着技术创新扩散、技术知识转移和管理、技术创新成果转化的研究,还包含了技术创新管理模式、对技术创新绩效的影响机理，技术创新管理模式演化，等等。虽然本书对企业创新网络对技术创新绩效的影响及治理进行了较系统的初步研究，但受限于个人能力和本书篇幅等原因，本书研究的范围有待进一步拓展、研究深度有待进一步深入。

11.2.1 理论体系的完善

需要对企业技术创新管理展开不同层面的研究，从企业到产业、区域、国家、跨国等层面都要进行深入研究，并且，基于生态学、系统学、物理学等跨学科理论等，综合地研究需要进行拓展的空间，进一步丰富技术创新管理理论。与此同时，虽然诸多学者对企业创新网络理论的研究付出了巨大努力，但是企业创新网络究竟对不同规模的企业、不同地区和不同行业的企业、不同文化和不同生命周期的企业是否产生不同的影响，这也将是未来理论研究中值得探索和弥补的地方。

11.2.2 研究方法的创新

本书采用了规范分析和实证分析相结合的方法，在实证分析方面运用了 SPSS 统计分析中的项目鉴别力分析、独立样本 T 检验、Pearson 相关分析和探索性因子分析等，并运用 AMOS 软件进行结构方程建模、验证性因子分析和路径分析等，以验证本研究理论模型及其研究假设。未来研究将注重采用其他研究方法来进一步检验本研究假设。比如，构建仿真模型来预测技术企业在创新网络中共生行为的演化机理，采用数据挖掘方法分析互联网背景下企业创新合作行为规律，等等。

11.2.3 研究视角的切换

本书仅仅采用了问卷调研方式，调查了企业技术创新相关情况的横截面数据，从静态视角来剖析各个研究变量之间的关系，缺乏动态研究。静态研究的不足在于不能动态反映创新网络中企业行为变化趋势及其临界点，不能为未来发展情况作出预测。未来研究可以从财务指标和非财务指标方面，收集一段时间内企业技术创新变化情况的数据，进行纵向的时间序列研究，以及纵横向对比分析，希冀为企业经营管理者提供可供决策与预判的一种分析工具或分析角度。

11.2.4 应用空间的拓展

由于共生理论体系还处于拓展和待完善的阶段，国内外对企业共生理论的相关研究较少且不够深入，无法借鉴成熟的测量指标，本研究开发设计了一套测量指标体系，这在一定程度上填补了共生行为量化研究的空白之处，但却也发现有更多的问题等待继续挖掘和回答。共生行为的测量指标体系尚不够成熟，需要继续检验。在日后的工作中，共生行为的测量体系应当被广泛应用于各个行业领域、各个地域，并从多学科交叉的角度来进行完善。

参考文献

[1] AHMADJIAN V, PARACER S. Symbiosis: an introduction to biological association [J]. The Quarterly Review of Biology, 1987, 62 (3): 461-467.

[2] AHUJA G. Collaboration networks, structural and innovation: a longitudinal study [J]. Administrative Science Quarterly, 2000, 45 (3): 425-455.

[3] ANDERSON J C, HÄKANSSON H, JOHANSON J. Dyadic business relationships within a business network context [J]. Journal of Marketing, 1994. 58 (4): 1-15.

[4] ANDERSON J C, NARUS J A. A model of distributor firm and manufacturing firm working relationships [J]. Journal of Marketing, 1990, 54 (1): 42-58.

[5] ARROW K. The economic implication of learning by doing [J]. Review of Economic Studies, 1962, 29 (3): 155-173.

[6] BAKER T L. The effects of a distributor's attribution of manufacturer influence on the distributor's perceptions of conflict performance and satisfaction [J]. Journal of Marketing Channels, 1993, 3 (2): 83-110.

[7] BATJARGAL B, LIU M. Entrepreneurs' access to private equity in China: the role of social capital [M]. INFORMS, 2004.

[8] BATJARGAL B. Social capital and entrepreneurial performance in Russia: a longitudinal study [J]. Acoustics Speech & Signal Processing Newsletter IEEE, 2003, 24 (4): 535-556.

[9] BARNEY J B. Special theory forum the resource-based model of the firm: origins implications and prospects [J]. Journal of Managemnet, 1991, 17 (1): 97-98.

[10] BAUM J A C, CALABRESE T, SILVERMAN B S. Don't go it alone: alliance network composition and startups' performance in Canadian biotechnology [J].

Strategic Management Journal, 2000, 21 (3): 267-294.

[11] BECKMAN, C M, HAUNSCHILD P R. Network learning the effects of partners' heterogeneity of experience on corporate acquisitions [J]. Administrative Science, 2002, 47 (1): 92-124.

[12] BELL S J, TRACEY P, HEIDE J B. The organization of regional clusters [J]. Academy of Management Review, 2009, 34 (4): 623-642.

[13] BENASSI M, GREVE A, HARKOVA J. Looking for a network organization: the case of GESTO [J]. Market-Focused Management, 1999, 4 (3): 205-229.

[14] BENGTSSON MARIA, SÖLVELL ÖRJAN. Climate of competition, clusters and innovative Performance [J]. Journal of Management, 2004, 20 (3): 225-244.

[15] BELL G G. Clusters, networks, and firm innovativeness [J]. Strategic Management Journal, 2005, 26 (3): 287-295.

[16] BEVERLAND M B. Managing the design innovation-brand marketing interface resolving the tension between artistic creation and commercial imperatives [J]. Journal of Product Innovation Management, 2005, 22 (2): 193-207.

[17] BERNARD A B, REDDING S J, SCHOTT P K. Comparative advantage and heterogeneous firms [J]. Review of Economic Studies, 2007, 74 (1): 31-66.

[18] BJØRN T. Asheim, Isaksen A. Regional Innovation Systems: The integration of local 'sticky' and global 'ubiquitous' knowledge [J]. The Journal of Technology Transfer, 2002, 27 (1): 77-86.

[19] BLOUNT S. When social outcomes aren't fair-The effect of causal attributions on preferences [J]. Organizational Behavior & Human Decision Processes, 1995, 63 (2): 131-144.

[20] BLUMSTEIN P, KOLLOCK P. Personal relationships [J]. Annual Review of Sociology, 1988, 14: 467-490.

[21] BOHLMANN J D, SPANJOL J, QUALLS W, et al. The interplay of customer and product innovation dynamics: an exploratory study [J]. Journal of Product Innovation Management, 2013, 30 (2): 228-244.

[22] BROUWER E, KLEINKNEEHT A. Innovative output, and a firm's propensity to patents: An exploration of CIS micro data [J]. Research Policy, 1999, 28 (6): 615-624.

[23] BURT R S, MINOR M J. Applied network analysis: A methodological introduction [J]. Canadian Journal of Sociology, 1983, 63 (3): 176-194.

[24] BURT R S, RONCHI D. Measuring a large network quickly [J]. Social Networks, 1994, 16 (2): 91-135.

[25] CALOGHIROU Y, KASTELLI I, TSAKANIKAS A. Internal capabilities and external knowledge sources: complements or substitutes for innovative performance? [J]. Technovation, 2004, 24 (1): 29-39.

[26] CAO P. Research on the development of Chinese creative industry area in the perspective of symbiosis theory [J]. Science & Technology Management Research, 2016, 36 (23).

[27] CAPALDO A. Network structure and innovation: The leveraging of a dual network as a distinctive relational capability [J]. Strategic Management Journal, 2007, 28 (6): 585-608.

[28] CAULLERY M. Parasitism and symbiosis [J]. The Quarterly Review of Biology, 1954, 29 (3):

a) 91-92.

[29] CHIESA V, COUGHLAN P, VOSS C A. Development of a technical innovation audit [J]. Journal of Product Innovation Management, 1996, 13 (2): 105-136.

[30] CHURCHILL G A. A paradigm for developing better measures constructs of marketing [J]. Journal for Marketing Research, 1979, 16 (1): 64-73.

[31] COHEN W M. Absorptive capacity: a new perspective on learning and innovation [M]. Strategic Learning in a Knowledge Economy, 2000.

[32] COWAN R, JONARD N. Network structure and the diffusion of knowledge [C]. Maastricht University, Maastricht Economic Research Institute on Innovation and Technology (MERIT), 1999.

[33] CRAVENS D W, PIERCY N F, SHIPP S H. New organizational forms for competing in highly dynamic environments: The network paradigm [J]. British Journal of Management, 1996, 7 (3): 203-218.

[34] CROSBY L A, EVANS K R, COWLES D, DEBORAH. Relationship quality in services selling: an interpersonal influence perspective [J]. Journal of Marketing, 1990, 54 (3): 68-81.

[35] CUMMINGS J. Structural diversity, and knowledge sharing in a global or-

ganization [J]. Management Science, 2004, 50 (3): 352-364.

[36] DEBRESSON C, AMESSE F. Networks of innovators: a review and introduction to the issue [J]. Research Policy, 1991, 20 (5): 363-379.

[37] DOUGLAS A E. Symbiotic interaction [M]. New York: Oxford University Press, 1994.

[38] DOZ Y L, OLK P M, RING P S. Formation processes of R&D consortia: which path to take? where does it lead? [J]. Strategic Management Journal, 2015, 21 (3): 239-266.

[39] DWYER F R, OH S. Output sector munificence effects on the internal political economy of marketing channels [J]. Journal of Marketing Research, 1987, 24 (4): 347-358.

[40] DYER J H, NOBEOKA K. Creating and managing a high-performance knowledge-sharing network: The Toyota case [J]. Stratagic Management Journal, 2002, 21 (3): 345-367.

[41] DYER J H, SINGH H. The relational view: Cooperative strategy and sources of interorganizational competitive advantage [J]. Academy of Management Review, 1998, 23 (4): 660-679.

[42] EHRENFELD J. Industrial ecology: A new field or only a metaphor? [J]. Journal of Cleaner Production, 2004, 12 (8): 825-831.

[43] EISINGERICH A B, BELL S J, TRACEY P. How can clusters sustain performance? The role of network strength, network openness, and environmental uncertainty [J]. Research Policy, 2010, 39 (2): 239-253.

[44] FRANKE S. Measurement of social capital: reference document of public policy research, development, and evaluation [M]. Canada: Policy Research Initiative, 2005.

[45] FREEMAN C. Network of innovators: A synthesis of research issues [J]. Research Policy, 1991, 20 (5): 499-514.

[46] FUE ZENG, SHENGPING SHI, JI LI, et al. Strategic symbiotic alliances and market orientation: an empirical testing in the Chinese car industry [J]. Asia Pacific Business Review, 2013, 19 (1): 53-69.

[47] FRITSCH M, KAUFFELD-MONZ M. The impact of network structure on knowledge transfer: an application of social network analysis in the context of regional innovation networks [J]. Annals of Regional Science, 2010, 44 (1): 21-38.

[48] GAY B, DOUSSET B. Innovation and network structural dynamics: Study of the alliance network of a major sector of the biotechnology [J]. Research Policy, 2005, 34 (10): 1457-1475.

[49] GEMÜNDEN H G, RITTER T, HEYDEBRECK P. Network configuration and innovation success: an empirical analysis in German high-tech industries [J]. International Journal of Research in Marketing, 1995, 13 (5): 449-462.

[50] GILSING V, NOOTEBOOM B. Density and strength of ties in innovation networks: a analysis of multimedia and biotechnology [J]. European Management Review, 2005, 2 (3): 179-197.

[51] GRANOVETTER M. Economic Action and social structure: the problem of embeddedness [J]. American Journal of Sociology, 1985, 91 (3): 481-510.

[52] GRANOVETTER M. The strength of weak ties [J]. American Journal of Sociology, 1973, 78 (6): 1 360-1 380.

[53] GREVE A, SALAFF J W. Social networks and entrepreneurship [J], Entrepreneurship, Theory & Practice, 2003, 28 (1): 1-22.

[54] GULATI R, GARGIULO M. Where do interorganizational networks come from? [J]. American Journal of Sociology, 1999, 104 (5): 1 439-1 493.

[55] GULATI R. Network location and learning: the influences of network resources and firm's capabilities on alliance formation [J]. Strategic Management Journal, 1999, 20 (5): 397-420.

[56] HAGEDOORN J, CLOODT M. Measuring innovative performance: Is there an advantage in using multiple indicators? [J]. Research Policy, 2003, 32 (8): 1 365-1 379.

[57] HAGEDOORN J, SCHAKENRAAD J. The effect of strategic technology alliance on company performance [J]. Strategic Management Journal, 1994, 15 (4): 291-309.

[58] HAKANSSON H. Industrial technological development a network approach [M]. London: Croom Helm, 1987.

[59] HANSEN M T. The search-transfer problem: the role of weak ties in sharing knowledge across organization subunits [J]. Administrative Science Quarterly, 1999, 44 (1): 82-111.

[60] HIPPEL E V. The dominant role of users in the scientific instrument innovation process [J]. Research Policy, 1975, 5 (3): 212-239.

[61] HSU J Y. A late Industrial District? Learning Network in the Hsinchu Science Based industrial Park, Taiwan [D]. Berkeley: University of California, 1997.

[62] IANSITI M, WEST J. Technology integration: turning great research into great products [C]. Harvard Business Review on managing high-tech industries, 1997: 1-29.

[63] INKPEN A G, TSANG E. Networks, social capital, and learning [J]. Academy of Management Review, 2005, 30 (1): 146-165.

[64] JACQUELINE E, SHYAMA V R. Technological competence and influence of networks: A comparative analysis of new biotechnological firms in France and Britain [J]. Technology Analysis & Strategic Management, 1998, 10 (4): 483-495.

[65] JARILLO J C. On strategic networks [J]. Strategic Management Journal, 1988, 9 (1): 31-41.

[66] JASIMUDDIN S M, ZHANG Z. The symbiosis mechanism for effective knowledge transfer [J]. Journal of the Operational Research Society, 2009, 60 (5): 706-716.

[67] JOHANNISSON B, RAMIREZPASILLAS M. Networking for entrepreneurship: Building a topography model of human, social and cultural capital [C]. Frontiers of Enterpreneurship Research: Annual Entrepreneurship Research Conference, 2001: 6.

[68] JOHNSON J L, RAVEN P V. Relationship quality, satisfaction and performance in export marketing channels [J]. Journal of Marketing Channels, 1997, 5 (3): 19-48.

[69] JORGE S F, PIERS C P. Delivered versus mill nonlinear pricing with endogenous market structure [J]. International Journal of Industrial Organization, 2008, 26 (3): 829-845.

[70] JUKNEVIČIENĖ VITA. Development of absorptive capacity in a regional innovation system: experience of Lithuanian regions [J]. Journal of Education Culture & Society, 2015 (1_ 2015): 257-270.

[71] KALE P, SINGH H, PERLMUTTER H. Learning and protection of proprietary assets in strategic alliances: building relational capital [J]. Strategic Management Journal, 2000, 21 (3): 217-237.

[72] KARIM SAMINA, MITCHELL WILL. Path-dependent and path breaking change: reconfiguring business resources following acquisitions in the U. S. medical

sector, 1978-1995 [J]. Strategic Management Journal, 2000, 21 (10-11): 1061-1081.

[73] KAUFMAN A, WOOD C H, THEYEL G. Collaboration and technology linkages: A strategic supplier typology [J]. Strategic Management Journal, 2000, 21 (6): 649-663.

[74] KENNETH KOPUT. A chaotic model of innovative search: Some answers, many questions [J]. Organization Science, 1997, 8 (5): 528-542.

[75] KNUT KOSCHATZKY, ROLF STERNBERG. R&D cooperation in innovation systems: Some lessons from the European Regional Innovation Survey (ERIS) [J]. Abingdon: European Planning Studies, 2000, 8 (4): 487-501.

[76] KOGUT B. The network as knowledge: Generative rules and the emergence of structure [J]. Strategic Management Journal, 2000, 21 (3): 405-455.

[77] KOGUT B. The stability of joint ventures: reciprocity and competitive rivalry [J]. Journal of Industrial Economics, 1989, 38 (2): 183-198.

[78] KOGUT B, WALKER G. The small world of Germany and the durability of national ownership networks [J]. American Sociological Review, 2001, 66 (3): 317-335.

[79] KOSCHATZKY K, BROSS U, STANOVNIK P. Development and innovation potential in the Slovene manufacturing industry: Analysis of an industrial innovation survey [J]. Technovation, 2001, 21 (5): 311-324.

[80] KRAATZ M S. Learning by association interorganizational networks and adaptation to environmental change [J]. Academy of Management Journal, 1998, 41 (6): 621-643.

[81] LAGES C, LAGES C R, LAGES L F. The RELQUAL scale: a measure of relationship quality in export market ventures [J]. Journal of Business Research, 2005, 58: 1040-1048.

[82] LARSON A. Network dyads in entrepreneurial settings: A study of the governance of exchange relationships [J]. Administrative Science Quarterly, 1992, 37 (1): 76-104.

[83] LARSON A, STARR J A. A network model of organization formation [J]. Entrepreneurship Theory and Practice, 1993, 17 (1): 1071-1078.

[84] LAURSEN K, SALTER A. Open for innovation: The role of openness in explaining innovation performance among UK manufacturing firms [J]. Strategic Man-

agement Journal, 2006, 27 (2): 131-150.

[85] LAVIE D. Alliance portfolios and firm performance: a study of value creation and appropriation in the U. S. software industry [J]. Strategy Management Journal, 2007, 28 (12): 1187-1212.

[86] LEWIN R A. Symbiosis and parasitism: definitions and evaluations [J]. Bioscience, 1982, 32 (4): 254-260.

[87] LEO URBAN WANGLER. Renewables and innovation: did policy induced structural change in the energy sector effect innovation in green technologies? [J]. Journal of Environmental Planning and Management, 2013, 56 (2): 211-237.

[88] LORENZONI G, LIPPARINI A. The leveraging of interfirm relationships as a distinctive organizational capability: a longitudinal study [J]. Strategic Management Journal, 1999, 20 (4): 317-338.

[89] MADHOK A, TALLMAN S B. Resources, transactions and rents: managing value through interfirm collaborative relationships [J]. Organization Science, 1998, 9 (3): 326-339.

[90] MARSDEN P V, CAMPBELL K E. Measuring tie-strength [J]. Social Forces, 1984, 63 (2): 482-501.

[91] MARSDEN P V. Network data and measurement [J]. Annual Review of Sociology, 2003, 16 (1): 435-463.

[92] MCEVILY B, MARCUS A. Embedded ties and the acquisition of competitive capabilities [J]. Strategic Management Journal, 2005, 26 (11): 1 033-1 055.

[93] MCEVILY B, ZAHEER A. Bridging ties: A source of firm heterogeneity in competitive capabilities [J]. Strategic Management Journal, 1999, 20 (12): 1 133-1 156.

[94] MILLER K D, ZHAO M, CALANTONE R J. Adding interpersonal learning and tacit knowledge to March's explora-tion-exploitation model [J]. Academy of Management Journal, 2006, 49 (4): 709-722.

[95] MITCHELL J C. The components of strong ties among homeless women [J]. Social Networks, 1987, 9 (1): 37-47.

[96] MIRATA M, EMTAIRAH T. Industrial symbiosis networks and the contribution to environmental innovation: The case of the Landskrona industrial symbiosis programme [J]. Journal of Cleaner Production, 2005, 13 (10): 993-1002.

[97] MORGAN R M, HUNT S. Relationships-based competitive advantage:

The role of relationship marketing in marketing strategy [J]. Journal of Business Research, 1999, 46 (3): 281-290.

[98] MOHR J, SPEKMAN R. Characteristics of partnership success: partnership attributes, communication behavior and conflict resolution techniques [J]. Strategic Management Journal, 1994, 15 (2): 135-152.

[99] MÖLLER K K, HALINEN A. Business relationships and networks: managerial challenge of network Era [J]. Industrial Marketing Management, 1999, 28 (5): 413-427.

[100] NOOTEBOOM B. Institutions and forms of coordination in innovation systems [J]. Organization Studies, 2000, 21 (5): 915-939.

[101] PARAHALAD C K, HAMEL G. The core competence of the corporation [J]. Harvard Business Review, 2006, 68 (3): 275-292.

[102] PARK S H, RUSSO M V. When competition eclipses cooperation: an event history analysis of joint venture failure [M]. INFORMS, 1996.

[103] PETROCZI A, BAZSÓ F, NEPUSZ T. Measuring tie-strength in virtual social networks [J]. Connections, 2007, 91 (1): 39-52.

[104] POWELL W W, KENNETH W K, DOERR L S. Interorganizational collaboration and the locus of innvation: Networks of learning in biotechnology [J]. Administrative Science Quarterly, 1996, 41 (1): 116-145.

[105] POWELL W W, SMITHDOERR L, OWENSMITH J. Network Position and Firm Performance: Organizational Returns to Collaboration in the Biotechnology Industry [J]. Research in the Sociology of Organizations, 1999, 16: 129-159.

[106] PUENTE M C R, AROZAMENA E R, EVANS S. Industrial symbiosis opportunities for small and medium sized enterprises: preliminary study in the Besaya region (Cantabria, Northern Spain) [J]. Journal of Cleaner Production, 2015, 87 (2): 357-374.

[107] RAMASAMY B, GOH K W, YEUNG M C H. Is Guanxi (relationship) a bridge to knowledge transfer [J]. Journal of Busi-ness Research, 2006, 59 (1): 130-139.

[108] RITTER T, GEMÜNDEN H G. Network competence: Its impact on innovation success and its antecedents [J]. Journal of Business Researeh, 2003, 56 (9): 745-755.

[109] RITTER T. The networking company: antecedents for coping with rela-

tionships and networks effectively [J]. Industrial Marketing Management, 1999, 28 (5): 467-479.

[110] RITTER T, WILKINSON I F, JOHNSTON W J. Measuring network competence: Some international evidence [J]. Journal of Business & Industrial Marketing, 2002, 17 (2): 119-138.

[111] ROBERTS E B, HAUPTMAN O. The process of technology transfer to the new biomedical and pharmaceutical firm [J]. Research Policy, 1985, 15 (3): 107-119.

[112] RODAN S, GALUNIC C. More than network structure: how knowledge heterogeneity influences managerial performance and innovativeness [J]. Strategic Management Journal, 2004, 25 (6): 541-562.

[113] ROMANELLI E, KHESSINA O M. Regional industrial identity: Cluster configurations and economic development [J]. Organization Science, 2005, 16 (4): 344-358.

[114] ROMER P. Increasing return and long-run growth [J]. Journal of Political Economy, 1986, 94 (5): 1 002-1 037.

[115] ROSENBERG N. Chapter 1-Uncertainty and technological Change [J]. Economic Impact of Knowledge, 1998, 26 (5): 17-34.

[116] ROSENBERG N. The direction of technological change: inducement mechanisms and focusing devices [J]. Perspectives on Technology, 1969, 18 (1): 1-24.

[117] ROSENBERG N. Why do firms do basic research with their own money [J]. Research Policy, 1990, 19 (2): 165-174.

[118] ROSENKOPF L, PADULA G. Investigating them microstructure of network evolution: Alliance formation in the mobile communications industry [J]. Organization Science, 2008, 19 (5): 669-687.

[119] ROY ROTHWELL. Towards the fifth-generation innovation process [J]. International Marketing Review, 1994, 11 (1): 7-31.

[120] RYCROFT R W. Technology-based globalization indicators: The centrality of innovation network data [J]. Technology in Society, 2003, 25 (3): 299-317.

[121] ROWLEY T, BEHRENS D, KRACKHARDT D. Redundant governance structures: An analysis of structural and relational embeddedness in the steel and sem-

iconductor industries [J]. Strategic Management Journal, 2000, 21 (3): 369-386.

[122] SCHILLING M A, PHELPS C C. Interfirm collaboration networks: The impact of large-scale network structure on firm innovation [J]. Management Science, 2007, 53 (7): 1 113-1 126.

[123] SCOTT G D. Plant symbiosis in attitude of biology [J]. Studies in Biology, 1998 (10): 158-170.

[124] SHAN W, WALKER G, KOGUT B. Interfirm cooperation and startup innovation in the biotechnology industry [J]. Strategic Management Journal, 1994, 15 (5): 387-394.

[125] SLATER S F, NARVER J C. Market orientation and the learning organization [J]. Journal of Marketing, 1995, 59 (3): 63-74.

[126] SOLOW R M. Technical change and the aggregate production function [J]. Review of Economics and Statistics, 1957, 39 (3): 312-320.

[127] SOUDER W E, CHAKRABARTI A K. The R&D-marketing interface: results from an empirical study of innovation projects [J]. IEEE Transactions on Engineering Management, 1978, EM-25 (4): 88-93.

[128] STAROPOLLI C. Cooperation in R&D in the pharmaceutical industry: The network as an organizational innovation governing technological innovation [J]. Technovation, 1998, 18 (1): 13-23.

[129] STORBACKA K, STRANDVIK T, GRÖNROOS, CHRISTIAN. Managing customer relationships f or prof it: the dynamics of relationship quality [J]. International Journal of Service Industry Management, 1994, 5 (5): 21-38.

[130] STRERJGTIIOFTIES A A. The acquisition and utilization of information in new product alliances: a strength of ties perspective [J]. Journal of Marketing, 2001, 65 (4): 1-18.

[131] STUART T E. Network positions and propensities to collaborate: an investigation of strategic alliance formation in a high-technology industry [J]. Administrative Science Quarterly, 1998, 43 (3): 668-698.

[132] TANG H K. An integrative model of innovation in organizations [J]. Technovation, 1998, 18 (5): 297-309.

[133] TEECE D J, PISANO G. The dynamic capabilities of firm: an introduction [J]. Industrial and Corporate Change, 1994, 3 (3): 537-556.

[134] TEECE D J. Profiting from technological innovation: Implications for in-

tegration, collaboration, licensing and public policy [M]. The Transfer And Licensing Of Know-How And Intellectual Property: Understanding the Multinational Enterprise in the Modern World: 67-87.

[135] TIWANA A. Do bridging ties complement strong ties? An empirical examination of alliance ambidexterity [J]. Strategic Management Journal, 2010, 29 (3): 251-272.

[136] TORTORIELLO M, KRACKHARDT D. Activating cross - boundary knowledge: the role of simmelian ties in the generation of innovations [J]. Academy of Management Journal, 2010, 53 (1): 167-181.

[137] TURNER S F, BETTIS R A, BURTON R M. Exploring depth versus breadth in knowledge management strategies [J]. Computational and Mathematical Organization Theory, 2002, 8 (1): 49-73.

[138] TSAI W. Knowledge Transfer in intra organizational networks: Effects of network position and absorptive capacity on business unit innovation and performance [J]. Academy of Management Journal, 2001, 44 (5): 996-1 004.

[139] UZZI B, LANCASTER R. Relational embeddedness and learning: The case of bank loan managers and their clients [J]. Management Science, 2003, 49 (4): 383-399.

[140] UZZI B. The sources and consequences of embeddedness for the economic performance of organizations: the network effect [J]. American Sociological Review, 1996, 61 (4): 674-698.

[141] UZZI B. Social structual and competition in interfirm network: the paradox of embeddedness [J]. Administrative Science Quarterly, 1997, 42 (1): 35-67.

[142] VALENTINE S V. Kalundborg symbiosis: fostering progressive innovation in environmental networks [J]. Journal of Cleaner Production, 2016, 118: 65-77.

[143] VELENTURF A P M. Promoting industrial symbiosis: empirical observations of low-carbon innovations in the Humber region, UK [J]. Journal of Cleaner Production, 2016, 128: 116-130.

[144] WALTER A, AUER M, RITTER T. The impact of network capabilities and entrepreneurial orientation on university spin-off performance [J]. Journal of Business Venturing, 2006, 21 (4): 541-567.

[145] WALTER A, MÜLLER T A, HELFERT G, et al. Functions of industrial supplier relationships and their impaction relationship quality [J]. Industrial Market-

ing Management, 2003, 32 (2): 159-169.

[146] ZAHEER A, MCEVILY B, PERRONE V. Does trust matter? Exploring the effects of in- ter organizational and interpe rsonal trust on performance [J]. Organization Science, 1998, 9 (2): 141-159.

[147] WEST J, GALLAGHER S. Challenges of open innovation: The paradox of firm investment in open-source software [J]. R&D Management, 2006, 36 (3): 319-331.

[148] WU J. Technological collaboration in product innovation: The role of market competition and sectoral technological intensity [J]. Research Policy, 2012, 41 (2): 489-496.

[149] YAO L X, LIAO L P. Efficiency research on ecological technology innovation of enterprises in view of low carbon strategy based on two-stage chain DEA model and Tobit regression [J]. AMSE Journals, 2015, 36 (1): 10-31.

[150] YOSHINO M Y, RANGAN U S. Strategic alliances: an entrepreneurial approach to globalization [J]. Boston: Harvard college Press, 1996, 29 (6): 1241.

[151] ZACCARO S J, HORN Z N J. Leadership theory and practice: Fostering an effective symbiosis [J]. The Leadership Quarterly, 2003, 14 (6): 769-806.

[152] ZHAO L, ARAM J D. Networking and growth of young technology-intensive Ventures in China [J]. Journal of Business Venturing, 1995, 10 (5): 349-370.

[153] 卞华白, 高阳. "共生" 联盟系统的演化方向判别模型——基于耗散结构理论的一种分析 [J]. 学术交流, 2008 (3): 79-83.

[154] 曹丽莉. 产业集群网络结构的比较研究 [J]. 中国工业经济, 2008 (8): 143-152.

[155] 池仁勇. 区域中小企业创新网络形成、结构属性与功能提升: 浙江省实证考察 [J]. 管理世界, 2005 (10): 102-112.

[156] 程大涛. 基于共生理论的企业集群组织研究 [D]. 杭州: 浙江大学, 2003: 1-2.

[157] 陈风先, 夏训峰. 浅析 "产业共生" [J]. 工业技术经济, 2007, 26 (1): 54-56.

[158] 陈学光. 网络能力、创新网络及创新绩效关系研究 [D]. 杭州: 浙江大学, 2007: 84-85, 68-71, 74-79, 81-82.

[159] 蔡小军,李双杰,刘启浩. 生态工业园共生产业链的形成机理及其稳定性研究 [J]. 软科学, 2006, 20 (3): 12-16.

[160] 陈新跃,杨德礼,董一哲. 企业创新网络的联结机制研究 [J]. 研究与发展管理, 2002, 14 (6): 26-30.

[161] 陈钰芬,陈劲. 开放度对企业技术创新绩效的影响 [J]. 科学学研究, 2008, 26 (2): 419-426.

[162] 陈钰芬,陈劲. 开放式创新促进创新绩效的机理研究 [J]. 科研管理, 2009, 30 (4): 1-9, 28.

[163] 陈瑶瑶,池仁勇. 产业集群发展过程中创新资源的聚集和优化 [J]. 科学学与科学技术管理, 2005 (9): 63-66.

[164] 杜跃平,方韵然. 企业中层管理能力和技术创新绩效关系研究——企业创新能力的中介效应检验 [J]. 软科学, 2014 (4): 42-47.

[165] 窦红宾,王正斌. 网络结构、知识资源获取对企业成长绩效的影响——以西安光电子产业集群为例 [J]. 研究与发展管理, 2012, 24 (1): 44-51.

[166] 郭斌,许庆瑞,陈劲,等. 企业组合创新研究 [J]. 科学学研究, 1997 (1): 12-18.

[167] 郭斌,陈劲,许庆瑞. 界面管理:企业创新管理的新趋向 [J]. 科学学研究, 1998, 3 (1): 60-68.

[168] 郭斌. 企业界面管理的实证研究 [J]. 科研管理, 1999, 9 (5): 73-79.

[169] 官建成,张华胜,高柏杨. R&D/市场营销界面管理的实证研究 [J]. 中国管理科学, 1999, 6 (2): 9-16.

[170] 关士续. 区域创新网络在高技术产业发展中的作用——关于硅谷创新的一种诠释 [J]. 自然辩证法通讯, 2002, 24 (2): 51-54.

[171] 盖文启,王缉慈. 论区域的技术创新型模式及其创新网络 [J]. 北京大学学报(哲学社会科学版), 1999, 36 (5): 29-36.

[172] 高展军,李垣. 战略网络结构对企业技术创新的影响研究 [J]. 科学学研究, 2006, 24 (3): 474-479.

[173] 胡浩,李子彪,胡宝民. 区域创新系统多创新极共生演化动力模型 [J]. 管理科学学报, 2011, 14 (10): 85-94.

[174] 胡晓鹏. 产业共生:理论界定及其内在机理 [J]. 中国工业经济, 2008 (9): 118-128.

[175] 胡晓鹏,李庆科.生产性服务业与制造业共生关系研究[J].数量经济技术经济研究,2009(2):33-45.

[176] 霍云福,陈新跃,杨德礼.企业创新网络研究[J].科学学与科学技术管理,2002(10):50-53.

[177] 黄昱方,柯希正.社会网络结构空洞嵌入对创新能力的影响研究[J].现代情报,2013(9):29-34.

[178] 何亚琼,秦沛.一种新的区域创新能力评价视角——区域创新网络成熟度评价指标体系建设研究[J].哈尔滨工业大学学报,2005,7(6):88-92.

[179] 何自力,徐学军.一个银企关系共生界面测评模型的构建和分析:来自广东地区的实证[J].南开管理评论,2006,9(4):64-69.

[180] 贺寨平.国外社会支持网络研究综述[J].国外社会科学,2001(1):76-82.

[181] 江辉,陈劲.集成创新:一类新的创新模式[J].科研管理,2000,21(5):31-39.

[182] 蒋军锋.创新网络与核心企业共生演变研究进展[J].研究与发展管理,2010,22(5):1-13.

[183] 蒋天颖,白志欣.企业知识转移效率评价研究[J].情报杂志,2011,3(3):114-118.

[184] 卢兵,廖貅武,岳亮.联盟中知识转移效率的分析[J].系统工程,2006,24(6):46-51.

[185] 卢方元,焦科研.中国大中型工业企业技术创新区域差异分析[J].中国工业经济,2008(2):76-84.

[186] 林春培.企业外部创新网络对渐进性创新与根本性创新的影响[D].广州:华南理工大学,2012:116,118.

[187] 李东.面向进化特征的商业生态系统分类研究[J].中国工业经济,2008(11):119-129.

[188] 李玲.技术创新网络中企业间依赖、企业开放度对合作绩效的影响[J].南开管理评论,2011,14(4):16-24.

[189] 凌丹.基于共生理论的供应链联盟研究[D].长春:吉林大学,2006:6-7.

[190] 李焕荣.基于超循环观的战略网络进化过程管理研究[J].科技管理研究,2007(8):186-188.

[191] 刘人怀,姚作为.关系质量研究述评[J].外国经济与管理,

2005, 27 (1): 27-33.

[192] 刘荣增. 共生理论及其在构建和谐社会中的作用 [J]. 百家论坛, 2006 (1): 126-127.

[193] 刘雪锋, 徐芳宁, 揭上锋. 网络嵌入性与知识获取及企业创新能力关系研究 [J]. 经济管理, 2015 (3): 150-15.

[194] 刘祥祺, 周寄中, 许治. 台湾高新技术企业与传统企业技术创新管理模式的比较研究 [J]. 科学学与科学技术管理, 2008 (9): 70-74.

[195] 吕一博, 苏敬勤. 企业网络与中小企业成长的关系研究 [J]. 科研管理, 2010 (7): 39-48.

[196] 李煜. 文化资本、文化多样性与社会网络资本 [J]. 社会学研究, 2001 (4): 52-63.

[197] 刘颖, 王柯敏. 我国高新技术产业技术创新管理模式探寻 [J]. 科技管理研究, 2009 (11): 253-255.

[198] 李玉琼, 朱秀英. 丰田汽车生态系统创新共生战略实证研究 [J]. 管理评论, 2007, 19 (6): 15-20.

[199] 李玉琼. 企业共生机制的构建方法研究——以佳能复印机生态系统为例 [J]. 湖南科技学院学报, 2007 (7): 79-82.

[200] 李志刚, 汤书昆, 梁晓艳, 等. 产业集群网络结构与企业创新绩效关系研究 [J]. 科学学研究, 2007, 25 (4): 777-782.

[201] 马刚. 产业集群演进机制和竞争优势研究述评 [J]. 科学学研究, 2005, 23 (2): 188-196.

[202] 欧志明, 张建华. 企业网络组织的演进及其类型研究 [J]. 决策借鉴, 2002, 15 (1): 2-6.

[203] 彭光顺. 网络结构特征对企业创新与绩效的影响研究 [D]. 广州: 华南理工大学, 2010: 16.

[204] 潘松挺, 蔡宁. 企业创新网络中关系强度的测量研究 [J]. 中国软科学, 2010 (5): 108-115.

[205] 彭新敏. 企业网络对技术创新绩效的作用机制研究: 利用式、探索性学习的中介效应 [D]. 杭州: 浙江大学, 2009: 78-110.

[206] 彭正龙, 王海花, 蒋旭灿. 开放式创新模式下资源共享对创新绩效的影响: 知识转移的中介效应 [J]. 科学学与科学技术管理, 2011, 32 (1): 48-53.

[207] 潘裒志. 高技术集群企业创新网络机制研究 [D]. 沈阳: 辽宁大

学,2008:28.

[208] 邱皓政,林碧芳. 结构方程模型的原理与应用[M]. 北京:中国轻工业出版社,2009:100-102.

[209] 钱锡红,徐万里,杨永福. 企业网络位置、间接联系与创新绩效[J]. 中国工业经济,2010(2):78-88.

[210] 荣莉莉,元甜,蔡莹莹. 基于不同传播模式的组织中的知识传播研究[J]. 运筹与管理,2012,10(5):223-228.

[211] 芮明杰,吴光飙. 可持续发展:国有企业战略性改组的目标[J]. 中国工业经济,2001(3):48-54.

[212] 阮平南,姜宁. 组织间合作的关系质量评价方法研究[J]. 科技管理研究,2009(4):197-199.

[213] 荣泰生. AMOS与研究方法[M]. 重庆:重庆大学出版社,2009:82.

[214] 任胜钢,胡春燕,王龙伟. 我国区域创新网络结构特征对区域创新能力影响的实证研究[J]. 系统工程,2011,29(2):50-55.

[215] 任胜钢,吴娟,王龙伟. 网络嵌入结构对企业创新行为影响的实证研究[J]. 管理工程学报,2011,25(4):75-80,84-85.

[216] 饶杨德. 企业技术能力成长过程与机理研究:资源整合视角[J]. 科学管理研究,2007(5):59-62.

[217] 沈必杨,池仁勇. 企业创新网络:企业技术创新研究的一个新范式[J]. 科研管理,2005(3):84-91.

[218] 生延超. 技术联盟的共生稳定分析[J]. 软科学,2008,22(2):83-86.

[219] 陶永宏. 基于共生理论的船舶产业集群形成机理与发展演变研究[D]. 南京:南京理工大学,2005:66,93.

[220] 童星,马圣平. 科技型中小企业技术创新管理的中国模式[J]. 科技进步与对策,2002(4):6-7.

[221] 邬爱其. 集群企业网络化成长机制研究[D]. 杭州:浙江大学,2004:68,86-90,137.

[222] 吴传荣,曾德明,陈英武. 高技术企业技术创新网络的系统动力学建模与仿真[J]. 系统工程理论与实践,2010,30(4):587-593.

[223] 王大洲. 企业创新网络的进化机制分析[J]. 科学学研究,2006,24(5):780-786.

[224] 王大洲. 企业创新网络的进化与治理：一个文献综述 [J]. 科研管理, 2001, 22 (5): 96-103.

[225] 王大洲. 我国企业创新网络发展现状分析 [J]. 哈尔滨工业大学学报（社会科学版）, 2005, 7 (3): 67-73.

[226] 魏江, 徐庆瑞. 企业技术能力与技术创新能力之关系研究 [J]. 科研管理, 1996 (1): 22-26.

[227] 温珂, 苏宏宇, 周华东. 科研机构协调创新能力研究——基于中国101家公立研究院所的实证分析 [J]. 科学学研究, 2014, 32 (7): 1 081-1 089.

[228] 吴飞驰. 关于共生理念的思考 [J]. 哲学动态, 2000 (6): 21-24.

[229] 王国顺, 刘若斯. 网络嵌入性对企业出口绩效影响的实证研究 [J]. 系统工程, 2009, 27 (6): 54-60.

[230] 魏江, 王铜安. 个体、群组、组织间知识转移影响因素的实证研究 [J]. 科学学研究, 2006 (1): 21-28.

[231] 吴明隆. 问卷统计分析实务——SPSS 操作与应用 [M]. 重庆: 重庆大学出版社, 2013: 178, 249, 323-325.

[232] 王庆喜, 宝贡敏. 社会网络、资源获取与小企业成长 [J]. 管理工程学报, 2007, 21 (4): 57-61.

[233] 王伟强. 技术创新研究新思维——组合创新研究 [J]. 科学管理研究, 1996 (5): 15-18.

[234] 吴应宇, 赵震祥. 企业可持续发展优势衡量方法研究综述 [J]. 外国经济与管理, 2001 (9): 2-7.

[235] 王晓娟. 知识网络与集群企业竞争优势研究 [D]. 杭州: 浙江大学, 2007: 66-70, 50.

[236] 王燕妮, 张永安, 樊艳萍. 核型结构汽车企业垂直创新网络演化研究——基于企业间关系强度 [J]. 科学学与科学技术管理, 2012, 33(8): 28-35.

[237] 吴永忠. 企业创新网络的形成及其演化 [J]. 自然辩证法研究, 2005, 21 (9): 69-72.

[238] 王子龙, 谭清美, 许萧迪. 企业集群共生演化模型及实证研究 [J]. 中国管理科学, 2006, 14 (2): 141-148.

[239] 武志伟. 企业间关系质量的测度与绩效分析——基于近关系理论的研究 [J]. 预测, 2007, 26 (2): 8-13.

[240] 徐彬. 基于共生理论的中小型科技企业技术创新管理研究 [J]. 软

科学, 2010, 24 (11): 27-31.

[241] 肖冬平, 彭雪红. 组织知识网络结构特征、关系质量与创新能力关系的实证研究 [J]. 图书情报工作, 2011 (18): 107-111.

[242] 肖洪钧, 赵爽, 蒋兵. 后发企业网络能力演化路径及其机制研究——丰田的案例研究 [J]. 科学学与科学技术管理, 2009 (3): 158-159.

[243] 徐建中, 徐莹莹. 企业协同能力、网络位置与技术创新绩效——基于环渤海地区制造业企业的实证分析 [J]. 管理评论, 2015 (1): 114-125.

[244] 徐磊. 如何建立有效的界面——关于技术创新界面管理的探讨 [J]. 科研管理, 2002, 5 (3): 79-83.

[245] 薛伟贤, 张娟. 高技术技术联盟互惠共生的合作伙伴选择研究 [J]. 研究与发展管理, 2010, 22 (2): 82-90.

[246] 袁纯清. 共生理论——兼论小型经济 [M]. 北京: 经济科学出版社, 1998: 11, 101-105, 55, 26, 28-29, 31, 65.

[247] 于惊涛, 李作志, 苏敬勤. 东北装备制造业技术外包共生强度影响因素研究 [J]. 财经问题研究, 2008 (4): 117-122.

[248] 韵江, 马文甲, 陈丽. 开放度与网络能力对创新绩效的交互影响研究 [J]. 科研管理, 2012, (7): 8-15.

[249] 杨锐, 黄国安. 网络位置和创新: 杭州手机产业集群的社会网络分析 [J]. 工业技术经济, 2005, 24 (7): 114-118.

[250] 闫笑非, 杜秀芳. 西部地区大中型工业企业技术创新能力实证研究 [J]. 科技进步与对策, 2010 (1): 92-96.

[251] 杨毅, 赵红. 共生性企业集群的组织结构及其运行模式探讨 [J]. 管理评论, 2003, 15 (12): 37-44.

[252] 易志刚, 易中懿. 保险金融综合经营共生界面特征的计量分析 [J]. 经济问题, 2012 (9): 108-111.

[253] 姚作为. 关系质量的关键维度——研究评述与模型整合 [J]. 科技管理研究, 2005 (8): 132-137.

[254] 褚保金, 吴川. 农业科技企业的发展状况研究 [J]. 农业技术经济, 2001 (5): 22-25.

[255] 张方华. 企业社会资本与技术创新绩效: 概念模型与实证分析 [J]. 研究与发展管理, 2006, 18 (3): 47-53.

[256] 赵红, 陈邵愿, 陈荣秋. 生态智慧型企业共生体行为方式及其共生经济效益 [J]. 中国管理科学, 2004, 12 (6): 130-136.

[257] 张红,李长洲,叶飞. 供应链联盟互惠共生界面选择机制——基于共生理论的一个案例研究 [J]. 软科学, 2011, 25 (11): 42-45.

[258] 中华人民共和国商务部. 国家重点支持的高新技术领域 [EB/OL]. http://www.mofcom.gov.cn/aarticle/bh/200805/20080505534363.html.

[259] 张雷勇,冯锋,肖相泽,等. 产学研共生网络效率测度模型的构建和分析:来自我国省域数据的实证 [J]. 西北工业大学学报(社会科学版), 2012, 32 (3): 43-49.

[260] 周青,曾德明,秦吉波. 高新技术企业创新网络的控制模式及其选择机制 [J]. 管理评论, 2006, 18 (8): 15-20.

[261] 张首魁,党兴华. 关系结构、关系质量对合作创新企业间知识转移的影响研究 [J]. 研究发展管理, 2009, 21 (3): 2-7.

[262] 张伟峰,万威武. 企业创新网络的构建动因与模式研究 [J]. 研究与发展管理, 2004, 16 (3): 62-68.

[263] 张伟峰,杨选留. 技术创新——一种创新网络视角研究 [J]. 科学学研究, 2006, 24 (2): 294-298.

[264] 朱伟民. 科技型小企业的创新特征 [J]. 经济师, 2005 (1): 167-168.

[265] 朱伟民,万迪昉,王赟. 科技型小企业创新成长模式研究 [J]. 中国软科学, 2001 (3): 28-33.

[266] 张维迎,周黎安,顾全林. 高新技术企业的成长及其影响因素:分位回归模型的一个应用 [J]. 管理世界, 2005 (10): 94-112.

[267] 张旭. 基于共生理论的城市可持续发展研究 [D]. 哈尔滨:东北农业大学, 2004.

[268] 朱秀梅,费宇鹏. 关系特征、资源获取与初创企业绩效关系实证研究 [J]. 南开管理评论, 2010, 13 (3): 125-135.

[269] 张小峰,孙启贵. 区域创新系统的共生机制与合作创新模式研究 [J]. 科技管理研究, 2013 (5): 172-177.

[270] 赵晓庆. 企业技术学习的模式与技术能力积累途径的螺旋运动过程 [D]. 杭州:浙江大学, 2001:27-28.

[271] 赵晓庆,许庆瑞. 技术能力积累途径的螺旋运动过程研究 [J]. 科研管理, 2006 (1): 40-46.

[272] 张煊,王国顺,毕小萍. 网络中心性和知识创新能力对创新绩效的影响 [J]. 经济问题, 2013 (8): 92-96.

[273] 朱岩梅,吴霖虹. 我国创新型中小企业发展的主要障碍及其对策研究 [J]. 中国软科学, 2009 (9): 23-31.

[274] 张颖,谢海. 技术创新的生态管理模式研究 [J]. 科技管理研究, 2008 (1): 265-267.

[275] 宗蕴璋,方文辉,高建. 企业技术创新能力的演化分析——基于知识的视角 [J]. 经济管理, 2007 (22): 64-68.

[276] 张志明,曹钰. 基于簇群的工业竞争力评价模型 [J]. 统计与决策, 2009 (3): 40-42.

[277] 张震,陈劲. 基于开放式创新模式的企业创新资源构成、特征及其管理 [J] 科学学与科学技术管理, 2008 (11): 61-65.

后记

2010年我有幸进入四川大学商学院攻读博士学位，师从揭筱纹教授，从事有关企业战略管理方面的研究。2013年12月博士毕业。这三年半的读博生涯，是我学术道路上的重要转折点，也完成了我人生角色的重要转变。这段经历注定在我人生中有着特殊的意义，因为在这期间，我不仅踏进了科学研究之门，还推开了初为人母的窗。在这段期间，我常常经历着"衣带渐宽终不悔，为伊消得人憔悴""山重水复疑无路，柳暗花明又一村"的考验与磨练，最终我能坚持着走完这段孤独、充实且艰难的探索之路，是因为在我的身后站着许多支持我的人，在此深深地感谢他们——我的师长、朋友和亲人！

感谢我的博士导师揭筱纹教授，感谢她引领我进入企业管理领域的前沿，并以严谨治学的态度来教导我们；感谢她在科研道路上的指点迷津，当我无数次纠结在希望与失落的情绪之中，她鼓励我们要"大胆假设，小心求证"，并指导我们拨乱反正；感谢她将我们团结到一起，成为一个大家庭，共同攻克科研难题，分享学术知识与人生感悟；感谢她为我们树立了一个榜样，从她的身上我们读懂了一些宝贵的人生道理，她以开明豁达的为人处世风格来感染着我们！

感谢商学院老师们的传道授业解惑，特别感谢博士论文开题中，贺昌政老师、李蔚老师、毛道维老师和朱新民老师给我提供了宝贵的指导意见。

还要感谢我的师兄弟姐妹们，徐彬师姐、何东师兄、王春举师兄、李强师兄、刘进师姐、张方师兄、徐洁师妹、李菁师妹、江超师弟、王亚楠师弟、孔庆文师弟，感谢我的朋友们，陈襄、曹兴平、唐薇、刘霞、袁菲。在论文写作过程中，我得到他们的热心帮助。他们对论文的研究思路和研究方法等给予了富有成效的建议，无私地分享了个人经验，在调研过程中协助我完成了庞大的数据收集工作，使得我能在有限时间里完成博士论文，并收获了美好的友谊！

饮水思源，特别还要感谢的是我的家人，是他们的理解与支持给我创造了奋斗的条件，是他们的关心和鼓励给予了我安慰！

　　感谢导师让我全程参与了两个课题的研究，四川省科学技术厅软科学项目"共生环境中的农业科技企业技术创新管理模式研究"（09ZR0013），以及国家社会科学基金重点项目"西部资源型中小企业技术创新管理模式研究"（10AGL006），这两个课题的研究经历对我撰写这篇论文给予了很多启迪和帮助。

　　感谢参考文献中的所有作者，是他们的真知灼见给了我极大的启迪。书中引用的标注若有遗漏，还望海涵。

　　由于自身的局限性，所构建的理论模型以及提出的管理对策还存在诸多不足之处，在运用理论模型解决实际问题方面尚不够全面和深入，有待进一步完善。书中若有不当或错误之处，敬请各位专家、学者和读者们提出宝贵意见。

　　"路漫漫其修远兮，吾将上下而求索。"在博士毕业之后，我进入四川农业大学担任教师，学校提供了良好的工作条件和学习机会，认识了许多志同道合的朋友，我坚持在我感兴趣的道路上一直走下去，继续发现问题，提出问题，努力探索世界的真谛！